电力市场化交易
理论与实务

主编单位： 华北电力大学（保定）

国网江苏省电力有限公司盐城供电分公司

主　　编： 王维军　丁　晓

副 主 编： 许道强　沈　庆　江　明　张　滕　邓君华

郭　勇　王海峰

参　　编： 乔新娜　李晓亮　李　琛　张佳睿　包淑慧

毛维杰　季　聪　刘　陈　陈晓萌　徐　瑶

陈秋玲　潘卫国　杨成慧　许梦晗　陶仁智

赵　磊　朱　妍

中国电力出版社
CHINA ELECTRIC POWER PRESS

内 容 提 要

本书共分 6 章，以电力市场化交易理论为内容主线，主要内容包括国内外电力体制改革历程、电力市场经济学、我国电力市场现状、我国电力市场化交易理论基础、我国电力市场化交易现状、现存问题与解决方法及未来发展趋势，对进一步完善电力市场建设具有重要意义，以文字、模型、图表、图片等形式在教材上展示。通过静态与动态结合的方式，方便讲师授课和提升教学质量，方便学员随时随地快速便捷学习，给予市场参与主体与机构管理人员经验借鉴，提升业务水平和管理能力，丰富专业知识，完善和丰富公司系统培训资源库。

本书可作为普通高等院校电力市场专业教材，也可供电力市场规划设计、运营、技术开发及科研、教学人员培训使用，还可供发电企业、售电公司、电力用户等市场主体学习参考。

图书在版编目（CIP）数据

电力市场化交易理论与实务/王维军，丁晓主编 . —北京：中国电力出版社，2023.5
（2025.10 重印）
ISBN 978-7-5198-7279-3

Ⅰ . ①电… Ⅱ . ①王… ②丁… Ⅲ . ①电力市场－市场交易－研究 Ⅳ . ①F407.61

中国国家版本馆 CIP 数据核字（2023）第 053399 号

出版发行：中国电力出版社
地　　址：北京市东城区北京站西街 19 号（邮政编码 100005）
网　　址：http://www.cepp.sgcc.com.cn
责任编辑：冯宁宁（010-63412537）
责任校对：黄　蓓　于　维
装帧设计：王英磊
责任印制：吴　迪

印　　刷：固安县铭成印刷有限公司
版　　次：2023 年 5 月第一版
印　　次：2025 年 10 月北京第六次印刷
开　　本：710 毫米×1000 毫米　16 开本
印　　张：17.25
字　　数：308 千字
定　　价：75.00 元

　　我国电力市场化交易刚刚起步，机制与制度规范需要进一步完善，电力市场领域相关的教材或系统的书籍较少。为了提高相关从业人员知识水平和管理能力，开发一套规范化标准化的电力市场系列教材，一方面可以帮助培训人员更好地提升培训课的质量，另一方面可以为行业从业者提供参考研究资料。

　　本书以电力市场化交易理论为内容主线，介绍电力市场经济学原理、提炼国外和国内的电力市场机构设置、交易类型、市场主体、市场类型、结算及流程、市场监管等，总结国内外实践经验和存在的问题，对进一步完善电力市场建设具有重要意义，以文字、模型、图表、图片等形式在教材中展示。通过静态与动态结合的方式，方便讲师授课和提升教学质量，方便学员随时随地快速便捷学习，给予市场参与主体与机构管理人员经验借鉴，提升业务水平和管理能力，丰富专业知识，完善和丰富公司培训资源库。因此，本书的编写对于我国电力市场建设具有重要的意义。

　　本书包含 6 部分内容：

　　（1）国内外电力体制改革历程及国外典型电力市场建设情况，通过对国外、国内电力体制改革历程的介绍，总结西方国家电力体制改革的经验，对于完善我国电力市场建设具有启示意义。

　　（2）电力市场经济学，介绍微观经济学和电力市场基本概念，对电力交易分类、市场运营模式、电能成本、电价体系等进行详细阐述。

　　（3）我国电力市场现状，对我国电力市场现状、电力市场设计、监管现状、电力市场相关政策等进行简要描述。

　　（4）我国电力市场化交易理论基础，对基本概念、交易类型、交易规则等详细描述，重点介绍电力需求响应市场与电力需求侧管理相关知识。

（5）我国电力市场化交易现状，重点介绍我国电力市场化交易情况、可调负荷参与市场交易机制研究、电力市场化交易与其他交易的耦合关系等。

（6）现存问题与解决方法及未来发展趋势，主要介绍电力市场化交易过程中现存的问题与可能的解决方法，以及电力交易行业未来的发展趋势。

本书由华北电力大学（保定）、国网江苏省电力有限公司盐城供电分公司共同编写。

限于编者水平，书中不妥及疏漏之处在所难免，敬请广大读者批评指正。

编　者

2023 年 2 月

目录

第1章　国内外电力体制改革历程

1.1　西方国家电力体制改革历程

1.1.1　英国电力体制改革

英国是启动电力体制改革的先驱。撒切尔政府曾经认为"英国经济最大的两个问题是垄断的国有化企业和垄断的工会"。因此，英国开始引入竞争机制，将企业从国营向私有化转移，继通信、天然气、石油等诸多国有企业私有化后，根据 1989 年制定的电力法，1990 年通过将发、送、配电分离，对电力行业重组，英国通过建立起来批发电力市场，在发电部门、零售部门引入了竞争机制，由此英国开始确立了电力自由化制度。

英国国营企业实施私有化的战略目标是，实现经济社会系统和企业的高效率，通过卖掉国营企业来削减财政赤字。为此，对原来允许自然垄断的电力行业，以引入竞争提高行业效率和降低电费为目标，在进行分割、私营化的同时，实施了电力行业重组，建立了电力批发市场。

作为电力市场的先行者，英国于 1990 年建立了电力联营的集中交易市场（Pool，即电力库市场），在长达 8 年运行的过程中，英国的电力市场取得了丰富的经验的同时，其运营模式也暴露了不少的问题。因此，英国不断进行优化和调整，经历了 NETA（New Electricity Trading Arrangements）、BETTA（British Electricity Trading and Transmission Arrangements）等模式。英国的 BETTA 模式为典型的电力批发市场模式，BETTA 模式具有完整的远期市场（金融市场），该市场的签约时间甚至可以长达数年，在交割期前 24 小时关闭。英国电力市场除远期市场外，还有短期双边交易市场，该市场在远期市场关闭后开放 23 小时，在交割期前 1 小时关闭。为减少运行中的电量偏差，英国电力市场还引入了平衡市场，每半个小时，用买入/卖出（Bid/Offer）机制进行市场平衡。

1.1.1.1　英国电力私有化

1990—1998 年聚焦于电力私有化改革，主要将输电网和配电网进行拆分并私有化，推进发电侧电力市场建设（POOL 模式）。期间，14 家配电公司根据市场情况直接合并为 6 家，并逐步使垂直一体化电力公司的发电、输电、配电、售电等环节逐步分离。英国的电力私有化为英国输电环节带来一系列有利影响包括：

一是通过出售电力资产，政府获得一笔丰厚的收入，以在其他部门加大投入；二是输电网成本显著降低，相较 20 世纪 90 年代中期降低 17%；三是供电可靠性提高，相较 2001 年停电次数减少 48%，停电时间缩短了 58%；四是投资增加，使更多用户接入电网，自 2010 年起新增入网用户 140 万户，同时也使用户满意度提高，客户得到了更好的服务。除此之外，私有化以后，电网设备利用率提升，应急响应依旧可靠，设备管理更为灵活，经济效率显著提升，效益评估更为清晰，工作方式更为灵活，电网激励机制更为显著，新鲜思想和理念引入更为及时。

但从发电、售电环节来看，相对于欧洲同期水平，电力私有化后英国电力行业效率提高和成本降低并没有比较优势，同时英国能源价格还在持续增长。目前从整个英国电力行业各环节成本构成看，发电环节虽然只占到 33.5%，但是 17.2% 的碳减排成本用于发电侧，发电环节的实际成本并不低。

另外，电力私有化还有导致了一系列其他问题：一是工程师减少了，电网企业为了提高效率降低成本，大量裁减了人员，导致工程师数量不足，更没有富余的工程技术人员参与政策制定；二是参与国际合作和技术研究的投入减少了，英国在国际电工领域的技术优势逐渐失去，这与参与不足有关；三是缺乏系统视角，了解整个电力行业如何运作的年轻一代专家人才几乎没有了，拆分后，企业只顾自己一块业务，没有机会培养具有全局视角的专家；四是拆分提高效率和竞争，同时也导致孤岛式的格局，是否有利于长远发展，还需要进行更深入的评估；五是政策决策更多考虑经济，但电力系统具有复杂性，经济决策可以提供参考,但现在的经济模型还不具备考量能源安全全局性问题的能力，还不能做出更有利于全局的决策；六是成本降低也是在透支电网，有些局部地区已经出现严重的设备安全隐患，如英国国家电网公司（NG）就通过主动操作，减少了员工，降低了成本，这些成本反映在改革以来输电环节费用降低方面。

1.1.1.2 英国电力市场化

随着电力私有化推进，1990 年开始英国同步实施电力市场化改革，具体可分为四个阶段。

1. 1990—2001 年电力库市场模式（The Pool）

电力库是指所有发电商只能将电能卖给电力库，这是发电商唯一的收入来源，而电力用户只能在电力库买电。电力库下，电力平衡机制由系统运营商负责，因此，系统运营商的平衡行为影响价格。该模式在英格兰、威尔士地区应用，见图1-1。

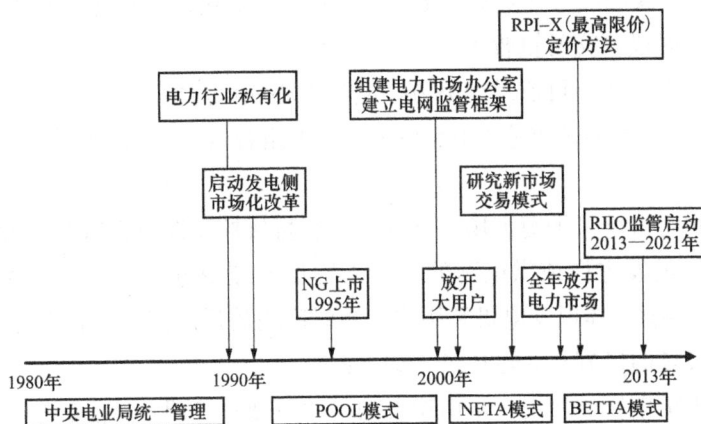

图 1-1　英国电力市场化改革进程

Pool 模式属于全电量竞价上网的集中式电力市场，其日前市场出清价格包含三个部分：系统边际价格、容量价格和上调费用（为解决输电阻塞、系统备用等问题所产生的费用）。Pool 模式的出清价格波动较为剧烈，交易双方往往通过差价合同规避风险。

Pool 模式存在的缺点有：国家电网公司（NGC）的职能过于集中；缺少长期物理合同，价格易变，电力库价格缺乏有效竞争；电力库在定价过程中缺少用户和需求侧参与，对用户开放缓慢；市场化竞争使发电竞争者数量较少，对于兴建新电厂望而却步，发电公司可以操纵市场，电力库价格被人为操纵；由于利润空间受到限制，投资向海外转移；天然气交易市场和电力库市场产生不协调；现有交易机制复杂、有缺陷等。

2. 2001—2005 年双边市场模式（NETA）

NETA 模式以双边交易为主，电能交易主要由市场成员自主协商签订双边交易实现，不平衡电量通过平衡机制解决。该模式在英格兰、威尔士地区应用。

NETA 模式的出发点是：降低批发电价；保证即时和长期供电可靠性；价格透明，使用户真正参与价格制定过程；促进发电市场公平竞争，鼓励环保型发电项目投资。NETA 模式的突出特点是细化市场，引入新的市场体系；削减 NGC 功能；NGC 只负责平衡市场；开放各类市场，扩大用户参与。

其中 NETA 的市场分类及签约方式分为以下四种：

（1）长期市场。通过交易方的双边交易；交易不细化至 0.5 小时间隔；交易量很大；长期交易基于年度基本负荷；逐步向有组织的标准化产品交易过渡。

（2）中期市场。可通过交易方、交易中心或日前拍卖进行电能买卖；交易基于季度、月或周的基本负荷；交易产品相对标准化；部分交易可以细化至 0.5 小时的交易时段；交易量较大。

（3）短期市场。可通过交易方、交易中心或日前拍卖进行电能买卖；标准化产品交易（0.5 小时或基于 0.5 小时的简单组合）；参与者很多，但大多数交易量不大。

（4）实时市场（平衡市场）。SO 不具有直接控制发电机组的权力，只能根据不同位置的发电商或供电商的竞价来增加或减少输出功率以维持系统的平衡，并负责结算；体现发电机和用户在短时间内的反应能力；电能交易量有限。

平衡市场的机制及其运作过程如下：

（1）平衡市场的作用。平衡调度的目的是使系统调度员能够按照收到的增减输出功率（负荷）及报价，调整发电和负荷水平，从而维持能量平衡和安全运行。

平衡服务合同实际上是一种期权合同。通过签订期权合同，NGC 可以只提前很短的时间通知参与平衡市场的成员调整其输出功率或负荷。这种平衡服务合同可以指定一些 Offers 或 Bids 以预先确定的价格进入平衡市场，并保证 Offers 和 Bids 的数量要足够多。

Offers 和 Bids 是指：市场成员自愿向系统调度员申报的增减输出功率（或负荷）及其报价。

（2）平衡市场的设计原则。按投标价格进行结算（pay-as-bid）。不平衡结算时，实时调度电量按分钟进行累加。在某个时段，参与平衡服务的市场成员和市场调度员都是确定的。Bids 和 Offers 必须在市场关闭后发送给市场调度员，调度员不准在此之前接收任何 Bids 和 Offers。目前每个交易时段的平衡调度周期暂定为从该交易时段前 1 小时开始直至该交易时段结束，共计 1.5 小时。

通过改变平衡机组的最大输出和输入限值，Bids 和 Offers 可以在调度员接收之前收回。Bids 和 Offers 必须成对发送，每台平衡机组可以发送多对 Bids 和 Offers。

在 NETA 模式中，市场主体的绝大多数电能交易通过中长期双边合约完成，基于集中竞价的日前市场和实时平衡调整仅用来调节系统平衡和管理输电阻塞。这也是英国最初设计的电力批发市场模式，但由于当初急于实现市场化竞争，考虑到全电量集中竞价更简单、易于实现，才采用了 PooL 模式。同时，英国还对发电商进行拆分重组，引入新的独立发电商，进一步降低市场集中程度，使市场竞争更加充分。

3. 2005—2013 年 BETTA 市场模式

BETTA 阶段，英国将 NETA 模式从英格兰、威尔士扩展到了苏格兰地区，实现了在这三个地区的电力交易、平衡结算、定价机制的统一。苏格兰输电网与英格兰威尔士地区输电网本来是分开调度的，英国引入 BETTA 模式后，苏格兰地区被正式纳入英国电力市场，其输电网也开始由国家级系统操作机构（Great Britain System Operator，GBSO）统一调度，但两家输电公司输电资产归属和运行维护责任还是分开的。具体来说，苏格兰地区的输电网由苏格兰南部电力公司（SSE）拥有并运维，而英格兰威尔士地区的输电网则由 GBSO 拥有并运维。

BETTA 创新点主要有：以 NETA 模式为基础，建立全国统一的电力交易、平衡和结算系统，统一了输电定价方法和电网使用权合同。制定了《英国电力平衡与结算规范》《联络线与系统使用规范》，在全国范围内实行单一的交易、平衡和结算机制，使电力市场的扩展、运行、管理、监管更为容易，运营成本更低。建立了 GBSO 负责电力调度，保证系统安全和供电质量。修订《国家电网公司电网规范》和《苏格兰电网规范》，制定了新的、独立的《英国电网规范》。制定新的《系统运行机构与输电网拥有者协议》，明确界定了系统运行机构与输电网拥有者的职责范围。消除了跨大区电网的使用障碍。建立了新的英格兰—苏格兰高压电力输送网络，市场范围扩大，对参与者更加开放。

BETTA 模式的主要优点有以下三点：①进一步消除垄断，降低运行成本。在 BETTA 市场中，国家级操作机构 GBSO 负责全国电力平衡与调度；国家电网公司的职责有了很大调整，不再负责整个不列颠地区的运行，而只是英国输电系统的拥有者之一。②提高了英国电力批发市场的竞争程度，促进了苏格兰地区的竞争。市场参与者可与任何地方的其他参与者签订合同，自由交易。苏格兰地区供应商面临更激烈竞争。③促进可再生能源发电、资源合理配置。苏格兰地区的可再生能源发电商能够与全英国的供电商直接交易，在提高发电量和发电设备利用率的同时，降低可再生能源发电成本。

4. 2013 年执行 RIIO 监管框架

英国天然气与电力监管办公室（Ofgem）在对天然气、电力实施 RPI-X 的价格上限管制政策后，于 2013 年开始引入新的 RIIO 监管框架。Ofgem 采用 RIIO 框架对在英国经营天然气和电网的企业实行价格监管，即在收入中考虑创新与产出的激励。至 2021 年，RIIO 监管框架下的首个监管期将结束，对输配气管网运营商及输电网运营商的第二轮价格监管（RIIO-2）将于 2021 年开始。这个框架同样适用于电力系统运营商。而对配电网运营商（DNO）的第二轮价格监管将于 2023 年开始。

RIIO-2 的总目标是确保受监管的网络公司能向现有与未来的消费者提供物有所值的服务，特别是：通过价格监管减少网络经营活动对环境造成的影响；充分发挥价格监管在解决消费者脆弱性问题方面起到的作用。以此，促使运营商们发展并维持一个可靠、安全、稳定的网络，进而向一个低碳的未来提供可灵活的过渡支持。

Ofgem 的目标是：通过设定产出、塑造和评估商业计划，为消费者提供更大的发言权；通过允许网络公司获得公平的回报、维护好消费者利益，恰当地反映网络运营业务所面临的风险以及当前的金融市场状况；激励网络公司以有利于消费者的方式应对网络使用方式可能发生的巨大变化所带来的风险和机遇；利用监管框架或适当的竞争来推动创新、提高效率；通过聚焦于对消费者最有价值的项目以简化价格监管。

2018 年 3 月，Ofgem 为实现上述目标，对加强 RIIO 框架的若干方法进行了研究。为合理设定价格监管结构，Ofgem 正在对亟待建立的跨部门框架中的一些确定要素做出决定。Ofgem 也同步对监管框架改革中所考虑的其他要素缩小选择范围。这些决定包括：

（1）赋予消费者更大的话语权。为 RIIO-2 引入一种新的增强型参与模式，包括在企业层面建立客户互动和用户组，同时还将建立一个 RIIO-2 挑战组。引入公开听证会方式集中讨论各团体提出的分歧或争议，并吸收任何其他证据以支持或反对网络企业的支出提案。天然气和电力市场管理局（GEMA）将采用在消费者参与过程中所取得的证据，承担做出初步及最终决定的责任。

（2）回应使用网络的方法。价格监管周期默认为五年。Ofgem 将考虑来自网络企业的建议，对某些活动设定长期津贴。在一个五年周期，要看到消费者获得显著净收益的确凿证据。没有将输电（ET）和配电（ED）价格监管周期的开始及结束年度调整一致。为实现整个系统的目标，将为是否需要在价格监管框架内引入任何有利的改革（或消除监管障碍）持续开展工作。这里的"整个系统"，应该在新一轮价格监管，以及网络企业在能源转型方面发挥适当作用的背景下去理解。对电力系统运营商（ESO）设定单独的价格监管。未来会对 ESO 可能的监管及薪酬模式开展进一步工作，就可能方案与业界进行讨论。现阶段，不建议对天然气系统运营商（GSO）进行单独的价格监管，而是将其作为输气价格监管的一部分。在已经明确的 GSO 和 ESO 监管系统运行改进方法中，Ofgem 仍可能需要考虑有关提议的适当性。随着天然气系统的发展，可能需要更广泛的考虑变化。

（3）激励创新和提高效率。在 RIIO-2 监管的核心框架中，对于创新项目保留创新激励方案。未来将在三个方面开展进一步改革：一是加强与能源转型挑战的衔接，二是加强与更广泛的公共资金的协调，三是强化第三方的参与（包括潜在的可直接获得的可用资金）。

在适当的时机强化市场竞争的作用，从而为消费者创造价值，这包括使用新的、可分离的、高价值的输电标准来确定项目适合在其他领域实现竞争。我们将对早期及后期的竞争开发一系列模式，并进一步研究如何在特定领域内应用这些模式。

（4）简化价格监管。以前期讨论中提出的方法来设定产出和成本津贴。建立自动返还机制，对由于外部情况超出了被许可人的控制范围而不再需要提供资金的产出或可交付成果，将通过这一机制返还于用户。当价格监管开始，Ofgem 将持续跟踪整个过程的产出水平。通过探索使用可行的指数化工具，尽可能地降低预测误差风险，包括劳动力与建设成本通胀（有证据表明这不同于一般的消费价格通胀）。在输电、输气即配气领域，不考虑早期解决方案。对于 RIIO-ED2（配电领域监管），是否提前清算仍是需要考虑的问题，这被视为制定配电监管方式的一部分。为商业计划制定其他激励性措施，包括 IQI。

（5）实现公平回报与资金融通。采用前期讨论中规定的债务成本核定原则，否定纯粹按照债务成本的转移来核定债务成本的方式，转而将继续研究其他选择：重新校准目前的"完全"指数化模型；或转向"部分"指数化模型。Ofgem 关注到，在制定具体领域的方法时，必须考虑对单个公司的做法。

采用资本资产定价模型（CAPM）来估算权益成本，通过对照市场资产比（MAR）和投资者的回报出价来交叉检验 CAPM 的计算，在此阶段并不排除将权益成本指数化的可能性。关于融资能力，不建议采用名义 RAV（监管资产价值，Regulatory Asset Value）。Ofgem 将继续探讨剩余的选择（网络企业有责任通过其业务计划解决问题，明确收入底线以确保承担债务）以解决可能出现的任何财务问题。

在计算监管资产价值（RAV）和准许回报时，从零售价格指数（RPI）转向 CPIH1，以进行通货膨胀调整。Ofgem 将开展进一步的工作，以了解是否需要分阶段过渡；以及如果需要，可以采取哪些分阶段的形式。继续维持现有的折旧政策，即以资产的经济寿命为基础对 RAV 进行折旧，并将在各领域开展进一步的计算工作。

不考虑采用基于平衡账户（hard cap and floor return）的调整机制。而是在各领域继续探索其他选择（如自由裁量调整，约束 totex 和产出激励措施，RoRE 共享因子和锚定回报等）的适用性。

在未来，针对以下领域还将开展进一步工作。

（1）网络利用，搁浅和投资风险。在前期讨论中发现，未来需求水平的不确定是导致基础设施未得到充分利用或根本没有使用的根本原因。目前尚未对此做出任何政策决定。但可明确的是，对网络企业业务计划流程中的新增投资设置更严格的通过条件会是个不错的选择（尤其是在"强化网络"与"需求方措施"或"储能措施"等替代方案间进行测试选择）。这些过程仍然要确保有充分、及时的投资，以满足系统需求不断变化的要求。在不同领域，Ofgem 将完善政策以持续控制网络投资及利用效率低下的风险，考虑对某些类型的投资进行不同的风险分配是否合适。

（2）能源效率。前期就网络企业在鼓励消费者削减永久性需求方面是否可发挥作用征求了意见。首先，这就涉及政府的政策，Ofgem 将与政府进行进一步合作，以提高网络企业在能源效率方面可能发挥的作用。除此之外，Ofgem 还打算基于供需为网络约束的价格控制打造一个公平竞争的环境。此外还将设计具有足够灵活性的配气配电价格监管措施，以应对这一领域中网络角色的变化，这是对政府政策的一种回应，但同时也是在更广的概念下设计未来能源市场的需要。

（3）效益产出。网络应该提供现存及未来消费者所需的网络服务，并据此来衡量消费者通过网络企业的行动所获得的收益。许多人强调需要在 RIIO-2 中增加网络产出，包括：要求网络企业最大程度地减少对环境的影响，并在促进能源系统脱碳方面发挥更大的作用；采取措施以确保能源企业的员工具有必要的技能和资源，以长期满足网络需求；要求网络企业做更多的事情满足弱势消费者的需求。

Ofgem 计划在未来考虑并解决这些具有针对性的问题。正如 Ofgem 在目标中明确指出的那样，RIIO-2 致力于减轻网络对环境的影响。如果有必要在这一领域的各个部门之间制定共同的激励措施，那么 RIIO-2 也会做到。

价格监管目标还强调，网络必须在解决弱势消费者的问题（包括保护或代表某类消费者在能源市场中利益的能力大大低于普通消费者；某类消费者遭受损害的可能性比普通消费者高得多，或者实质性损害可能更大）上发挥全面作用。Ofgem 将通过以下方式实现这一目标：

（1）要求网络企业在其业务计划中说明他们打算如何为弱势消费者提供帮助。网络企业应该利用利益相关者提供的意见来制定这些措施。在评估业务计划时，将考虑提案质量以及利益相关者观点。

（2）RIIO-2 将在每个领域确定并制定适当的产出政策，以确保网络企业在解决弱势消费者方面充分发挥作用。

（3）探索如何使用创新资金来支持在整个系统中带来收益的项目，特别是在那些可能对弱势消费者最有帮助的项目。

1.1.1.3　当前英国电力市场模式

英国市场电能交易以双边交易为主，实时平衡机制为辅，双边交易合同是电网调度的重要依据，都是需要执行的物理合同，占比达到95%，平衡机制电量占比很小。因此，可以认为英国市场采用市场成员分散决策、分散平衡为主的一种市场决策方式，突出的是电能的普通商品属性，提倡电能的自由买卖交易。

按照市场的组织形式与功能的角度，英国的电力市场主要由以下四类市场组成：中长期双边交易市场、日前集中交易市场、平衡机制及辅助服务市场。

1. 中长期双边交易

英国市场双边交易包括场外 OTC（Over the Counter）交易和场内标准合约交易，场内交易在电力交易机构进行。双边交易没有固定的交易周期，市场成员可以灵活签订各类合同，合同签订截止时间可以一直持续到关闸（Gate Closure）时间，即实时前 1 小时。

双边交易合同签订时不需要系统运营机构进行安全校核，合同履行时，双方协商形成发电/用电计划曲线，并按照《平衡和结算规范》（Balancing and Settlement Code，BSC）和《电网交易主要协议》（Grid Trading Master Agreement，GTMA）要求，将合同交易电量和交易计划在规定时间内上报负责平衡和结算的 Elexon 公司，以及系统运营机构（Electricity System Operator）。所有获得业务许可的电力公司都必须签订 BSC 协议，该协议要求发电商和售电商在 Elexon 公司建立能源账户，并将各种合同交易结果通知 Elexon 公司，Elexon 负责对各市场主体合同电量和实际电量之间的差额进行计量、计费和结算。

2. 日前集中市场

英国日前集中竞价市场由两个电力交易所分别组织（APX Power UK 和 N2EX），市场成员自愿选择参与，电力交易所之间存在着竞争。APX 组织的日前市场于 10:50 关闭，11:50 完成出清计算并公布交易结果；N2EX 则在日前 09:30 闭市，并于 10:00 前向市场公布出清结果。英国日前市场出清计算不考虑实际的网络情况，也不考虑机组的物理参数，出清价格为系统边际电价。

由于双边交易和日前集中竞价市场均未考虑电网安全约束，因此调度机构在日前环节要通过大量分析计算，及时发现平衡和电网安全问题，引导市场成员调整交易，并非以调度指令的方式安排生产，也不进行机组组合。调度机构每日 9:00 公布全网及分区负荷预测；11:00 开始根据市场成员提交的初始电力曲线（Initial Physical Notification，IPN），进行次日系统平衡裕度分析和电网安全分析；16:00 调度机构根据最新的申报曲线，发布系统平衡裕度和次日发电计划。当发生电力供应不足时，及时发布电力不足警告和限负荷警告，通过电价上涨的预期，引导发电商推迟检修，引导可调整负荷缩减电力需求。当发生电网阻塞时，引导市场成员调整交易计划，避免造成合同累加曲线与实际输出功率偏差过大。

3. 平衡机制及辅助服务

英国双边交易占市场总体电量的规模如此之大，可能会导致系统的低效率调度，甚至影响系统安全运行。为解决这一问题，英国电力市场设立了平衡机制，该机制是英国 ESO（Electricity System Operator）用来保证每秒钟电力供需平衡的系统。设立平衡机制的意义在于：一是为调度部门提供了在实时调度前 1 小时阶段，调整发电与负荷预测偏差的手段和依据；二是平衡机制中产生的不平衡电价（系统买入价和系统卖出价）将为市场成员的不平衡电量提供结算价格。

平衡机制下，ESO 作为系统操作员（System Operator，SO）通过招投标方式购买长期期权和长期合同下的容量平衡服务以保证系统实时平衡。同时，ESO 也可提前（有时提前 1 年以上）与一些辅助服务机构签订合同以保证系统能安全和高效地运行，这些辅助性服务包括无功功率、热备用、频率控制和黑启动等。

英国电力市场以双边交易为主，目前在 BETTA 模式下运作，包括远期合同市场、电力现货市场、平衡市场和不平衡电力结算机制。其中电力现货市场包括日前现货市场和日内现货市场。

日前市场采用集中竞价方式，日前小时拍卖市场的订单簿提前 14 个工作日开放并于运行日前一天的 11:00 之前关闭，市场成员在此期间提交买卖报价，报价类型包括单一小时报价和块报价，其中块报价最大功率上限为 500 兆瓦，小时拍卖市场出清结果最早于运行日前一天 12:50 发布；日前半小时拍卖市场于运行日前一天 15:30 开始，市场成员在该市场中交易半小时合约以优化其发电组合，半小时拍卖结果最早于运行日前一天 15:45 发布。日内市场包括日内半小时拍卖市场和日内连续竞价市场。日内半小时拍卖市场仅接受单一合同报价，分别于运行日前一天的 17:30 和运行日当天的 8:00 截止报价。日内连续竞价市场采用高低匹配的组织方式，市场成员从运行日前一天 0:00 开始可提交半小时报价，于实际运行时段前 15 分钟停止。

1.1.1.4　英国电力现货市场可再生能源消纳经验参考

1. 市场机制——差价合约

差价合约通过发电商和用户签订远期合同中确定的合约电价规避批发价格波动以鼓励对可再生能源项目的投资。合约数量根据政府制定总体预算计划，按照先到先得和拍卖方式分配。固定费率差价合约作为双向生效合约，区分基荷发电资源和间歇性发电资源设定不同的差价合约。其中，针对可再生能源发电机组等间歇性发电资源，合同价格设置为电力市场可再生能源机组日前出清价格的加权平均值，当市场价格低于合同价格时，可再生能源发电商获得差额价格结算收益，当市场价格高于合同价格时，发电商偿还差额收益。

2. 财政激励——固定上网电价

FiT 政策是英国小型可再生能源发电项目的主要激励机制，该政策要求电力供应商为小型可再生能源项目发出并输送至电网的电力支付补偿费用，该政策适用的技术类型为装机容量低于 5 兆瓦的光伏发电，风力发电，水电和厌氧分解发电及装机容量不超过 2 千瓦的热电联产机组。

3. 配套市场体系——碳价政策

英国通过对高碳排放行业征收碳排放税限制其排放量，相比碳价受市场影响的欧盟碳排放交易体系，英国的碳排放税费率初始定价为 16 英镑/吨，在碳排放交易体系中获得许可的主体成员将继续获得免税额并为其超过许可范围的排放量缴纳税款。碳价格支持是英国政府对电力工业征收的附加费率，结合碳排放税，电力生产的有效碳价格达到 34 英镑/吨。包括碳排放税和碳价格支持在内的碳价政策是英国从 2012 年到 2016 年燃煤发电排放量减少 80% 的主要原因。

4. 强制性可再生能源发展目标——可再生能源义务

可再生能源义务是英国大型可再生能源发电项目的主要支持机制。《可再生能源义务法令》要求供应商所售能源的一定比例必须来自可再生能源。发电商每发一兆瓦时可再生能源，就可以从英国燃气和电力市场办公室获得一个可再生能源义务证书（renewable obligation certificate，ROC），供应商通过供给规定量的可再生能源电量或从可再生能源发电商处购买 ROC 以满足可再生能源义务法令要求，否则将面临惩罚。

1.1.2 美国电力体制改革

到 20 世纪 70 年代之前，美国对电力产业的管制效果良好，规模经济的益处被充分挖掘，电力产业的平均成本一直在下降，社会福利稳步提高。但随着美国"滞涨时代"的来临，电力需求放缓，石油危机导致燃料价格上涨，加之《1969 年环境保护法案》和《1970 年空气清洁法案修正案》对排放标准严格限定，造成电力产业单位成本上升，电价上涨，以往的电力工业管理体制暴露出越来越多的缺陷：在管理模式上电网不对外开放，在电价机制上不鼓励市场竞争定价，由于信息不对称、管制俘获、服务成本定价机制等原因，成本增加，产业效率降低；消费者受制于卖方垄断对电力供应商也无从选择。基于上述背景，美国电力产业改革呼声渐起。

在改革前，美国的电力部门基本上发展成为纵向一体化的地区性垄断企业，电力供应的主要组成部分—发电、输电、配电和零售供应都由同一家电力公司掌握，这些公司在一定的地理范围内享有向居民、商业和工业消费者供电的特权。美国电力工业改革最初的兴趣开始于零售市场价格较高和批发与零售差异较大的那些州。在这些州中，特别对于零售竞争，改革的政治压力来源于工业用户、独立发电商和可能的市场参与者们的游说活动。1978 年，美国联邦政府以法律的形式正式允许独立发电企业出售电力，从而使独立发电商迅速增加，但独立发电商进入电网受到公用事业控股公司法案的限制。为此，1992年，美国颁布了新的《能源政策法》，规定所有的电力公司必须提供输电服务。1992—1996 年，虽然部分州允许电力的转运服务，但能源法案并未达到预期的效果。1996 年联邦能源管理委员会（FERC）出台了 888 号和 889 号法令，详细规定了开放准入输电服务价格和辅助服务价格，并且规定发电和输电必须从功能上分离，所有的发电商得到一样的待遇。联邦能源管理委员会的 888 号和 889 号法令的颁布产生了显著的效果。在美国形成了一些比较成功的电力市场如 PJM 和纽约 ISO。但与此同时，还有一些问题没有得到很好的解决，比如输电价格的定价等。为解决这些问题，FERC 把注意力集中在通过发展地区输电组织 RTO（Regional Transmission Organization），从输电网中获取最大的区域效益（1999 年签署的 2000 号法令）。

美国的电力体制改革是将英国的做法搬到了美国，并且积极提倡电力进一步放松管制，实行自由化。美国的电力企业以私营为主，在整个电力行业发电量中，私营电力占 74.8%。电力改革的目标是放松管制、引入竞争、打破垄断、降低电价。电力工业以州管理为主，联邦能源管理委员会只提出厂网分开、发电引入竞争的要求，具体改革方案由各州结合本州实际情况自行确定。因此，在电费很高的美国东北部、中西部、西海岸各州积极促进电力事业重组，而在电费很低的南部各州对电力改革则采取慎重的态度。

近年来，美国的电费水准一直在横向徘徊，1998 年以后出现了微弱的降低倾向。尽管如此，目前在实施零售自由化的州，很多都在引入自由化的最初几年，作为过渡阶段强制命令降低电费，但是若将这种倾向纯粹地判断为电力改革的成果还为时尚早。相反，从 2000 年 6 月以后，美国电力体制改革的先行者加利福尼亚州和纽约市电费飞涨。2001 年 1 月中下旬，加州经历了二次世界大战以来首次强制性的分区轮流停电，在连续遭受 10 个月的"电力危机"侵害后，已发展到电力市场完全崩溃。加州的电力危机不仅对加州，甚至对全美经济发展都带来了影响，暴露出在电力体制改革中存在的很多问题。

美国电力体制改革的核心是：将输电领域作为自然垄断环节独立出来，同时放开发电领域和配供电零售领域，让购售双方享受平等的输电服务，并建立电力批发市场，实现发电侧和销售侧的竞争。最终目标是希望能带来一系列社会效益，其中包括效率提高和技术进步。

美国电力行业实行联邦和州两级监管体系，市场准入和电价监管是主要的监管手段。联邦层面的电力监管机构主要是联邦能源监管委员会，主要负责电网可靠性、输电业务、电力批发和电力企业并购等，其他监管机构还包括美国核监管委员会（NRC）和联邦环境保护署（EPA），分别负责监管核电站、核燃料设施的安全以及电厂的污染排放。州一级的电力监管机构一般为各州的公用事业委员会或公共服务委员会，职责大致相似，主要负责配电业务、电力零售、电力应急管理和发放电网建设许可等。电价监管方面，FERC 负责跨州输电业务和电力批发业务电价的监管，各州委员会负责配电及州内电力零售业务电价的监管。

美国电改至今已走过 20 多年，形成了 7 个有组织的区域性电力市场，其市场运营组织者称为 RTO（Regional Transmission Organization）或 ISO（Independent System Operator），包括纽约（NYISO）、新英格兰（ISO-NE）、中西部（MISO）、加利福尼亚（CAISO）、得克萨斯（ERCOT）、西南部（SPP）和宾新马（PJM）。但东南部及广大西部仍采用垄断一体化运营。接下来详细介绍美国 PJM 电力市场相关情况。

1.1.2.1　美国 PJM 电力市场

PJM 市场（Pennsylvania-New Jersey-Maryland/宾夕法尼亚—新泽西—马里兰州）是第一个基于投标方式的区域电力市场主体。PJM 既是系统运行机构又是市场运营机构。

PJM 负责美国大西洋沿岸 13 个州及哥伦比亚特区覆盖 243，417 平方英里范围的电力系统运行与管理。作为一个区域输电组织，PJM 负责约 72075 英里传输线的地区电网的协调控制，管理竞争性电力批发市场，规划电网的扩容以保障系统可靠性并减轻阻塞。

PJM 始于 1927 年，当时三家公共事业服务公司通过互连来共享其发电资源，实现了共同的效益和效率，形成了世界上第一个持续的发电池。其他公共事业服务公司于 1956 年，1965 年和 1981 年加入。在此期间，PJM 由一个成员的公用事业服务部门运营。

1962 年，PJM 安装了第一台用于控制发电的线上计算机。PJM 于 1968 年完成了第一个能源管理系统（EMS）。这个 EMS 是一个信息技术系统，可以实时监控输电网运行。1996 年，PJM 推出了第一个网站，为其成员提供最新的系统信息。

1993 年，为了更好地管理电力池，当 PJM 互联协会成立时，PJM 开始向一个独立，中立的组织过渡。1997 年，PJM 成为一个完全独立的组织。当时，会员资格对非公共事业服务公司开放，并选举出了独立董事会成员。

1997 年 4 月 1 日，PJM 开设了第一个以竞价为基础的能源市场。同年晚些时候，联邦能源监管委员会（FERC）批准 PJM 成为美国第一个全功能的独立系统运营商（ISO）。独立系统运营商负责电网的营运，但不拥有输电网，以便为非公共事业服务公司的用户提供对网络的无歧视接入。

后来，联邦能源监管委员会（FERC）鼓励组建区域输电组织（RTO）来运行多州地区的输电系统，并推动竞争性批发电力市场的发展。PJM 于 2002 年成为全美第一个全功能的区域输电组织（RTO）。

2002—2005 年，PJM 将多个输电网集成到其自己的运营部门旗下，包括 2002 年的 Allegheny Power 和 Rockland Electric；2004 年联邦爱迪生、美国电力和 DaytonPower & Light；在 2005 年，FirstEnergy 的变速器附属公司 American Transmission Systems 和克利夫兰公共电力公司被整合到 PJM。2012 年，Duke Energy Ohio 和 Duke Energy Kentucky 加入 PJM，并于 2013 年将东肯塔基电力合作社纳入 PJM。这些集成扩大了可用资源的数量和多样性，以满足消费者对电力的需求，并增加了 PJM 批发电力市场的收益。

其主要职能为：系统集中控制与调度；电力市场运营；管理输电网价格和输电服务；开展区域电网扩展规划并协调各成员之间的电源规划等。市场交易主体包括发电商、供电企业、售电商（包括零售商、趸售商）、中间商（包括交易商、经纪人）及终端电力用户。

PJM 拥有 900 多家配售电公司（见表 1-1）：在宾夕法尼亚州，根据 2013 年《售电侧竞争年报》，37%（184 万）的居民用户、47%（32 万）的非居民用户可以自由选择供商，全州有 378 个独立供电商。在新泽西州，在四大公用事业公司 Atlantic City Electric、JCP&L、Orange Rock-land Electric、PSE&G 的供电范围内，分别有 89、87、61、101 家第三方零售商可供选择。

表 1-1　　　　　　　　　　美国 2015 年区域输电组织参数表

区域	会员数	发电能力（兆瓦）	高峰需求（兆瓦）	输电线路（英里）	服务州数	人口（百万）
PJM	940+	183604	165492	62556	13+D.C.	61
ISO-NE	400	31000	28130	8500	6	14
NYISO	145	39039	33956	11086	1	20
CAISO	100+	60000	50000	26000	1	30
MISO	413	177520	127125	65800	15	42
SPP	93	78935	45301	56142	14	18
ERCOT	1400+	77000	69621	46500	1	24

数据来源：FERC。

除金融市场外，PJM 具有 1d 的电能市场（day-ahead energy market），由市场主体在每天 12 时之前向交易平台报价，交易平台根据报价以及系统安全约束等确定次日 24 小时时段的交易量和价格。与英国电力市场类似，为减少运行中的电量偏差，PJM 市场同样引入了实时电能交易市场（real time energy market）。实时电能交易市场作为电能市场的补充，给市场主体提供了调节手段，在电能市场结束后，每天 16:00-18:00 在电能市场没有中标的机组可以重新报价。进入系统实施运行后，调度根据电能市场和实时电能交易市场的交易结果进行经济调度。除电能量交易外，PJM 还有输电权市场，PJM 的输电权市场也称为阻塞收益权，是用来对冲阻塞成本的金融工具或金融投资，当电网阻塞时可根据金融输电权交易结果获取利润或支付费用。

1.1.2.2　美国 PJM 电力市场特点

PJM 是美国最大的独立系统运营商，运营管理 13 个州及华盛顿哥伦比亚特区的电力系统和电力批发市场，同时负责电网升级规划以保障系统可靠性。PJM 每年开展一次电网滚动规划，由市场监管机构和市场主体等共同合作制定。PJM 建立了区域输电发展规划制度（RTEP）进行电网规划。RTEP 主要包括可靠性规划、经济性规划、电网互联规划和局部电网规划四部分。PJM 首先进行该区域的可靠性规划，包括建立暂稳态数据集、建立预想事故集、静态安全分析、各类暂态分析等。在可靠性规划基础上，PJM 进行经济性（市场效率）规划。规划人员会提出多种提高市场效率的规划方案，例如新建输电线路缓解现有系统运行的阻塞情况，并对这些方案进行效益成本比的量化分析和优选排序，提交 PJM 输电规划委员会，经各利益攸关方讨论和审查后，形成最终的经济性规划方案。

PJM 电力市场由电力现货市场、容量市场、金融输电权市场和辅助服务市场组成，其中电力现货市场包括日前市场和实时市场，PJM 电力市场结构框架如图 1-2 所示。

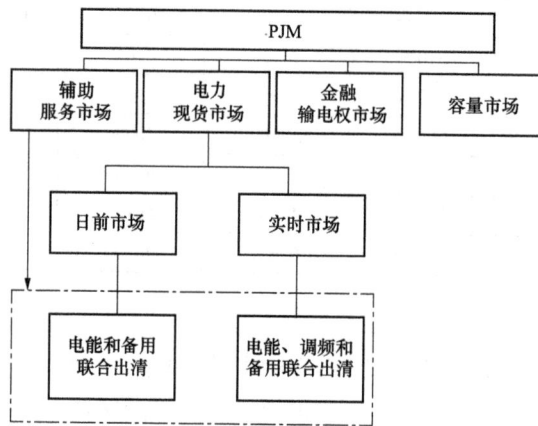

图 1-2　PJM 电力市场结构框架

PJM 日前和实时现货市场的交易标的均为电能和辅助服务（调频和备用）。日前现货市场是市场成员自愿参与的基于报价的市场，市场成员于交易日前一天 12:00 前提交交易日的每小时报价情况，交易中心根据发用电侧报价、虚拟电厂/负荷报价和双边交易时间表，使用安全约束下的机组组合和经济调度对电能和备用辅助服务进行联合出清，每小时成交电量按照节点边际电价进行结算，交易日前一天 16:00 之前，交易中心发布日前市场出清结果和日前节点边际电价。实时现货市场实际上是实时平衡市场，该市场基于系统实际运行情况，使用安全约束下的经济调度对电能、调频和备用进行联合出清，每 5 分钟计算一次市场出清价格，对实时出清电量与日前出清电量的偏差电量按照实时节点边际电价结算。

1.1.2.3　美国 PJM 容量市场

PJM 电力市场的成员必须遵守四大基本协议：可靠性保障协议（Reliability Assurance Agreement）、运行协议（the Operating Agreement）、输电价目表（the

PJM Open Access Transmission Tariff）和输电商协议（the Transmission Owners Agreement）。根据可靠性保障协议，负荷服务商（Load servers）必须持有足够机组容量，不一定是自己的机组，以满足自己的容量义务，不能履行义务的负荷服务商将按照协议条款进行处罚。容量义务成了容量市场的需求基础。

1. PJM 容量市场发展过程

1998 年，开创了容量信用交易模式的容量信用市场（Capacity Credit Market，CCM）。当年 10 月 15 日，第一个月度市场开市；12 月 31 日，第一个日市场开市。

1999 年 1 月 27 日，由于容量信用市场容易被操纵而被管制，此时距第一个月度市场开始仅 3 个月。

1999 年 5 月 31 日，容量信用市场经过改良后恢复运行。

1999 年 7 月 10 日再次被管制，此后一直处于管制状态。

2007 年，PJM 采用可靠性定价模式取代原有的容量信用市场，并于当年 4 月开始正式运行。

2. 容量信用市场

容量信用市场是 PJM 电网最初采用的容量市场模式，为容量市场的建设取得了宝贵经验，奠定了良好的基础。

容量信用市场分为月度市场和日市场，市场成员有两类：负荷服务商（Load servers）和容量拥有者（Resource owner）。容量拥有者指 PJM 区域内的现有机组、规划中机组、可削减的电力负荷（Demand Resource）、合格的输电网升级项目（Qualifying Transmission Upgrades）及区域外机组。是否参与容量信用市场遵循自愿原则，负荷服务商和容量拥有者都可以在市场外通过双边交易买卖容量信用（Capacity Credit），通过容量市场购得的容量信用不得以任何借口进行调整。负荷服务商购买容量信用，以满足全部或部分机组容量义务。

在月度市场中，负荷服务商和容量拥有者可以根据自己未来的容量需求预期和对市场情况的判断，买卖容量信用。而在日市场中，如果参与者不能满足其规定的容量义务，PJM 仅接受其不足部分的买盘；如果参与者在满足其规定的容量义务的基础上有多余的容量信用，PJM 仅接受多余部分的卖盘。

在月度市场和日市场的参与者完成报价后，PJM 根据买卖双方的申报组织出清，出清价格等于边际成交卖盘的报价，所有成交的交易都按照同一市场出清价格成交。

如果市场成员在月容量信用市场上卖了过多的容量信用，以致无法满足自己最终的机组容量义务，则必须通过日容量信用市场或双边交易获得足够的容量信用，否则将根据 PJM 的运行规则和可靠性保障协议（RAA）进行处罚。

3. 可靠性定价模型（RPM）容量市场

RPM（Reliability Pricing Model），容量市场是由多重拍卖市场组成的，包括 1 个基本拍卖市场（Base Residual Auction）、3 个追加拍卖市场（Incremental Auction）和 1 个双边市场。市场成员也由负荷服务商和容量拥有者组成。

基本拍卖市场提前 3 年举行。PJM 根据对 3 年后的负荷预测，组织容量拥有者竞价，以满足电网 3 年后的机组容量需求，购买容量的费用根据规则分摊给负荷服务商。

市场成员可以在第一次和第三次追加拍卖中购买容量来替代其无法履约的售出容量，比如工程的延迟或取消、现有机组的毁损等。在目标年份的前 1 年，PJM 将重新进行负荷预测，如果此次预测比基本拍卖前预测高 100 兆瓦以上，则组织第二次追加拍卖以补足差额，并将购买费用按规则分摊给负荷服务商。负荷服务商可以通过双边交易市场获得其在容量拍卖中未满足的容量。

4. 容量信用市场和 RPM 容量市场的不同

在容量信用市场中，市场成员受到的约束很少，一些有实力的市场成员可以通过月度市场买空卖空、控制日前市场供给等方式操纵市场，从而获取高额利润。RPM 容量市场完善了规则，力图规范市场成员行为，促进市场健康发展。主要的改变有以下几方面：

（1）市场准入。PJM 区域内的现有机组必须通过拍卖市场出售容量；如果 PJM 区域中的现有机组和可削减负荷没有参加基本拍卖市场，则失去了参加相关目标年份的其他拍卖市场的资格，比如甲厂在 2007 年未参加 2010 年容量的基本拍卖市场，则也不能参加 2010 年容量的任何追加拍卖市场。

（2）定价机制。基本拍卖和第二次追加拍卖中，容量拥有者作为卖方进行单边报价，并形成供给曲线，PJM 根据一定规则确定需求曲线，并根据供给曲线和需求曲线确定出清价格。

RPM 模式加强了市场的准入管制，推动容量拥有者参与基本拍卖市场，增加了市场的供给量，降低了卖方的市场力。PJM 制定的需求曲线既有一定的价格弹性，又有价格上限，发挥了市场的作用，在一定程度上限制了市场成员操纵价格的行为，具有计划调控的意义。

1.1.3 北欧电力体制改革

北欧地区包括丹麦、芬兰、冰岛、挪威、瑞典，总面积 1258 万平方公里，人口 2450 万。截至 2003 年末，北欧地区总装机容量为 9264.1 万千瓦，其中水电装机容量为 4795.9 万千瓦，核电为 1208.1 万千瓦，火电为 2873.5 万千瓦，其他可再生能源为 386.6 万千瓦。北欧地区电网发达，除冰岛外，其他四个国家均实现了电网互联，此外，北欧四国与欧洲其他相邻国家也实现了联网。北欧 2003 年总发电量为 1012.1 亿千瓦时。

北欧今天的统一电力市场是逐步建立起来的。最先是 1991 年挪威率先在国内建立了一个电力商品交易所。1996 年，挪威和瑞典共同建立了挪威—瑞典联合电力交易所，两个国家的电网公司各有 50% 的股权，并将名字改为北欧电力交易所（Nordic Power Exchange 也叫 Nord Pool），总部设在挪威首都奥斯陆，瑞典斯德哥尔摩和丹麦奥登塞分别设立办公室。北欧电力交易所主要负责电力现货市场的运行，同时负责电力金融交易以及交易的结算。1998 年，芬兰加入北欧电力交易市场，丹麦西部电网于 1999 年加入，丹麦东部电网于 2000 年加入。从 1991 年挪威的电力改革开始，北欧国家的电力市场改革已经取得了较大的成就，现在已经形成了一个没有国界限制的联合电力市场。现在北欧电力是在一个全新的竞争充分的环境下运营，实现了跨国资源的优化配置。北欧四国成立了世界上第一个跨国电力商品交易所，为市场参与者提供了多样化的电力产品以及较为灵活的交易方式。

北欧电力市场的交易类型也是一个逐步发展的过程，1993 年的挪威电力市场还只是一个电力远期合同市场（Forward Market），只允许市场主体进行物理合同的交易。从 1997 年开始，北欧电力市场引入金融期货合同，1999 年允许期权合同上市交易，2000 年又引入了差价合同。

北欧电力市场作为区域电力市场，市场范围覆盖北欧四国，同时还包括波罗的海国家——爱沙尼亚、拉脱维亚和立陶宛。北欧四国的电力交易可分为期货交易、现货交易和实时交易 3 种，分别由两种市场完成。一种市场为合同市场，即北欧电力交易所（Nord Pool），主要提供期货交易合同服务和组织现货交易市场。另一种市场为平衡市场，由各国电网公司组织运作，负责组织实时市场运作。

北欧四国的电力市场组织者包括：北欧电力交易所、挪威电网公司、瑞典电网公司、芬兰电网公司、丹麦电网公司。市场成员约有二百多家电力公司。电力公司分为两种，一种拥有地区供电网络的电力公司，如芬兰的赫尔辛基电力公司、瑞典的博卡电力公司（BIRKA ENERGY）。这种电力公司一般拥有自己的发电厂、中低压输配电网络和用户。另一种电力公司不拥有输配电网络，通过自己的电厂发电或签订外购电量合同，向用户供电，同时与拥有输配电网络的电力公司签订合同，向拥有输配电网络并提供电力转运服务的电力公司交付转运费。

1.1.3.1 北欧电力现货市场 Nord Pool

Nord Pool 是一家股份制公司。北欧电力交易所通过向注册参与市场化交易成员收取固定的年费及与交易电量相关的变动费用作为盈利来源。该交易市场主要负责运营北欧及波罗的海国家的日前及日内市场，来自 20 多个国家的 380 家公司在此进行交易。北欧电力交易所通过设立保证金制度作为安全保障机制，参与北欧电力现货市场化交易的成员均须交纳保证金，以保证市场成员足够支付其选择的合约；保证金可以担保账户的现金形式交纳，也可以见索即付保函的形式交纳。

Nord Pool 为客户提供日前和日内交易、清算和结算服务，在北欧、波罗的海、中欧和英国市场提供高效、简单和安全的日前交易，在北欧、波罗的海、英国、德国、法国、荷兰、比利时和奥地利市场提供日内交易。

Nord Pool 与欧洲大陆的 360 家独立公司密切合作，拥有独特的优势，能够带来泛欧电力交易的优势。自 2019 年 7 月 2 日起，中欧市场开始交易。2018 年 6 月，Nord Pool 还在法国、奥地利、比利时和荷兰开设了日内市场。Nord Pool 是 15 个欧洲国家的指定电力市场运营商（NEMO），同时为克罗地亚和保加利亚的电力市场提供服务。

北欧电力市场主要包括电力批发市场和电力零售市场。电力批发市场中的物理电量交易主要在现货市场进行，金融交易则在纳斯达克交易所和场外交易市场进行。其中北欧电力现货市场由日前现货市场和日内现货市场组成，北欧电力市场结构框架如图 1-3 所示。

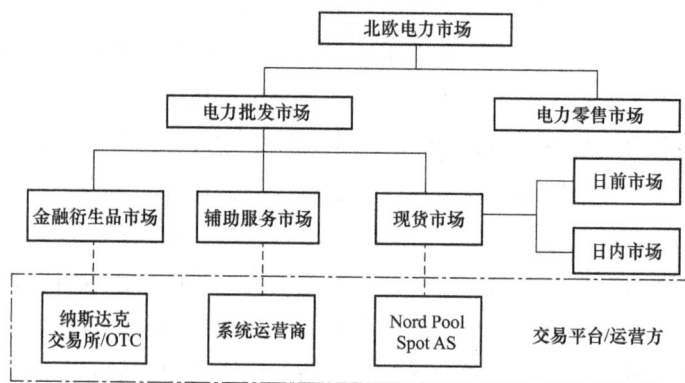

图 1-3　北欧电力市场结构框架

北欧的电力批发市场按合同期限可分为长期合同及期货交易、日前拍卖市场（Elspot）、日内连续市场（Elbas）以及电力辅助服务市场（Regulating power market），其中日前和日内现货由 Nord Pool 组织。Nord Pool 在其官方网站上提供日前拍卖市场、日内连续市场和英国电力市场相关的历史数据、实时数据和部分预测数据，以及电力辅助服务市场数据和电力系统数据，约 350 项数据，所有市场成员和非市场成员都可以免费访问。在 Nord Pool 公开的所有数据中，数据的最小颗粒度为 1 小时，更新频率最快的数据为每 0.5 小时更新 1 次的日内连续市场交易量。除了免费的数据公开之外，Nord Pool 还提供如文件传输协议（File Transfer Protocol，FTP）数据服务、市场新闻服务等付费数据服务。

北欧日前现货市场由北欧电力交易所（Nord Pool）组织，采用"集中竞价，边际出清"的原则，市场成员在交易日前一天的中午 12:00 之前通过网络交易平台提交次日各交易时段的申报电量和报价，报价类型主要包括小时报价，块报价和灵活报价。电力交易所根据买卖双方报价形成发用电曲线，发用电曲线交点即为系统电价，该价格是不考虑物理约束的日前现货市场的结算参考价格。北欧日前现货市场通过单一日前耦合系统与欧洲其他日前市场耦合，该系统中考虑区域联络线传输容量约束从而形成分区电价。

日内现货市场作为日前现货市场的补充交易市场，同样由北欧电力交易所进行组织，采用"高低匹配，先到先得"的原则，在日前现货市场关闭，日内现货市场可用容量发布后，持续滚动出清至交付前一个小时。日内现货市场主要应对机组实时输出功率变化或负荷预测偏差等系统平衡问题，随着可再生能源的大规模接入，发电机组输出功率预测难度增加，日内市场重要性逐渐凸显。2019 年，日内现货市场成交电量达到历史新高 15.8 亿千瓦时，相比 2018 年几乎增加一倍。

平衡调节市场（Regulation Market）是系统实时运行的保障，主要作用是保障系统的实时平衡与安全稳定。平衡市场由北欧各国的输电网运营商 TSO 负责，出清时会考虑各区域的实际物理模型与安全约束，实现交易计划的再调整。平衡调节市场运行前，各平衡责任提供者（Balance Responsible Party，BRP）提供报价，报价可持续修改直至实时运行的前 45 分钟，北欧电力市场对于报价的容量与价格存在约束，报价的最小容量为 10 兆瓦，最大为 50 兆瓦。同时，为保障平衡调节市场中存在足够的平衡资源，各国 TSO 会定期放开备用容量市场，参与备用容量市场的发电商需在平衡调节市场中报价。北欧的平衡调节市场与英国类似，区别在于平衡资源结算的价格不同，英国按照发电商报价进行支付，而北欧则是按照边际价格结算。

1.1.3.2 北欧电力交易市场运行的特点

北欧四国的电力市场运作，是非常独特的。其特点可归纳为：

（1）各国的期货交易和现货交易都是委托在北欧电力交易所完成，各国没有另外建立自己的电力交易所。从期货和现货的角度来说，北欧建立了一个统一的跨国电力交易市场。

（2）北欧四国电力交易中的期货、现货交易与实时交易服务分别由不同的机构完成。现货交易及期货交易由统一的北欧电力交易所完成。各国电网公司负责实时调整市场的组织。

（3）在发电侧，未实行网厂分开，电力公司可以同时拥有配电网络和发电厂及用户。但用户（包括居民用户）可以自由选择供电商。这样，电力公司的竞争压力非常大。如果自己的电厂发电成本很高，或者外购电量较贵时，对用户的供电成本就会很高，从而会失去用户，用户将选择价格低廉、服务质量高的供电商。同时，用户自由选择供电商，也促进了服务质量的提高。为了吸引用户，各供电公司努力提高服务质量，如制定灵活的电价政策、承诺可靠性、定期回访等。

1.1.3.3 北欧电力现货市场促进可再生能源消纳机制

欧盟 2009/28/EC 可再生能源法令要求欧盟成员国完成相应的可再生能源消纳比例，其中丹麦要求 2020 年可再生能源消纳比例达到 30%，芬兰 38%，挪威 67.5%，瑞士 49%，以实现欧盟"20-20-20 by 2020"目标，即 2020 年之前实现温室气体排放量降低 20%，可再生能源发电份额提高至 20%，能源利用率提高 20%。

（1）市场机制——跨国互联市场。北欧各国电源互补，完备的跨国电力交换网络使得挪威高比例、大容量的蓄能水电站和芬兰的火电机组可作为灵活性电源参与跨国互联系统的实时供需调节，以匹配丹麦高比例风力发电的波动性和间歇性，提高系统消纳可再生能源的能力。

（2）财政激励——固定上网电价（Feed-in Tariffs，FiT）。电力公司为可再生能源发电商提供贷款担保和税收减免，同时制定固定上网电价政策以保障机组收益。丹麦为风电机组设置 33.5 欧元/兆瓦时的固定上网电价，同时风电机组可享受 3 欧元/兆瓦时的发电偏差财政补贴。瑞典为风力发电商提供地税减免，为光伏发电提供财政补贴。芬兰对可再生能源发电设置固定上网电价。

（3）配套市场体系——可交易绿色证书市场、碳排放交易体系。可交易绿色证书的初始核发对象为可再生能源电力生产者，每 1 兆瓦时可再生能源电量核发 1 个绿色证书，义务实体（如发电商、电力供应商）每年需满足由当局确定的绿色证书配额，绿色证书价格则由市场决定。2012 年，瑞典—挪威联合绿色证书市场建立，该市场提出 2020 年底前完成两国可再生能源发电量提高 26.4 亿千瓦时的目标。欧盟碳排放权交易体系采用"总量控制与交易"模式，对电力行业的碳排放实施总量控制，交易体系内的实体可在碳交易限额内进行拍卖交易。北欧四国设置的碳免税额各不相同，但均在能源行业实行碳税政策。

1.1.4　欧洲电力现货交易所 EPEX SPOT 改革历程

在经历从独立分割的电力市场到跨国耦合后，欧洲逐渐形成了覆盖 23 个国家的统一电力市场。从电力交易产品的时间维度上看，这个统一的电力市场包括跨境双边交易、日前市场、日内市场、辅助服务市场和实时平衡市场。目前欧洲范围内最大的电力交易所 EEX 及其子公司 EPEX SPOT 是德法两国及周边国家的主要电力交易场所，分别负责电力期货交易和现货交易。

1.1.4.1　欧洲电力现货交易所 EPEX SPOT 简要介绍

EPEX SPOT 是欧洲电力交易所，是德国、法国、英国、荷兰、比利时、奥地利、瑞士和卢森堡的电力现货交易市场，主要交易日内结算或者日前结算的电力现货产品。2015 年，EPEX SPOT 与 APX 集团合并。推进欧洲电力市场一体化是 EPEX SPOT 的主要目标。

EPEX SPOT 提供了一个市场，交易所会员在规定的交货区域发送订单以购买或出售电力。根据公共交易所规则，以透明的方式匹配这些订单。作为这个过程的重要结果，EPEX SPOT 广播交易产生的价格。这些价格是批发市场化交易的基准，它们确保最终消费者具有竞争力的价格，这些消费者可以自由地在众多电力供应商之间进行选择。EPEX SPOT 为生产商、供应商和传输系统运营商及工业消费者提供了关键的流动性出口，以在短期内完成其销售或购买。

1.1.4.2　欧洲电力现货交易所 EPEX SPOT 交易现状

EPEX SPOT 负责运营德国、法国、英国、荷兰、比利时、奥地利、瑞士和卢森堡的电力现货市场，是欧洲最大的电力现货交易所之一。EPEX SPOT 提供大量可被市场成员和非市场成员免费访问的数据，主要为日前拍卖市场、日内连续市场、德国日内拍卖市场和法国容量市场的交易数据，约 200 项。数据的最小颗粒度为 15 分钟，数据分发频率最快也可达每 15 分钟分发 1 次。

1.　日前交易市场

欧洲日前交易市场于运行日前一日 9:30 开始，汇总各国所有市场主体申报信息及跨国通道可用传输容量，以社会福利最大为优化目标进行集中竞价出清，并于当日 14:00 发布各国市场主体的中标发用电曲线、跨国通道容量分配情况等。市场整体的交易流程如图 1-4 所示。

市场申报阶段：各国所有市场主体先申报信息至本国交易中心，包括市场主体各自的发电信息、用电信息、中长期合约信息，及 TSO 申报的输电通道可用传输容量信息等，再由本国交易中心提交至轮值交易中心。

图 1-4 日前耦合市场的交易时序

市场出清阶段：12:42 时刻市场会发布一次出清结果，若市场出清价格超过各国市场价格阈值，此时市场就地开放 10 分钟，在市场超过价格阈值时段允许市场主体调整申报信息；市场于 12:55 时刻发布二次出清结果至各国交易中心及 TSO 予以确认。

市场发布阶段：各国交易中心于 14:00 发布日前耦合市场交易结果，包括各国市场主体发用电曲线、交易价格、跨国输电容量等信息。

2. 日内连续交易市场

目前 EPEX SPOT 交易所内共计 7 个国家参与日内连续交易市场，分别是德国、法国、奥地利、瑞士、荷兰、比利时和英国。日内连续交易市场针对各国交易体系的特点共设置了 60 分钟连续交易、30 分钟连续交易及 15 分钟连续交易三个交易产品，所有产品于运行日前一日 15:00 时开始，连续交易直至运行日各国市场交割前。

连续交易过程中，各国可依据自身市场需求，适时参与日内连续交易市场，具体各国参与日内连续交易的时序如表 1-2 所示。可见，瑞士、德国和英国交易产品最为全面，奥地利只有 60 分钟连续交易，大部分国家于 15:00 参与日内连续交易市场，英国是在运行日 0:00 开启日内所有交易产品的连续交易。

表 1-2　　　　　　　　　　日内连续交易市场中的交易时序

交易品种	运行前一日			运行日
	15:00	15:30	16:00	0:00
60 分钟连续交易	德国 法国 瑞士 奥地利 荷兰 比利时	—	—	英国
30 分钟连续交易	法国	瑞士 德国	—	英国
15 分钟连续交易	荷兰 比利时	—	瑞士 德国	英国

此外，各国日内连续交易市场的截止时间也各不相同，奥地利、比利时、德国、荷兰 4 个国家日内连续交易至市场交割前 5 分钟 终止；英国日内连续交

易至交割前 15～30 分钟终止；法国、瑞士日内连续交易至交割前 30 分钟终止；所有日内连续交易中的跨境交易于交割前 60 分钟终止交易。

1.1.5　澳大利亚电力体制改革

1991 年，澳大利亚开始了电力市场改革，成立了国家电网管理委员会和国家电力市场法规行政局 NECA（National Electricity Code Administrator Limited），并由澳大利亚竞争和消费委员会 ACCC（Australia Competition and Consumer Commission）实行政府的宏观指导和监督。1998 年，澳大利亚国家电力市场开始运作，它在大范围供应和购买电力方面引进竞争机制，并为贯穿澳大利亚首都地区（Australian Capital territory）、新南威尔士（New South Wales）、昆士兰 Queensland ）、南澳大利亚（South Australia）和维多利亚（Victoria）的电网带来开放式接入体制（open access regime），其最终目标是为用户提供廉价电力。澳大利亚的首都地区、新南威尔士、昆士兰、南澳大利亚和维多利亚首先通过电网连接起来，塔斯玛尼亚（Tasmania）等最后接入。国家电力市场管理公司 NEMMCO（National Electricity Market Management Company）负责全国互联电网的调度和电力市场的交易管理。

澳大利亚发电侧电力市场始建于 20 世纪 90 年代中期，是电力交易、发电调度以及有偿调频辅助服务、财务结算三位一体的电力市场与电力系统运营体系，是单一的全电网、全电量电力交易调度平台，以 24 小时为周期，以 5 分钟为时间节点滚动地实现电力供需平衡。澳大利亚国家电力市场已经运行了二十多年，在运行中，该电力市场不断地自我完善，目前成为一个竞争有效、公开透明、发展成熟的实时电力市场。

澳大利亚的国家电力市场（NEM）拥有五个交易区域，覆盖了包括新南威尔士州、首都直辖区、维多利亚州、昆士兰州、南澳大利亚州和塔斯马尼亚州等在内的广阔区域。约占澳大利亚全国用电量的 85%。NEM 运营着整个电力库，负责整个区域每天 24 小时，每周 7 天的电力供应。交易区域之间通过高压输电网络连接。这些输电网络有足够的传输容量，以确保每个交易区域的电力批发价格在大部分时间内都保持在一个水平区间内。当然，当传输容量不足时，不同区域的电力批发价格可能会差别很大。

澳大利亚能源市场运营公司（AEMO）根据国家电力交易管理规则，负责 NEM 区域内的电力交易。澳洲的电力市场为 ISO 形式，调度交易为一体，均在 AEMO 的平台上进行。允许发电商与电力零售商或其他用电用户进行双边交易，但市场管理规则规定装机容量大于 50 兆瓦的发电商必须通过 AEMO 这个平台竞价将电力出售给电力库，零售商和大用户通过输配电网络按照市场价格从电力库购电，并由零售商将电力零售给终端用户。

AEMO 最主要的责任在于完成并维护以下几点：

（1）按照发电机组的申报价格，每 5 分钟平衡一次电力生产与需求，并根据发电方的报价确定该 5 分钟的调度价格。

（2）每 5 分钟一个调度价格，半小时即为 6 个调度价格。每半小时平均一次 6 个调度价格，从而决定每个地区每半个小时的电力现货价格。每 5 分钟的调度价格不是真正用于结算的电价。每半小时内六个五分钟出清价格的平均值才是半小时电量的结算价格。按半小时结算一次的技术原因是多数分时电表是 30 分钟读一次表数。

（3）国家电力法规定现货市场的最高价格（12500 澳元）和最低价格（−1000 澳元），这种负电价允许发电机向用户支付一定的资金，从而保持机组的持续运行，因为综合考虑的话此时保持持续运行的成本低于电厂起停的成本。对于可再生能源发电机组来说，在这种情况下保持发电还可以获得更多来自补贴项目的资金补贴。

（4）AEMO 通过调频辅助服务市场来保证、管理电力市场的安全以及可靠。调频辅助服务保证了很多整个电力系统的关键因素，例如频率、电压、电网负载、黑启动并且保证系统的供需平衡。

（5）市场的主要参与者为发电商和售电公司，也包括几个超大型的用电用户。

（6）市场参与者必须满足 AEMO 制定的所有行政和运营控制要求，还需要发布资金状况以满足 AEMO 为减轻市场违约风险设定的要求。

澳大利亚的电力市场是一个强监管市场。表 1-3 具体展示了澳大利亚负责国家重点能源战略和重大举措的相关法律、规则、监督机构以及相关市场。

表 1-3　　澳大利亚电力市场相关法律、规则、监督机构以及相关市场

国家能源战略和重大举措			
澳大利亚政府联席会议（联邦政府、州政府、特区政府首脑） 能源部长联席委员会			
相关法律	市场规则	相关监督机构	能源市场
⇨国家电力法 ⇨国家天然气法 ⇨可再生能源法案 ⇨国家能源零售法 ⇨竞争与消费者法案 2010	澳能源市场委员会（AEMC） ● 国家电力规则 ● 国家天然气规则 ● 国家能源零售规则 澳大利亚能监会（AER） ● 法律法规监管 ● 输配电网和天然气管网经济监管	⇨州属监管部门和投诉仲裁委员会 ⇨澳大利亚竞争与消费委员会（ACCC） ⇨澳大利亚证券与投资委员会（ASIC） ⇨清洁能源监管会 ⇨澳大利亚金融市场协会	⇨国家电力市场 ⇨电力零售市场 ⇨电力金融市场 ⇨可再生能源证书（绿证）市场与碳税 ⇨输配电网经济管制 …

数据来源：交能网。

1.1.5.1　澳大利亚电力现货市场

澳大利亚能源市场运营机构（Australia Energy Market Operator，AEMO）负责澳大利亚国家电力市场和批发电力市场运营以保证电力系统供需实时平衡。澳大利亚国家电力市场（National Electricity Market，NEM）在澳大利亚东南部运营，供电范围覆盖昆士兰州、塔斯马尼亚州、维多利亚州、新南威尔士州、澳大利亚首都特区和南澳大利亚州，该互联系统是世界上最大的互联电力系统，覆盖范围达 4500 千米。澳大利亚批发电力市场在西澳大利亚州运营。本节主要介绍 NEM，作为单一能量市场，NEM 由电力现货市场和电力金融市场组成。

澳大利亚国家电力市场分为电力批发市场和电力金融市场，目前涵盖了澳大利亚除西澳大利亚和北部特区外的 6 个行政区域。电力批发市场采取电力库（Pool）模式，由 AEMO 负责集中调度和交易，对于受 AEMO 调度的机组，所有电能交易都必须通过 AEMO 的集中交易平台进行交易。AEMO 所提供的数据可分为市场管理和结算数据、电网数据、计量数据，通过数据平台 AEMO Web 发布，数据条目约为 180 项，全部提供开放的免费下载和使用的权限。最快数据更新频率与合约频率相同，为每 30 分钟更新 1 次。

澳大利亚电力现货市场以电能和辅助服务为交易标的，现货市场交易间隔为 30 分钟，主要包括市场主体报价、系统充裕性评估、预调度和实时调度及结算出清，澳大利亚电力现货市场交易时间轴如图 1-5 所示。

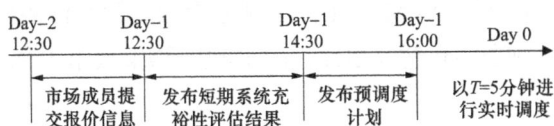

图 1-5　澳大利亚国家电力市场交易时间轴

市场成员于运行日前一日中午 12:30 之前提交运行日的每五分钟报价曲线，AEMO 于运行日前一日 14:30 前发布短期系统充裕性评估结果，于运行日前一日 16:00 前发布预调度计划，预调度计划是根据发电企业报价、用电负荷预测及电网运行状态，在实时调度前对系统运行方案的预测，预调度价格并不用于出清结算。运行日，市场运营机构每 5 分钟进行一次实时调度并发布各区域参考节点的电力现货价格和辅助服务价格，电力现货价格为每个交易时段六次实时调度价格的平均值。由于澳大利亚国家电力市场为单一能量市场，即并无容量市场设置，所以发电机组必须通过现货市场或金融市场出售电力，澳大利亚国家电力市场使用现货价格作为电力物理交割和金融交易的结算基础。

1.1.5.2 澳大利亚电力现货市场交易现状

现货市场交易（Spot Market Trading）是澳大利亚电力市场交易的核心,在现货市场的具体构成上,澳大利亚只有一个现货市场,而没有日前市场和实时市场。对电力负荷的预测是运行电力现货市场的前提。在竞价模式上,澳大利亚基本上实行发电侧单边竞标的模式。

2022 年 6 月 15 日,澳大利亚电力市场运营机构 AEMO（Australian Energy Market Operator）宣布暂停运行电力现货市场。这是澳大利亚电力现货市场首次暂停运行,该市场直至 6 月 24 日才正式恢复运行。澳大利亚国家电力市场 NEM（National Energy Market）辖区为澳大利亚东南部五个互联的州,装机结构与中国相似,以火电和水电为主。2020/2021 财年,用电量达 2030 亿千瓦时,占澳大利亚全国用电量的 90%,与中国湖南省（2155 亿千瓦时）近似,其中燃煤发电占 64.67%。

为了防止持续高电价破坏电力交易正常进行,NEM 建立了管制价格机制。当某区域过去 2016 个交易时段(等效为 7 天)的电价之和超过累积价格阈值时,便会触发管制价格帽。

如果 AEMO 判定无法按照规定正常运行现货市场,则可以暂停现货市场。市场暂停后,NEM 中的投标和调度仍然可以按原有规则进行,但价格不由出清决定,而是由过去 28 天历史价格决定。

2022 年 6 月 12 日,NEM 昆士兰区域电价触发管制价格机制,至 15 日,AEMO 宣布 NEM 现货市场暂停运行。下面将基于实际数据分析,简要回溯 NEM 暂停运行过程。

1. 近期 NEM 能源供应情况

自 2022 年 1 月第 1 周至 6 月第二周,澳大利亚纽卡斯尔期货市场动力煤和天然气逐周平均价格分别上涨 101% 和 126%,NEM 现货市场电价上涨 488%。6 月正值南半球初冬,风力和光伏发电量处于低谷,取暖需求和发电需求升高。同时,NEM 有大量发电机组按计划停运、维护,还有 3 吉瓦的燃煤机组处于计划外的停运状态,进一步推高了电价。

2. 暂停前 NEM 运行情况

6 月 12 日 18:50,NEM 昆士兰区域电价为 9500 澳元/兆瓦时,过去 7 天累积电价达到 1361004 澳元,超过累积电价阈值 1359100 澳元,触发管制价格机制。昆士兰区域自 12 日 18:55、其他区域自 13 日 18:35 陆续实施管制价格帽。

管制价格帽 300 澳元/兆瓦时远低于非管制价格时期的价格帽 15100 澳元/兆瓦时,相对当前发电成本也过低,因此 NEM 内发电机组开始削减申报的最大可用发电容量（见图 1-9）。自 12 日晚昆士兰区域管制价格帽生效，至 14 日 07:00，NEM 最大可用容量下降至 37 吉瓦，相对 11 日同时段下降了 8.7 吉瓦（19%）。

由于进入市场的发电容量急剧下降，AEMO 预测到电力供应短缺，开始发送指令让机组增加输出功率。14 日，NEM 共有 5GW 的发电机受指令调度，约占最大负荷的 20%，市场受到严重干预；15 日，AEMO 继续发布电力供应短缺预警，鼓励各机组进入市场提供更多的发电容量，但投标信息显示，各机组进入市场的最大发电容量仍与 14 日相当。

照此发展，AEMO 将不得不于当晚再次施加大规模干预。15 日 14:00，AEMO 认为已无法在保证电力供应安全和可靠性的同时继续运行现货市场，宣布 NEM 现货市场于 14:05 暂停运行。电力现货市场暂停后，NEM 电力供应短缺情况已经改善，AEMO 于 6 月 23 日开始恢复 NEM，并于 24 日正式恢复电力现货市场运行。

3. 市场暂停事件原因分析

NEM 管制价格帽的数值在 2008 年由原先的 100 澳元/兆瓦时（峰时）修改为 300 澳元/兆瓦时，此后未被更新。相比之下，累积高电价阈值已随市场形势变化而翻了几番，其在 2015 年为 187500 澳元，2022 年 6 月则为 1359100 澳元，增长了 624.9%。当诸多因素导致 NEM 现货市场触发管制价格帽时，300 澳元/兆瓦时相对此时的发电成本已经过低。为了减少损失，发电机组大量退出市场，反而更加导致电力短缺，市场无法正常运行。因此，管制价格机制的价格帽过低是导致 NEM 无法正常运行，从而被 AEMO 暂停的主要原因。

1.1.5.3　澳大利亚电力现货市场促进可再生能源消纳机制

（1）财政激励——固定上网电价。固定上网电价政策是各州计划为安装于家庭或小型企业的小规模可再生能源发电系统（主要是光伏）馈入电网的多余电量部分支付的电力费用，目前已与可再生能源目标联合在各州政府实行，具体上网电价费率因地区和电力供应商而异。政府的激励政策使得澳大利亚人均屋顶光伏装机容量为世界最高，光伏并网率最高的地区为南澳州和昆士兰州，该地区超过 30% 的用户均安装了家庭光伏系统。

（2）配套市场体系——碳排放交易方案。2012 年，澳大利亚政府正式出台碳定价政策，但由于该政策导致家庭用电价格上涨最终于 2014 年被废除。2015 年起，碳定价政策转为总量控制与交易原则下的碳排放交易方案，即在限制温室气体排放总量的前提下，政府以配额的形式将碳排放权分配或出售给排放者，并准许其在开放性市场中自由进行交易。

（3）强制性可再生能源发展目标——大型可再生能源目标和小型可再生能源计划。大型可再生能源目标通过设定年度可再生能源发电目标和建立大型可再生能源发电证书（Large-scale Generation Certificates，LGCs）交易市场，使得符合要求的发电厂通过可再生能源发电获取 LGCs 并在证书交易市场获得收入激励，同时将发电目标分配给责任实体（通常是电力零售商）并建立证书监管机构对责任实体可再生能源证书数量进行考核，从而鼓励可再生能源发电站的发展。小型可再生能源计划为个人和小型企业安装合格的小型可再生能源系统提供财政激励。小型可再生能源系统可获得的小规模技术证书的数量取决于地理位置，安装日期以及系统在其认为的发电期间内产生或置换的兆瓦时电量。

1.2 西方国家电力体制改革对我国的影响

自 20 世纪 90 年代英国电力市场改革以来，世界上已经有 100 多个国家进行了电力体制改革。由于各国电力体制改革的基础不同，所以各自的进展情况也有很大差别，并没有一个普遍适用的模式。我国的电力改革不能照搬国外经验，在结合本国的实际情况制定改革方案的同时要尊重电力市场的一般经济规律。照搬国外经验改革难以成功，忽略社会和行业的基本规律也会延误改革，影响经济发展。本书根据西方国家电力体制改革历程的相关情况总结了其对我国电力体制改革的影响。

1.2.1 西方电力体制改革的基本发现

1.2.1.1 打破垂直垄断体制各国的做法不同

虽然电力市场竞争模式的形成机理已被各国政府所接受，但至今还没有任何一个国家真正完成电力行业发电、输电、配电、售电 4 个环节的彻底分拆。在理论上，电力市场竞争的形成是要打破原有垂直一体化的垄断模式，逐步实现发、输、配、售 4 个环节的完全分离。在批发市场和零售市场有准入制，供电商和终端消费者有根据市场价格自由决策的权利。在此基础上引入独立的监管机制，保障市场公平竞争并对中间垄断环节实行监管，由此实现电力市场的有效运作。但实际情况比理论复杂得多，目前不仅没有一个国家实现电力行业上述 4 个环节的完全分拆，而且，仅发电、售电两端的充分竞争机制也还没有在一个国家真正形成。

目前，世界电力体制改革都处在由垂直一体化垄断模式向零售竞争模式的转变过程中，各国采取的分拆方式和先后顺序各有不同，有的是输配分开、配售分开, 有的是改进调度制度。因此电力体制改革在各国出现了很多中间的过渡模式, 其中, 有实施情况比较好的, 也有不好的, 甚至有些国家的电力体制改革进入到进退两难的地步, 不知到底是该往前推进还是该保持现状。

不过世界各国的专家普遍认为: 打破垂直垄断的方式、程度和顺序上的不同是由各国电力改革的起始条件和改革目的侧重点不同决定的。在市场经济制度比较完善的国家, 以及注重电力竞争和效率的国家, 分拆和建立电力市场相对更快一些。专家们同时认为, 电力体制改革是一个动态过程, 需要不断地实践, 现在的状态并不是最终状态, 而是改革发展过程中必然要经历的中间过程, 电力改革最终是要朝着竞争性市场模式发展的。

1.2.1.2　分拆程度和市场竞争运作不存在正相关关系

通过分析分拆程度与市场运作间的关系发现, 各国发、输、配、售 4 个环节的分拆程度与市场竞争的运作情况并不成正相关的关系。也就是说, 电力行业结构并不是拆得越彻底, 电力市场就建得越好, 市场竞争机制就越容易形成; 或电力行业拆得不彻底就不利于市场竞争的形成。比如说在印度, 有些邦在进行电力体制改革时, 电力行业结构在形式上拆得很彻底, 实际运作还是在采用传统模式, 竞争成分很少。而美国和欧洲的一些发达国家, 虽然电力行业结构在形式上拆得不怎么彻底, 但由于改革政策尊重市场竞争的基本原则, 竞争实际上已经在某些环节出现并形成, 特别是美国, 在某些州已经显现出由于竞争的作用致使电价下降, 所以可以说市场的作用已经显现。

1.2.1.3　能源中心与负荷中心不统一的矛盾并非中国独有

我国能源主要分布在西部地区, 而负荷中心则主要分布在经济比较发达的东部地区, 两者的矛盾长期存在。但这并非中国所特有, 大多数的领土大国都有类似的问题。这主要是因为人们在选择居住环境时会首先选择比较方便和舒适的地方, 而资源通常分布在山高水险的偏远地区。因此, 像加拿大、美国、巴西、俄罗斯、印度等国家也都存在长距离输送能源, 甚至与中国类似的煤炭运载问题。如何解决好这个问题, 对各国政府来说都是一个挑战, 都是必须要面对的问题。虽然目前还没有具体的解决办法, 但各国政府都在积极地探索。有的国家认为电网和市场的逐步扩大可以使更多的远距离的供应商加入市场参与者的行列, 扩大来自偏远地方的电力供应。采取的做法是通过电网的发展、引入竞争, 使一些偏远地区的发电商进入到电力交易当中来, 扩大市场参与者的数量。当然也存在与之相反的忧虑。比如俄罗斯认为, 如果完全由市场来决定, 那么由于市场的竞争作用, 发电商肯定愿意邻近负荷中心建电厂; 而大用户肯定也不愿意电网连到自己附近, 以保证当地市场的电价便宜。因此, 在解决长距离输送问题时，各国政府的做法也会截然不同。其实，多方利益的协调是问题关键。

1.2.2 我国电力体制改革应遵循的基本原则

1.2.2.1 根据本国现有的市场和制度条件选择改革路径

从世界各国电力行业打破垄断引入市场竞争的做法看，到底采用何种分拆模式是由各个国家的现有条件决定的。同样是西方工业化国家，英国有其自身的条件，美国、法国和日本并不照搬英国的模式，是因为它们都有各自不同的条件限制，只能选择适合自己的改革路径。详细比较这些国家改革的不同做法还可以发现，限制改革的条件不仅仅是电力市场发展水平，还包括资源、经济体制，甚至是社会和文化价值上的细微差别。同理，发展中国家有发展中国家的条件。世界上没有一个国家的条件是和中国一样的，因此也没有一个改革模式可以一成不变地照搬过来。电力体制改革的路径一定要根据自身的条件来设计，不注意多方面的条件差异采用别国比较成功的经验，改革也很难取得预期的效果，只会徒增改革成本。

1.2.2.2 改革的目的是引入竞争和发挥市场资源配置作用

在电力体制改革的过程中，改革的根本目的是实现竞争性电力市场充分运作和有效地配置资源。如何分拆电力工业垂直的产业链，目的是形成竞争的市场，保证市场的运作。从世界各国的改革实践来看，相对而言，取得一些成效的国家大部分是把注意力放在如何发挥电力市场的作用上。例如，日本、美国等国家，虽然不同的国内条件限制了它们的电力体制改革，没有实现输配和配售的完全分拆，但是这并没有妨碍改革推进批发和零售市场上的竞争。相反，虽然不少发展中国家效仿工业化国家的电力工业结构分拆方式，但并没有努力建立市场竞争机制，结果形式上分拆了的电力产业依然按照传统的方式运行，使得改革的效果甚微。

从中国的电力体制改革现状看，目前还只是走完了分拆的第一步，即把发电厂从垂直一体化的模式中分离开。接下来还有如何进行输配分开、配售分开等改革形式和顺序的问题。借鉴国外改革的经验，我国的电力改革应该把政策重点放在如何建立批发和零售市场并使它们能够使市场机制自主发挥作用上。在这方面，市场准入、公平竞争、电价由资源稀缺和市场自愿供求等因素决定是必要条件。不完全分拆不等于不能推动市场竞争，完全分拆也不等于自然产生竞争和市场配置资源。

1.2.2.3 电网运营与市场参与者相独立是保证公平竞争和市场作用的基石

电网的独立是实现非歧视性地开放电网、实现电力自由贸易的必要条件，是电力体制改革要遵守的基本原则。实现这种独立性的主要方法是将零售和发电职能从电网运营中分开。在没有做到完全分拆的体系中,遵守这一基本原则可以有 3 种选择:

(1)输电、配电、调度保持一体化,但是配电网和零售市场在产权和经营上应分开。配售分开的目的是使网络没有通过经营售电获取利润的动机和条件,使零售市场有足够的参与者,并形成公平竞争。若让输电、配电和调度一体的网络同时与零售市场存在经济利益关系,则会增加其他零售竞争对手的市场风险,使他们选择不进入市场或者要求更高的投资回报和零售电价。

(2)输电、配电、售电不分拆,但是电网的运营和调度权要与电网的所有权分开。在没有实现网络完全分拆的情况下,通过建立独立的非营利性的组织按照市场交易规则来管理电网运营也可以限制网络的所有者通过控制网络获利的动机,使网络所有者满足监管所允许的合理回报率,而把精力集中于网络规划、建设和技术发展上。

(3)输电和调度保持一体,但是配电和输电分开。从国际经验看,这种情况适合于配电和售电一时难以分开的国家。

无论是采用哪种运作模式,都要让发电市场和零售市场有足够的市场参与者,以保证有市场运作的可能。至于中间怎么进行分拆并没有固定模式。目前,很多国家都处于电力体制改革的中间形式,其中比较成功的都是能采取有效措施制约垄断行为,使投资者对批发市场和零售市场有信心、愿意投资。因此,市场的形成不仅存在准入问题,还存在投资者是否愿意参与的问题。如果形成发电和零售环节良好的市场环境,能够充分体现公平竞争,投资者愿意加入,就达到了电力市场的理想状况。

1.2.2.4　坚强的电网是形成竞争市场的技术支持

通过对美国、俄罗斯等国家电力体制改革的研究发现,随着竞争性市场的形成、市场中交易电量增大,原来垂直一体化模式下发展形成的电网不能满足市场交易和可靠性的需求,薄弱的电网成为竞争性电力市场发展和运营的瓶颈,使本应形成的区域电网变成局部电网。因此,强大的电网是形成竞争市场的物质条件。

1.2.2.5　市场的认同、坚强的政府领导和制度保证是改革的重要因素

凡是电力体制改革进行得比较顺利的国家,其突出特点是各方对电力市场的优越性有共识、政府对改革的领导坚定不移、法律制度健全。法律制度比较健全、市场认同程度比较高的国家,电力体制改革就走得比较快。相反,电力体制改革则进程不顺。比如由于某些制度和社会因素的影响使印度政府对市场

作用的认同受到了干扰；更有甚者，墨西哥政府认为坚强的电力公司是抵制国际化和殖民主义的手段，所以这2个国家电力工业垂直一体化的体制虽然已经分拆，但结果与初衷并不相符。

1.2.2.6 要明确电力体制改革的目标，做好选择

电力体制改革和其他的经济问题一样，其目标选择存在取舍的问题，并不能界定为绝对好或绝对坏。各国电力改革因不同的原因而起，为不同的目的而选择各自的改革方法。因此，在电力体制改革的过程中，一定要明确改革的目的以及各阶段的侧重点。如果说改革的目的是获得最大效益，那么引入竞争是必要手段；如果说电力改革的目的是宏观经济区域的平衡发展，是为了安全地偏重于某种能源的发展，或是为了实现电力作为公用事业的社会价值，那么完全分拆和自由竞争就不一定是最有效的改革手段。为了达到某一目的而采取的改革手段往往会带来其他方面的困难。竞争虽会提高效率，但也会使电价随市场产生动荡，影响社会安定；限制电价虽然能保持社会安定，但也会影响竞争和效率，这些因素相互间的关系存在一个度的问题。

1.3 国内电力体制改革历程

党的十一届三中全会以来，电力工业进入了改革发展阶段。党的十一届三中全会作出把全党工作的重点转移到社会主义现代化建设上来、实行改革开放的历史性决策。实现了新中国成立以来党的历史上具有深远意义的伟大转折，从思想路线、政治路线、组织路线到经济路线实现拨乱反正，开启了改革开放和社会主义现代化建设新时期。

随着改革开放，电力工业原有的垂直垄断经营方式与经济体制改革开放的矛盾日益显现。改革开放带动中国经济快速发展，现有发电能力和电力工业发展速度难以满足经济快速发展的需要。在此背景下，中国电力工业开启了改革之路。按照"政企分开，省为实体，联合电网，统一调度，集资办电"和"因地因网制宜"办电原则，打破发电环节垄断，打破政府单一定价模式，对电力体制进行一系列的改革。改革电力投资体制，开展集资办电，对大中型基建项目实行投资包干责任制；改革基建体制，实行招标、投标、工程内部承包；改革供用电和电网的管理体制，使网局、省局成为独立核算企业，实行以省网为独立实体加上大区电网统一调度的新机制。

党的十八大以来，随着中国经济进入高质量发展阶段，电力工业也进入新的发展阶段：节能减排、绿色发展作为电力工业发展的重要任务，注重发展风

电、光伏发电等清洁能源发电，降低碳排放水平和减少污染物排放，通过供给侧改革，不断激发电力市场活力，推动电力工业向智能化、数字化、国际化全面发展。

1.3.1　1978—2012 年电力工业发展

改革开放初期，国家经济建设快速发展，用电需求激增，电源不足的矛盾日益凸显。全国电力供应出现严重短缺，缺口高达 1000 万千瓦。不少工厂社区被迫"停三开四"，居民生活用电也无法全部保证。

据统计，从 1949 年到 1978 年 29 年间，我国工业产值年增长率为 13.5%，电力装机容量年增长率为 12.4%，发电量年增长率为 15.1%。尽管电力发展速度很快，但依然赶不上国民经济发展需要。特别是 1978 年，虽然我国电力装机容量已位居世界第 8 位，但是 220 千伏及以上输电线路只有 23 万千米，人均年用电量仅为 261 千瓦时。能源供给不足，成为影响当时中国经济发展的重要因素。

由于发电能力和电网建设落后，生产和生活用电难以保障，拉闸限电成为常态。当时，除了重要单位和涉及生产安全的电力需求要予以保障，对于一般生产用电，如果出现超负荷的情况就要按计划拉闸限电。应急灯、煤油灯、蜡烛成为那一时期大多数家庭的标配。电力投资不足，投资渠道单一是导致当时缺电的主要原因。面对严峻形势，1979 年 5 月 15 日，电力工业部提出"调整、改革、整顿、提高"八字方针，开展了以生产为中心，以管理为重点，以提高经济效益为目的的企业整顿工作。同时，国家改革电力投融资体制，相继实施多项投融资政策，努力拓展资金来源。中国电力工业迎来了重要的机遇期。

1980 年，电力工业率先推行"拨改贷"，电力基建投资由财政无偿拨款改为通过银行以贷款方式供应。此外，国家采取提高工业用电价格的方法（每度电不超过 2 分钱）征收地方电力建设基金，为电力工业发展提供了充足的资金保证。与此同时，集资办电也开始试点。1984 年，国家与地方（烟台）共同集资筹建的第一个电厂——山东龙口电厂投产。投产后仅一年，烟台从过去山东缺电最严重的地区变为供电情况最好的地区，工农业产值增加 19 亿元，在当时全省 8 个省辖市中名列第一。随后，国务院出台《关于鼓励集资办电和实行多种电价的暂行规定》，龙口电厂集资办电的经验由此推向全国。从那时起，我国发电装机容量和发电量快速提升。

1.3.1.1　集资办电阶段（1985—1996 年）

电力投资体制改革激发了电力投资积极性，电力工业得到了快速发展。财政以外的投资总量迅速扩大，期间 60% 以上的电力投资来自非财政资金。电力装机、发电量迅速增加到 1996 年的 2.36 亿千瓦、1.08 万亿千瓦时，分别增长了 195%、186%。电力投资体制改革，极大地增加了电力投资能力，使得年新增发电装机超过 1000 万千瓦。"七五""八五""九五"计划期间，全国发电装机容量年均增速分别达到 9.6%、9.5%、8%，发电量年均增速分别达到 8.63%、10.14%、6.33%。截至 1998 年年底，我国发电装机容量达 2.7 亿千瓦，年发电量 11670 亿千瓦时，双双跃居世界第二位。

1.3.1.2 "政企分开，省为实体"阶段（1997—2002 年）

1997 年，国家电力公司成立，标志着我国电力工业市场化转制工作正式开始，电力管理体制由"计划"向"市场"迈出了重要一步。1998 年 3 月，电力工业部被撤销，其政府管理职能移交国家经贸委，行业管理职能移交中国电力企业联合会。同时，各省（自治区、市）电力公司原来承担的行政管理职能也移交到地方政府的经济管理部门，并接受地方政府的指导。至年底，大部分的省（自治区、市）都完成了电力部门的政企分开改革。电力行业政企分开情况如图 1-6 所示，这一时期，基本形成了国家经贸委等综合管理部门行使行政监管职能，中国电力企业联合会履行行业自律管理职能，国家电力公司自主经营企业（同时代相当一部分行业监管职能）的电力体制框架。

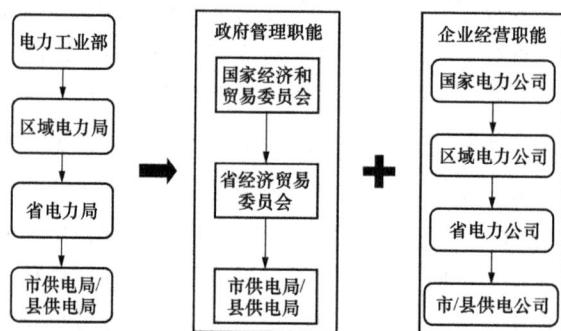

图 1-6 电力企业"政企分开"示意图

1998 年 8 月，新成立的国家电力公司在促进电力产业改革中推出"四步走"的改革方案。同年 12 月，国务院办公厅转发《国家经贸委关于深化电力工业体制改革有关问题的意见》。该意见指出中国的电力工业应先进行厂网分开，以解决独立电厂电网不公平接入的问题。再进行竞价上网，促进发电企业降低成本，提高其发电效率。待各方面条件成熟后，再进行输配电分离改革，进一步在售电侧建立零售竞争市场。随后"厂网分开，竞价上网"开始在 6 个省市先行试点。试点工作因种种原因未能取得令人满意的效果，试点只是将电力公司的直属电厂与电网的经营从核算上分开，而两者之间的资产纽带关系依然存在，导致独立电厂依然难以实现公平的电网接入。而以"省为实体"的改革打破原有的大区电网结构，使各个以省为单位的省级电力市场彼此隔绝。以"省为实体"的改革变成了"省为壁垒"。

发电领域的松绑激活了社会资本办电的积极性，使发电能力得到很大提高，使得年新增发电装机能力超过 2000 万千瓦。电力装机容量和发电量分别从 1997 年的 2.5 亿千瓦、1.1 万亿千瓦时，增加到 2002 年的 3.4 亿千瓦和 1.5 万亿千瓦时。

1.3.1.3　"厂网分离"改革阶段（2002—2012 年）

2002 年 3 月 15 日《电力体制改革方案》颁布，正式确立了电力市场化改革的方向。其总目标为：打破垄断，引入竞争，提高效率，降低成本，健全电价机制，优化资源配置，促进电力发展，推进全国联网，构建政府监管下的政企分开、公平竞争、开放有序、健康发展的电力市场体系。具体来说就是打破垄断（主要指行政垄断）、引入竞争，降低成本，通过市场机制促进电力工业健康有序发展。所以中国电力体制改革的方向可概括为：将行政性的高度纵向一体化的电力体制转换为纵向市场化的竞争性的电力体制，即在打破依附在电力行业行政垄断的基础上，在电力产业的各个可竞争环节，都采用市场的方式来配置资源。由于电力产业在发电和售电领域是可竞争的，输配领域是自然垄断的，电力体制改革就是在发电侧和售电侧形成竞争性的电力市场，而在输配环节进行政府规制。

《电力体制改革方案》明确电力工业改革的重点任务是"厂网分开、主辅分离、输配分开、竞价上网"。2002 年 12 月，国家电力公司拆分为两大电网公司和五大发电公司。拆分后，一是从电力产业组织上保障了发电侧的有效竞争；二是电网建设加速，形成了华北、东北、华东、华中、西北、南方、川渝等 7 个跨省电网及山东、福建、海南三个省网及新疆、拉萨等电网。网络结构不断优化，电力系统运行的稳定性得到改善。

1.3.2　党的十八大以来的电力工业发展（2012 年以来）

1. 智能电网建设

电网智能化建设取得了显著的成就。2020 年年底，全国电网 220 千伏及以上输电线路回路长度 79.4 万千米，比上年增长 4.6%；全国电网 220 千伏及以上变电设备容量45.3 亿千伏安,比上年增长 4.9%;全国跨区输电能力达到15615 万千瓦(跨区网对网输电能力14281 万千瓦;跨区点对网送电能力1334 万千瓦)。2020 年，电网工程建设完成投资 4896 亿元，其中，直流工程 532 亿元，交流工程 4188 亿元、占电网总投资的 85.5%。

2. 数字化转型

电力行业加大信息化建设投入，夯实数字化转型基础，加快建设基础数字技术平台，加快构建数据治理体系，着力提升信息安全防护水平；加快新型基础设施建设，加快核心技术攻关，推进数字产业化发展；加快制定数字化转型规划和路线图，协同推进数字化转型工作，着力打造电力企业数字化转型示范，电力信息化建设进入新阶段。

3. 电力国际合作

电力工业国际合作不断深化，电力国际投资、电力国际贸易规模不断扩大，2020 年，中国主要电力企业对外直接投资总金额 78.5 亿美元，对外直接投资项目共 32 个，主要涉及火电、新能源、水电、输变电、矿产资源及储能等领域，为项目所在地直接创造 5.9 万个就业岗位。电力国际贸易也取得新的进展，对中国香港、中国澳门、蒙古国、越南、缅甸、朝鲜等实现电力出口，发电机组、变压设备、电线电缆等电力产品出口规模不断扩大。

1.3.3　新一轮电力体制改革

2002 年，《电力体制改革方案》公布，提出了"厂网分开、主辅分离、输配分开、竞价上网"四大改革任务。而在仅完成"厂网分开"一项后，电改便陷入停滞局面。

2015 年，中国启动了新一轮电力改革。

2015 年 3 月，中共中央、国务院印发《关于进一步深化电力体制改革的若干意见》（以下简称中发 9 号文），提出了新电改的重点和路径：放开竞争性环节电价，向社会资本开放配售电业务，放开发用电计划；推进交易机构相对独立规范运行；深化区域电网建设和输配体制研究，强化电力统筹规划。国家发改委先后批复深圳、蒙西、湖北、安徽、宁夏、云南和贵州等地进行输配电价改革试点，新一轮电改的序幕拉开。本轮电力体制改革是一场深刻的利益调整，尤其是对电网企业的影响最为深刻。

为了贯彻落实电改，2015 年 11 月 30 日，国家发改委和能源局公布了 6 个电改配套文件：《关于推进输配电价改革的实施意见》《关于推进电力市场建设的实施意见》《关于电力交易机构组建和规范运行的实施意见》《关于有序放开发用电计划的实施意见》《关于推进售电侧改革的实施意见》《关于加强和规范燃煤自备电厂监督管理的指导意见》，共同描绘出本轮电改的"路线图"，电改进入实施操作阶段。

2016 年 3 月 1 日，北京和广州电力交易中心上线，新一轮电力体制改革由政策推动向实际落地推进，2016 年成为电改配套文件的逐步实施和落地之年。

2016 年 3 月 8 日，《国家发展改革委关于做好 2016 年电力运行调节工作的通知》印发，要求各地进一步做好新形势下电力运行调节工作，力争在推进落实电力体制改革上有新作为，特别是要积极落实优先发电、优先购电制度，推进电力直接交易。

2016 年 12 月 27 日，全国能源工作会议提出，要加快能源领域改革创新步伐，在电力、石油、天然气行业改革实现新的突破。2017 年，新一轮电改进入第三个年头，从发电侧感觉到有进展、有突破，推动力度比较大，局部地区发展比预想的要快。主要表现为 2016 年发用电计划、竞争性环节电价不断放开，电力市场化交易电量大幅增加，社会资本投资增量配电业务、开展售电业务热情高涨，跨区域、省级电力交易中心基本建立，核定独立的输配电价工作全面推开，电力体制改革试点已覆盖全国 29 个省（区、市），电力市场化架构初步搭建。这对发电行业产生了深刻影响，既带来严峻的挑战，也催生了"新理念""新业态""新商业模式"。当然，也面临一些问题、阻力与争议，要在探索中继续前进。

2017 年电改应坚持问题导向，抓紧完善市场交易规则，推进配套改革，构建公平、公正的电力政策市场环境。首先，建议政府部门对近两年的新电改进展情况进行必要的总结与梳理，特别要针对出现的问题与矛盾提出解决的办法，并增强监管力量，加强监管、检查，防止各地出错、跑偏。其次，着力把省级电力市场建设好，特别是建立完善的市场交易规则，丰富交易方式。从发电企业讲，由于投资来源、建设时间、电厂种类都不一样，火电、气电与水电、风光电的边际成本有很大不同，政策导向也有明显差异。放在同一平台上竞价，竞价规则怎么制定才能让大家感觉公平、合理，需要认真研究；容量市场要不要建立、如何建立，也都需要研究。建立一刀切的交易规则并不现实，原则性的规定全国可以统一，细则要允许各地区有差异。其三，抓紧研究严重的电价交叉补贴如何多渠道解决，不能"一头沉"，像现在主要靠降低发电企业上网电价来解决，能否适当提高民生电价或增加财政补贴？2015 年发电业绩"置顶"，2016 年几乎"腰斩"，2017 年"掉落地板"，承受能力已非常弱。最后，希望新电改平衡协调地推进，无论是供应过剩时期还是电力短缺时期，电力市场化改革都要持续搞下去。不能时断时续，成为宏观调控的工具，对发电企业造成过大的冲击。通过新电改实现两个目标，一是提供稳定、可靠、清洁、价格合理的电力供应；二是促进电力行业可持续发展。

1.3.3.1　新一轮电力体制改革基本思路

新一轮的电力制度变革的基本思想是：在大力强化政企分开、厂网分开、主辅分开的基础上，根据首先管控中间，同时松绑两头的相关制度的模式下，自然有序地开放输电、配电外围的具有一定程度可比较性的有关环节的电价，有序自然地向整个社会资本放开相关的配、售电业务，有序地开放在一定程度上有公益性同时也具有调节性特征以外的发电、用电的策划；进一步推动交易机构保持一定程度的独立，并且优化其运行；同时进一步深化相关区域的电网构建并探究适合于我国国情的输、配电体制的相关研究；进一步强有力加强政府的监管，同时强化整个电力市场的统筹设计，并且巩固电力高效率且稳固的运行，同时进一步确保其可靠连续的供应。

本轮新电改一个最大特点，是始终由政府部门组织推动。中央政府负责顶层设计，除了9号文之外，还持续出台一系列配套文件。地方政府这次也非常积极地参与到电改中来，并起到至关重要的作用。另一特点，是把大用户直购电作为切入点，把建立省级电力市场作为突破口，先把容易的做起来。另外，放开配售电业务，社会资本已成功进入增量配电业务，也成立了大量售电公司。这是我国电力行业开天辟地的大事。一年多来，对电网企业触动也很大，一些电网公司的老总纷纷登门访问客户。电网总体格局虽然没有太大变化，但电网经营理念、盈利模式都在发生变化，电网与发电企业、用户、政府之间的互动在增多。工商企业增加了用电选择权，也实实在在分享了电改红利。这些都是电改带来的新的积极变化。

1.3.3.2 新一轮电力体制改革主要内容

本轮改革方案实施以来，随着改革进程的不断深入，试点范围的不断扩大，"四梁八柱"落地生根，改革深刻影响着调整着电网企业、发电企业和电力用户的利益。

新一轮电改之后，整个电力行业将呈现出"放开两头，监管中间"的特征。以往只负责发电的企业将有机会建立新的售电公司直接卖电给大客户，同时，之前向电网售电的模式保持不变。身处于中间环节的电网公司只负责输配电，也可以设立专业的售电公司，这些新的售电公司直接从电网买电然后出售给用户，当然，客户也可以自由选择其他的售电公司，从而加深电力交易的市场化。

管住中间，指的是改变传统电网企业的盈利模式，在此之前电网企业的收入来源主要是上网电价和销售电价的价差，改成按政府的核定输配电价收取过网费。电网就像一条高速公路，电网企业收取"过路费"。输配电价由政府按"准许成本+合理收益"原则核定。所以，改革后电网企业的盈利是有保证的，只不过不同以往的是其盈利模式的转变，要接受政府严格核定，要剔除其不合理成本。

放开两头，即发电企业直接进入市场，与电力用户直接交易，通过竞争确定电量和价格。在经济步入新常态、社会用电需求增长明显放缓、电力供应能力总体富余的情况下，在市场价格竞争机制作用下，发电企业与电力用户的直接交易价格自然是趋于下降的。特别是在市场不成熟的初期，如果计划发电量放开步伐较大，进入市场的发电供应和用户需求严重失衡的情况下，电力直接交易价格下降的更多。发电企业利润在激烈竞争中趋于边际利润，促使发电企业全方位强化管理、降低成本、提升效率，向社会释放改革红利。

"三开放""三强化""一独立"和"深化研究"是本次电力体制改革的要点。其中，"三开放"是指在一定程度上有序的纳入社会的资本，逐步开放某种程度上配售电等相关业务的准许进入市场的条件；在输配电等部分以外也要有序开放在整个市场上的投资，交易价格；不考虑公益性以及调节性电力储备发用电计划，其余电力计划合理地放开。"三强化"是指加强电力整体规划，加强相关政府对其的监管，加强保护电力方面的安全、高效、可靠。"一独立"是指电力交易机构的独立性和经营规范性，区分电力交易和电力输配行为是打破电网垄断的基本制度设计，也是新电力体制改革的关键内容。"深化研究"是指继续深度探寻符合我国基本国情的区域化电网布建的研究及输配的一定程度上的体制研究。

此次电力相关部分体制变革的主要内容可以分解成七个大部分：完善相关市场化在一定方面的交易体制，进一步推行电力有关交易的体制性改革；理顺有关电价制定的机制，有序自然地推行电价向前改革；通过在一定程度上构建相对独立的，完善的电力相关的重要交易机构，进而形成相对公平规范的电力市场；便于平稳推动发用电相关计划的改革，使市场机制能够发挥其巨大的作用；平稳推进售电侧方面的改革，合理化地向社会开放售电业务；放开一些电网合理的接入，同时分布式的布建电源发展机制；同时，须大力巩固电力的科学监管体系以及对整体规划的控制，大幅度提升电力领域的安全水平。

虽然新电改的七部分内容各有不同，但是基本的价值取向却是一致的，即更加趋向运用市场化的手段，解决发展中存在的问题。新一轮电力体制改革的核心是"管住中间，放开两头"，即放开发电侧、售电侧市场，管住电网。发电侧在过去的几十年间已进行了厂网分开，竞价上网的改革，初步形成了竞争、开放的市场格局。而售电侧在新电改之前一直是以垄断形式进行运营的，事实上，售电侧并不像输电网一样具有完全的自然垄断性，实施市场竞争机制才能在最大程度上实现售电侧的经济效益及社会福利的最大化。

本轮电改中，电力交易中心的发展路径规划大致为：初期，主要是落实国家的西电东送战略，实现省与省之间进行的市场化交易（目前进行市场化的是工、商业用电，而居民、农业、公用事业用电目前暂不实行市场化）。

随着试点成功，后续将逐步扩大市场化交易范围，最后实现发电厂和用户可以直接在平台上自由交易。在电力系统全面引入市场交易机制的大背景下，只有让各利益相关方在电力市场中充分竞争，才能最大程度地还原电力在保供前提下的商品属性，让市场真正发挥配置电力资源的决定性作用，也才能进一步提高电力市场的能效。这对于用户来讲，被赋予了更多的自主选择权，将能更多地分享电力改革发展所带来的成果。

1.3.3.3 新一轮电力体制改革突出点

1. 突出改革电价机制

新电力体制改革区别于之前政策的最重要的两点就是降价机制和售电环节。新电力体制改革推进的过程中，引入了市场竞争机制，这就使得可再生能源能够和用户的用电情况进行自由的竞争，促进电价的合理调整，这样一来，不仅降低了整个社会成本，而且也在很大程度上实现了我国电力资源的优化配置。

2. 开展增量配电业务试点

新电力体制改革中最突出的一点就是引进了市场竞争机制，允许社会资本参与市场竞争，开展增量配电业务试点，加快了我国电力工业的发展进程。引入社会资本之后，电力改革有望从计划到市场，大大增强国有企业的活力，从更深层意义上的角度来看，这一举措不仅提高了我国电力企业的工作效率，而且也推动了电价的合理调整，同时也为社会带来了更高的社会效益。

1.3.3.4 成效与问题

1. 新一轮电力体制改革成效

2015年3月中发9号文下发以来，国家发展改革委、国家能源局和有关部门、中国电力企业联合会、中央主要电力企业经过反复研究、充分论证、广泛形成共识，历时半年多出台了6个配套文件，为电改落地提供了"施工图"。

新一轮电改虽落地时间不长，应该说取得了初步成效：一是输配电价改革已经扩大到18个省。2015年先行开展试点的安徽等5个省核定输配电价，输配电成本均有不同程度核减，多则核减50多亿元，少则10亿元；二是放开发电计划和电力直接交易步伐加快。2015年云南省内市场化交易电量达到320亿千瓦时，用户电价平均降幅0.108元/千瓦时，为工业企业实际减少电费支出36亿元。2016年贵州放开发用电计划比例达到30%至40%，预计降低大工业用电成本64亿元；三是电力交易机构由电网企业内部机构变成了相对独立的公司制机构。贵州率先在全国第一个成立了股份制省级电力交易中心；云南拟组建电网企业相对控股的电力交易中心，已公开向社会募集股东 11 席；四是社会资本踊跃投资售电公司。据统计，目前全国已注册售电公司 3044 家；五是初步探索了跨省跨区市场化交易模式。"计划+市场""存量+增量"的模式基本得到了送、受电省的认可，并已开展了增量电量市场化交易。

2017 年，作为国内最大的电网企业，在国家电网公司经营范围内，除西藏外的省级电网输配电价已全部批复，初步建立科学的省级电网输配电价形成机制，为加快电力市场建设奠定了坚实基础。输配电价改革取得了阶段性成果，有效释放了改革红利。通过输配电价改革、取消城市公用事业附加费等措施，国家电网公司 2017 年共降低用户电费支出超过 700 亿元，有效降低实体经济用能成本。

在电力交易市场化方面，2017 年国家电网经营范围内市场交易电量 1.2 万亿千瓦时，同比增长 49.6%，占售电量的 31.2%，市场化交易规模大幅增长。在国家电网经营范围内，27 家省级电力交易中心全部实现公司化相对独立运作，两级交易平台实现定期开市、协调运营，交易品种持续创新。在此基础上，还发起成立全国电力交易机构联盟，搭建全国交易机构交流合作、信息共享的重要平台，18 个省完成市场管理委员会组建或方案批复。

在增量配电改革试点方面，在国家电网公司经营范围内已批复试点项目 150 个，覆盖 109 个地市。截至目前，第一批试点项目中，该公司已与相关方签订合作协议的项目 37 个，引入民营资本 36 家。

2. 新一轮电力体制改革中存在问题

（1）电改涉及多个部门职责，推进改革需要较多的组织协调工作。新一轮电改不是哪一个部门能单独完成的。在国家发展改革委、国家能源局层面，就有八个司局直接涉及电改。在国家层面，还有国家发展改革委、国家能源局牵头组建的电力体制改革部际联席会议，负责研究协调重大事项。在省层面，也涉及发改、能源、物价、经信等部门，也建立有跨部门的领导小组。

（2）电改对电网企业带来深刻影响，它改变了电网企业的功能定位和运营模式。中发 9 号文明确提出，电网企业功能应当遵循市场经济规律和电力技术特性，打破现阶段电网企业集电力输送、统购统销、调度交易于一身的情况。改革和规范电网企业运营模式，电网企业的收入来源不再是上网电价和销售电价价差，而是按照政府核定的输配电价收取"过路费"。要使电网企业的功能定位和运营模式产生根本性的变化，肯定要有一个过程，不可能一蹴而就。

（3）当前电力供大于求的情况下，按照市场化方向推进电改，发电企业将面临较大的竞争压力和挑战。电改市场化进程会加剧发电企业分化，既要积极推进改革，促进发电企业参与市场化竞争，又要把握改革进度、节奏和力度，在改革中保障发电企业基本利益和稳定，不使发电企业集团因为改革造成较大困难而成为改革阻力。

（4）在中国推进的本轮电改总体上是新生事物，许多问题在实践过程中才能找到答案。落地"电改9号文"，既需要中央的顶层设计，更需要各地方的实践探索，在中国历史上没有现成的模式可以借鉴，外国的模式也肯定不完全适合中国的具体情况。中国国家大，各省的情况也不同，需要边干、边学、边摸索。

不过，新电改的实施也面临一些问题、争议，甚至阻力重重。比如电力市场规则、体系未完全建立，监管薄弱未到位，地方政府存在行政干预、各行其是，捆绑交易、一味要求降价，个别省份市场电量放开过急，电网思想需进一步解放，发电企业之间存在恶性竞争等问题。出现问题实属正常。电力市场化改革不可能一蹴而成，先改容易的，再啃"硬骨头"，有一个探索发展的长期过程。国外是这样，中国也是这样。新电改总体上在往市场化方向迈进，基本符合"开放—多元—竞争—规则—市场—监管—完善"的改革逻辑。当年，推行大用户直供、煤电实行超低排放一度争议、阻力不小，经过几年努力不也势如破竹、席卷全国了吗？我们要看到积极变化，在过程中解决出现的问题，对新电改的未来要充满信心！

3. 新一轮电力改革中的市场化导向与政府规制关系

在新一轮的电力体制改革中，正确处理好政府规制和市场化的关系，必须把市场与政府有机结合起来，不能割裂地看待二者关系，更加尊重市场规律，更好发挥政府作用，使市场这只"看不见的手"和政府这只"看得见的手"各司其职、优势互补，才能更好地激发经济活力。一、必须尊重和重视电力市场化规律。二、充分发挥政府引导作用。这要求政府更好地发挥其应有作用，解决以往存在的政府规制存在的"错位""越位"和"缺位"现象。三、协调好政府规制和电力市场化的相互关系。电力市场化发展有自己的规律性，市场规律发挥作用需要有一定的条件和环境。政府要为市场发挥作用创造必要的条件和环境，同时还要为市场经济发展提供充足的制度与社会保障。

1.4 本 章 小 结

本章主要介绍了国内外电力体制改革历程。第一节首先分析典型国家电力体制改革历程，包括英国电力体制改革、美国电力体制改革、北欧电力体制改革、欧洲电力现货交易所 EPEX SPOT 改革历程及澳大利亚电力体制改革。英国电力体制改革方面，介绍了英国电力私有化、电力市场化历程，由 1990—2001年电力库市场模式（The Pool）到 2001—2005 年双边市场模式（NETA），再到2005—2013 年 BETTA 市场模式，到目前的 2013 年执行 RIIO 监管框架，进行了一系列举措推进电力市场化历程。接着介绍了当前英国电力市场模式与英国电力现货市场可再生能源消纳的经验参考。美国电力体制改革方面，主要以美国 PIM 电力市场为例，详细介绍了美国 PJM 电力市场改革历程及市场特点，还有美国 PJM 容量市场相关情况。北欧电力体制改革方面，主要介绍了北欧电力体制改革历程，再以北欧电力现货市场 Nord Pool 为例，详细介绍了其相关情况、结构框架、运行特点等，分析了北欧电力现货市场促进可再生能源消纳机制。欧洲电力现货交易所 EPEX SPOT 改革方面，简要介绍了电力现货交易所 EPEX SPOT 及其交易现状。澳大利亚电力体制改革方面，简要介绍了澳大利亚电力体制改革历程，澳大利亚电力现货市场及其交易现状，还介绍了澳大利亚电力现货市场促进可再生能源消纳机制。

第二节主要介绍了西方国家电力体制改革对我国产生的影响。通过对西方电力体制改革的基本发现，总结分析得出一些我国电力体制改革应该遵循的基本原则。第三节主要详细介绍了国内电力体制改革历程。主要包括 1978—2012年电力工业发展历程，党的十八大以来的电力工业发展以及新一轮电力体制改革历程。1978—2012 年大致分为三个阶段，1985—1996 年集资办电阶段，1997—2002 年"政企分开，省为实体"阶段和 2002—2012 年"厂网分离"改革阶段。新一轮电力体制改革阶段主要介绍了改革基本思路、主要内容、改革突出点及改革成效与问题。

第2章 电力市场经济学

2.1 微观经济学的基本理论

微观经济学原理包括生产理论、成本理论、需求理论、均衡理论、竞争理论、不确定性理论、博弈论等。电力市场发展得益于微观经济学原理在电力工业的应用，其中，均衡理论是一个核心问题。

2.1.1 产品供需价格曲线

供给和需求是一个经济学模型，它被应用在决定市场的均衡价格和均衡产量。这个模型适用于竞争性市场，而不适用于市场存在垄断或者寡头垄断的情况，需求或者供给价格分别跟消费者的需求量和生产者的供给量挂钩，形成市场两种力量决定价格和产量的均衡。模型的需求与供给都是经济学的基本概念：需求指消费大众因需要一件产品而产生的购买要求；而供给就指企业生产响应大众购买需求而提供的产品供给。它显示在其他因素不变的情况下，随着价格升降，某个体在每段时间内所愿意买某货物的数量。

供给曲线是显示在特定时间内，某物品的价格与供给量关系的曲线，反映了供给表两个向量的线性关系。图 2-1 表示了标准的供给需求曲线。

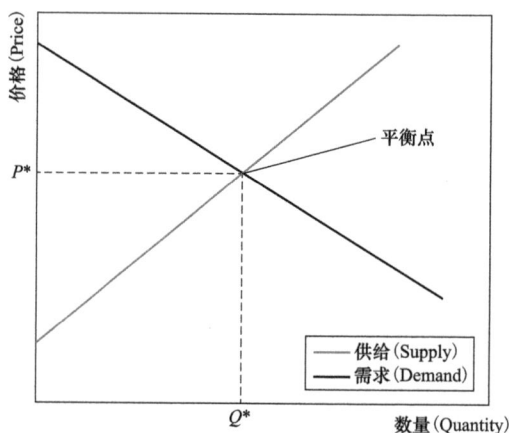

图 2-1　标准的供给需求曲线

向右上倾斜的蓝色曲线是供给曲线，显示了一种商品的价格和生产者提供的数量之间的关系。在完全竞争的假设下，供给是由边际成本决定的：只要生产一单位额外产品的成本低于市场价格，企业就会生产额外的产品。原材料成本上升将减少供应，使供给曲线向上平移，而生产成本折扣将增加供应，使成本下降，并随着生产者剩余减少而损害生产者。数学上，供给曲线依据不同的实际模型来建立函数表示，供给量是价格的函数。

向右下倾斜的红色曲线是需求曲线，假设需求的所有其他决定因素都保持不变，例如收入、品味和偏好等，则表示购买者愿意并能够以各种价格购买某种商品的数量。根据需求定律，需求曲线总是向下倾斜的，这意味着随着价格下降，消费者会购买更多的商品。数学上，需求曲线由一个需求函数表示，给出需求量作为其价格的函数，以及尽可能多的其他变量，以更好地解释需求量。

2.1.2 市场均衡原理

一般来说，均衡（Equilibrium）被定义为价格-数量的配对（Pair），其中需求的数量等于供应的数量，它由需求曲线和供给曲线的交点表示。对各种均衡的分析是微观经济学的一个基本方面：透过模型的分析，可发现两条曲线交接之处（均衡点）就是均衡价格和均衡产量。它显示在其他因素不变的情况下，随着价格升降，某个体在每段时间内所愿意买某货物的数量，在这种情况下，市场出清。

市场均衡的变化：供给和需求分析的实际应用通常集中在改变均衡价格和数量上，这些变量在各自的曲线上表示为移动。这种位移的比较可以从初始平衡到新平衡的影响来进行分析。供给曲线的变动情况如图 2-2 所示。

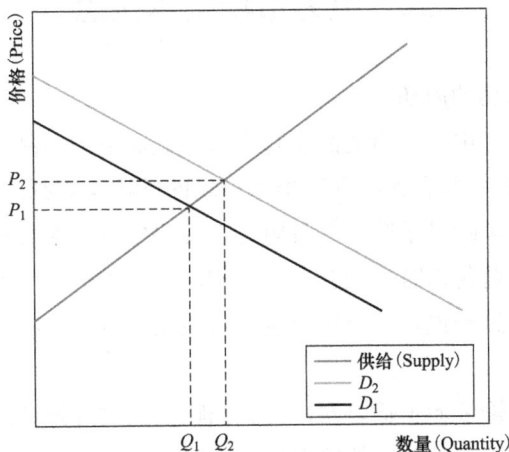

图 2-2　供给曲线的变动情况

在自由竞争的市场体制中，每个参与者都在不断追求自身利益最大化。经济学家证明，竞争市场是迄今为止最有效的资源配置方式，社会的各类人群对自身利益最大化的不断追求，可以使整个社会的经济资源得到最合理的配置。帕累托（Pareto）效率，也称帕累托最优，常用来表征资源分配的理想状态，它是指针对固有的一群人和可分配的资源，没有一个人的境遇能在不使其他人的境遇变得更糟的情况下变得更好。也就是说，在市场达到帕累托效率的情况下，如果任一市场参与者要增加利益的话，只能通过使其他参与者的利益减少来实现。

帕累托效率可以指消费的帕累托效率、生产的帕累托效率以及社会一般的帕累托效率。社会一般的帕累托效率是指资源在生产者和消费者之间的分配达到最优，它是通过商品交换实现的。实现帕累托效率需要满足下列条件：

（1）任意两个消费者对任意两种商品进行交换时边际替代率都相同；

（2）任何两个厂商使用一种生产要素生产同一种产品的边际产量都相等，两种生产要素生产同一种商品的边际技术替代率都相等，任意两个厂商使用既定生产要素生产任意两种产品的边际产品转换率都相等；

（3）消费者对任意两种产品的边际替代率都等于生产者对这两种产品的转换率。

在完全竞争市场中，如果经济当事人的行为满足连续性的假设，那么，总可以找到一组价格比，使得经济系统处于一般均衡状态，即达到帕累托最优状态。

2.2 电力市场基本概念

2.2.1 电力商品的内涵

在电力市场中，电能作为商品进行交易，然而电力商品与煤炭、石油等能源商品有着本质的不同，合作不同对电力市场的结构与规则产生了深刻的影响。首先，电力供需必须瞬时平衡，并且电力在传输中具有融合特性。所有发电商生产的电能在向负荷传送时是融合在一起的，某一发电商生产的电能不会直接供应某一用户；反过来说，一个用户也不可能仅仅从一个特定发电商那里获取电能。

其次，电力传输依赖于输电网，并遵循特定的物理规律。电力遵循基尔霍夫电压、电力定律在错综复杂的输电线路中传输，其流向并不遵守人民达成的电能交易方向。系统运行调度人员必须确保所有电能交易形成的系统潮流不会违反物理规律的制约，并且应最合理有效地利用系统的传输能力。

最后，电能无法储存。如果商品可以储存，则它在不同时段的交付价格之间就会存在明确的关系，后一时段的价格约等于前一时段的价格加上"存储成本"。同时，由于电能的合同交易量与发电商或用户实时生产或消费的电量之间不可避免的存在差异，因此电能无法储存的特性将加大电力市场供需平衡的难度。

2.2.2 电力市场的基本概念

电力市场指的是，整体电力在供应、需求、售卖和购买的影响下，对电力价格产生改变的一个机制。从经济学的角度来看，电（包括功率与能量）是可供购买、销售并进行交易的商品。电力市场是一个能够出价购买、开价销售的系统，通常以财务或凭证交换的方式进行采购与短期交易，依循供需法则决定价格。长期交易合约则类似购电合约，普遍被认为是私人间的双边交易。电力批发通常由市场运营机构或特定的独立机构专门负责结算，市场运营机构不进行结算也要具备交易相关知识，以维持发电与负载的平衡。

2.2.3 电力市场的作用

电力市场的设计目的是在最小成本下为消费者提供可靠的电力。还原电力商品属性，建立市场化的交易机制，优化电力系统，乃至整个能源系统的资源配置，以最小的资源、环境等成本提供安全、可靠的能源供给，是最终的目标。电力系统资源配置的目标包括效率和公平两个大的方面，而效率目标从时间尺度上讲又包括两个方面：长期效率以及短期效率。

1. 长期效率

主要表现在电力系统投资、规划的有效性。电力市场机制需要保证充足、有效、合理的投资，引导出电源、电网和负荷的优化规划，以支持电力系统安全、稳定、经济的运行。首先，投资水平不能过低影响电力系统的安全；其次，不能过度投资增加电力系统成本；最后，电源和电网的结构要合理、匹配。

2. 短期效率

主要表现在电力系统实时经济运行（调度）的有效性。电力市场机制需要能引导出最优的实时运行方案。运行阶段，投资成本已经成为沉淀成本，这时候决策主要看可变成本、边际成本，市场机制需要能引导出整体社会福利最大的运行方式。简单地说，就是：让发电可变成本最低的电厂先发电，让用电效益最大的用户先用电。由于电力的供给和需求随时间不断波动，而电力系统又必须保持实时平衡，电力系统的经济调度必须按比较小的时间尺度进行。早期，一般以 1 个小时或半个小时为周期制定调度计划，调度周期内的功率不平衡则通过调频等辅助服务解决；随着相关技术的发展，调度周期逐渐缩短，现在很多国家和地区以 5 分钟为一个周期制定调度计划。

3. 公平目标

主要考虑社会福利在不同的市场主体之间的分摊。电力市场的公平性要考虑社会福利在不同业务环节主体如发电、电网和用户之间的分摊，以及在不同地理、行政区域之间的分摊，改革方案需要考虑改革后不同主体之间福利的变化情况。

2.3 电力交易分类及市场运营模式

2.3.1 电力市场交易及其分类

电能与其他商品一样，其市场交易的方式本质上可分为双边交易和集中交易两类。双边交易可以是买者和卖者面对面的直接交易的方式，也可以借助于各种中介，如经纪人、经销商、电子公告牌等进行的方式。当中介的作用极大化，所有买卖交易都由同一个机构来负责确定时，就形成了集中交易。由于电力需求时刻处于波动之中，因此电能的边际生产成本也不是固定不变的，它属于没有标准价格的商品。实践中，集中交易的电力市场多采用密封式第二价格拍卖的方式进行电能交易。电能拍卖在实现电力商品交易的同时，还可确定电价，并且这样形成的价格，不是人为规定和制造出来的，而是一种竞争定价，其发现的价格是一种供给和需求均衡状态下的价格。

由于电力需求的周期性波动较大和电力不可存储的特点，为保证电力系统的稳定运行，电力市场一般由多个不同时间级的子市场组成，如长期市场、日前市场、实时市场等。长期市场包括远期合同、期货及期权等，一般采用双边交易形式。图 2-3 表示了各时间级市场的结构关系。

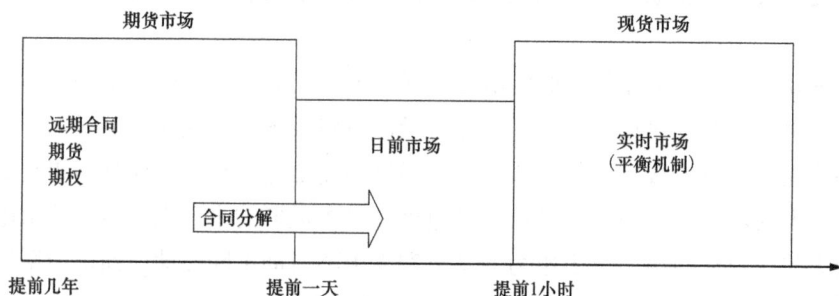

图 2-3　各时间级市场的结构关系

日前市场：各种金融性的长期合同、期货和期权合同等必须在日前市场中具体化，再加上现货交易，因此日前市场是电力市场框架体系中的重要一环和最主要的特色之一。在日前市场上，发电商按照报价规则向市场运营机构申报下一个交易日的电价和电量，由市场运营机构根据竞价规则进行竞价，确定市场的出清电价和各发电商的发电计划。设置日前市场的优点在于：

（1）在日前市场中优化调度决定的时段是以天计，而不是以小时或更短的时段计，市场运营机构可以将机组的起停指令纳入调度程序中，这有利于减少具有较高启动成本和日运行周期的发电商的损失，并有利于降低购电成本。

（2）日前市场提前一天锁定了发电商的价格，有助于抑制发电商在实时市场中操纵市场的行为，避免发电商通过临时退出运行的手段抬高市场电价。

（3）日前市场能促进需求侧响应。日前价格是对未来一天内实时价格的预测，用户可根据日前价格调整自身的用电安排，控制电费。

实时市场：实时市场的名称源于它是在日前市场关闭之后，交易电量最接近物理交割时开始的，所以称之为"实时"，如英国电力市场，每半小时为一个交易时段，实时交易开始于交易时段前 1 小时。实时市场提供了一个能实时调整发电和负荷运行水平的机制，可消除不平衡电量，以维护电力系统的安全稳定运行和电能质量，因此是十分必要的。而且，如前所述，发电与负荷的不平衡要快速校正，这是双边交易机制做不到的，因此电力实时市场应有系统运行人员专门管理，以确保系统供需平衡。但是，运行人员的管理是在市场参与者们按其意愿的电量和价格自由投标的基础上进行的，因此用来维持系统平衡的电能仍是由市场机制获取的，只是投标由第三方选择而不是双边交易达成，属于集中交易模式。实时市场也常常被称为"备用市场"或"平衡机制"等。

2.3.2　电力市场运营模式

电力工业的运营模式从发、输、配电垂直垄断的管制状态到供、需双边全面竞争的高度市场化状态，其演变过程可以总结为四种模式。这些模式相互区别的关键点就在于电力工业各业务环节中引入竞争的程度以及谁有权选择竞争市场中的发电商，4 种模式依次提供了逐渐增多的选择，也逐步缩小了垄断的范围。

1. 垄断模式

垄断（Monopoly）模式是电力工业纵向高度集成的经营模式，如图 2-4 所示。

在垄断模式下，任何一个地区只有一家电力公司拥有和运营所有的发电厂以及输电或配电系统，并负责经营相关业务，但电力公司在行使专营权力的同时，也必须接受政府主管部门的管制，承担向服务区域内用户供电的责任和义务。这种模式并不排除不同地域电力公司之间的双边交易，这些交易仅发生在批发层面上，最初主要是为确保系统安全稳定运行的紧急功率交换，后来也逐步发展出经济功率交换。这种模式已存在了上百年，如今在世界很多国家和地区仍在沿用。

2. 单一买方模式

单一买方（Single Buyer）模式只允许有一个买电机构，即拥有输电网的电力公司，它向下对配电公司、向上对发电商同时具有买卖垄断权，其所设定的价格是受到管制的。

图 2-5 表示了这种模式的基本形态，是电力市场引入竞争的第一步，此时电力公司不再拥有全部发电容量，出现了独立发电商（Independent Power Provider，IPP），它们将电力歪售给电力公司。单一买方模式中发电市场缺乏充分竞争所需的足够多买方，因此 IPP 的利益依赖于长期合约的设计，且这种模式竞争有限，仅仅在发电环节引入了竞争，难以形成自由市场经济的价格发现机制。尽管如此，单一买方模式毕竟迈出了电力竞争的第一步，而且在电力需求增长较快的发展中国家，常采用该模式作为吸引民间电力投资的重要途径。

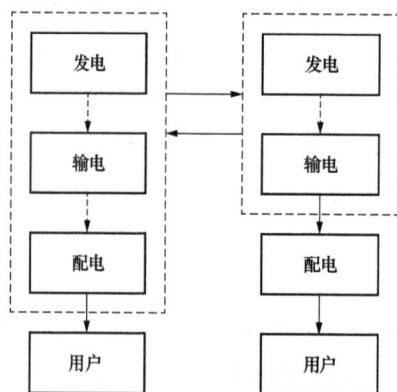

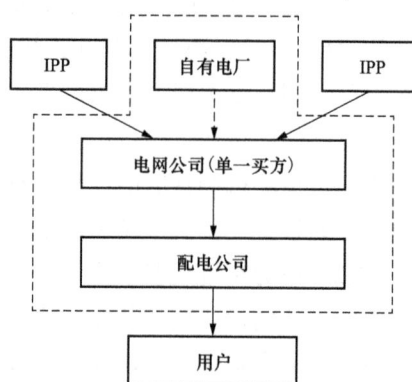

图 2-4　垄断模式　　　　　图 2-5　单一买方模式

3. 批发竞争模式

如图 2-6 所示，批发竞争（Wholesale Competition）模式的特点是，出现了电能批发市场，在批发市场中配电公司可直接向发电商购电，大用户也被允许自主购买电力。在批发交易的层面上，仍然需要集中进行的运作是实时平衡市场的运营及输电网络的运行。在零售层面上，系统仍将处于集中控制之中，因为配电公司不仅运营本地的配电网，在批发交易中也是代表它所辖区域内全体用户的利益。

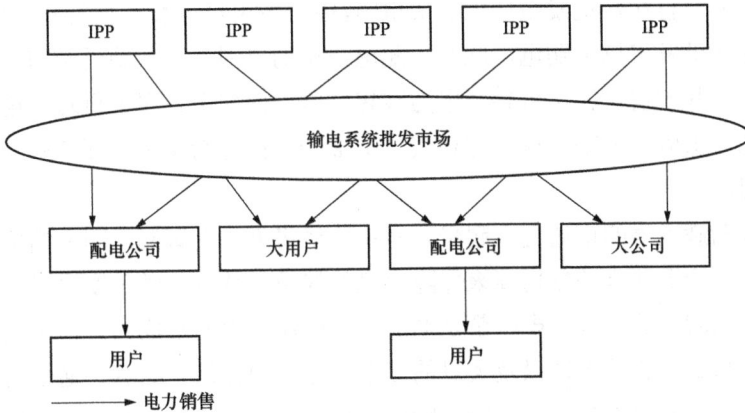

图 2-6　批发竞争模式

这种模式下，市场交易中有众多的卖方，同样也有足够多的买方，因此电能批发价格是由供给与需求之间的相互作用来决定的。但是，零售电价仍然要受到管制，这是因为大多数用户无权选择供电商，配电公司提供的还是垄断式服务。

4. 零售竞争模式

零售竞争（Retail Competition）是电力市场发展的最终模式，如图 2-7 所示。

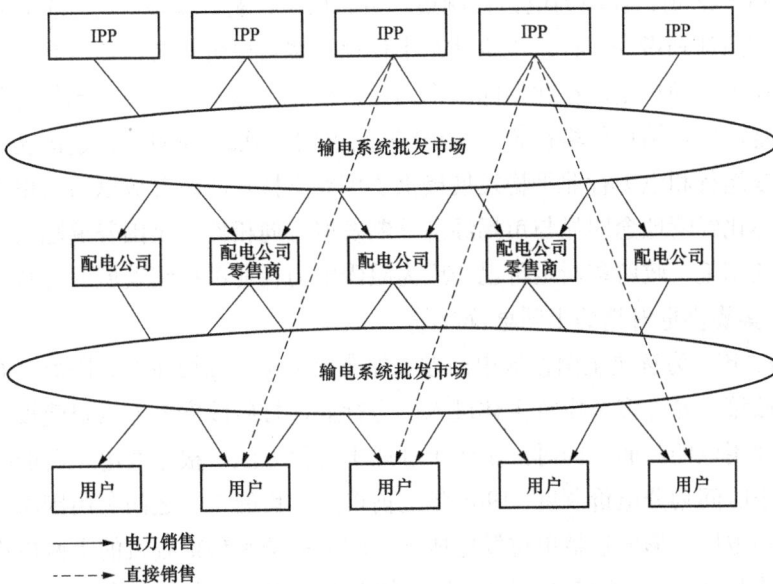

图 2-7　零售竞争模式

在这种模式下，所有用户都可以自由选择供电商。受交易成本的制约，只有大用户才会直接从批发市场上购买电力，中小型用户一般从零售商那里购电，而零售商在批发市场上购电。此时，配电公司的电网运营活动通常与电力零售活动分开，其零售子公司可参与电力零售竞争，但配电公司不再对其电网覆盖地区的电力供应拥有垄断权。这种模式中唯一保持垄断状态的环节就是输电网和配电网。

一旦充满竞争的市场建立起来，零售价格将不再受管制，因为消费者可以通过选择电价更便宜的零售商来保障自己的权益。从经济学角度来讲，这种模式是最令人满意的，因为电价都是通过市场机制作用而形成的。但是实现这种模式需要基础设施的支撑以及大量的复杂工作，如计量、结算、通信与数据传输等配套设施的建设与运行。因为输电与配电网络仍然是垄断的，所以输电与配电费用仍需以管制为基础向参与者收取。

2.4　电能成本分析及电价体系

2.4.1　电能成本分析

2.4.1.1　中国上网电价改革现状

1. 1985 年之前的上网电价政策

1985 年之前，我国的电力体制集发电、输电、配电和售电为一体，各个环节全部按照计划指令运行。电价体系中仅存在销售电价一类，还没有对上网电价机制作出单独规定。在此期间，电力定价权完全由政府掌握，电价总体水平极为稳定，年均销售价格在长达 30 年期间仅增长 0.2%左右，为建国初期国民经济恢复运行和电力行业平稳发展提供了可靠支持。改革开放以后，电力行业垂直一体化经营理念明显与市场经济体制发展方向相悖，全国普遍陷入电力供应不足的困境，政府垄断定价已经成为阻碍电力行业可持续发展的绊脚石。

2. 集资办电时期的上网电价政策

1985 年，为解决全国性缺电问题、加快电力项目投资生产，国家公布了集资办电政策，允许多个投资主体进入电力行业，打破政府一方投资建设、多个行业需要用电的局面。同时，基于个别成本定价方法，根据发电项目的投资渠道和建设时间划分电价制度：1985 年之前以及此后的 7 年之间利用国家独立投资建设的电厂，形成包括单位发电成本、应交税费和预期收益的上网电价计算方法，按照"一厂一价"乃至"一机一价"的模式确定上网电价；1986 年后不利用政府统一投资建设的电厂和 1992 年之后所有的新建发电项目，全部实行还本付息的上网电价政策。此外，政府还出台了燃运加价、超计划发用电价和地方电源建设专款等相关支持政策。多方投资引入电力行业和与之对应的多种电价制度，有效地改善了当时长期缺电的情况，为高度集中垄断的电力市场注入了一定活力，但本质上没有改变电力行业的运行机制。

3. 经营期上网电价政策

20 世纪 90 年代末，全国大多数省市电力供应充足，甚至部分地区已经出现了供过于求的极端现象。此时，还本付息上网电价的制度缺陷逐渐暴露，比如电力行业缺少规范统一的定价标准、发电成本不受制约和电价快速上涨难以控制等。为解决当时存在的这些问题，我国需要采用更为先进合理的电力定价机制。1998 年，国家公布基于平均成本定价的经营期电价政策，上网电价核算标准也转变为按照发电机组的运行寿命周期定价，并且规定了发电项目的资本内部收益率。这一时期，我国上网电价机制依然由政府制定，但电价体系逐渐公开化和标准化，有效抑制了上网电价不断上涨和电源投资热度过高的态势。

4. 标杆上网电价政策

2003 年，全国爆发了大面积的持续性电荒，需要建立有效维持电力供需平衡并且提高电力系统运行效率的上网电价机制。2004 年，国家公布基于社会平均成本定价原则的标杆上网电价政策，不考虑各类机组装机容量与发电效率的差别，对各省市的燃煤发电项目实行统一定价。其中，燃料价格、发电设备利用小时数、单位建设成本、机组运营年限和银行贷款利率等因素均对标杆上网电价有所影响。此后，国家陆续推出煤电价格联动机制、环保电价补贴和可再生能源发电补贴等配套价格机制，并公布针对各类电源而形成的标杆上网电价机制和补贴标准，同时对其进行适当的补充和调整。简而言之，标杆上网电价政策有效填补了电力市场化改革搁浅时期的制度空白，至今我国仍在使用标杆上网电价作为过渡时期的上网电价机制。

5. 电力市场下的竞争上网电价政策

2002 年，国家正式开启电力市场化改革，对发、输、配、用电价进行明确划分，提出在过渡时期上网电价实行计划控制与市场竞争并存的两部制电价，并向最终实现全面竞价上网的目标努力。首轮改革成功地划分了发电企业和电网公司，为发电侧市场提供了参与主体。然而，在 2003—2007 年的持续电力短缺、节能调度政策推广和 2008 年金融危机爆发且范围扩大等多项因素的影响下，我国电力市场化改革进展缓慢，本质上电力定价权仍由政府掌握。2015 年，国家正式宣布启动新一轮电改，并公布一系列政策支持性文件，主要内容包括建立市场定价机制，完善市场化交易机制，逐步放开发用电计划，成立电力交易机构和加强电力行业监管等。改革方案中明确指出，在发电侧小部分电量（公益性用电或没有进入市场交易的发电量）的上网电价仍由政府制定，而大部分市场交易电量由市场竞价或协商等方式确定，进一步为我国上网电价改革指明了方向。2017 年，国家推动建立首批（含 8 个地区）电力现货市场试点。在2018 年，南方（以广东起步）、山西和甘肃三个区域的电力现货市场启动试运行。2019 年，首批电力现货市场试点全部投入试运行。同年 5 月，按照电力现货市场的交易规则，广东电力现货市场实现全国范围内第一次竞价交易。其中，现货节点边际电价包括系统边际成本和边际阻塞成本，标志着我国上网电价机制正在由社会平均成本定价向边际成本定价转变。电力市场竞争确定上网电价能更好地反映电能价值、传递电力供给和需求信号，有利于实现电力资源的优化配置，能够引导电力企业正确地进行电源投资建设。目前，对于实现我国大部分电量上网竞价的目标仍有较大差距，需要从制度、管理、运营和技术等多个层面出发，继续完善电力市场定价机制，扩大电力市场运行范围，继续深化电力市场化改革。

2.4.1.2　中国上网电价改革历程评价

我国上网电价制度的历史演变与经济社会的发展过程相辅相成，不同时期的电价制度都紧跟时代潮流，被赋予不同的历史使命，对推动电力行业快速发展和保障电力系统平稳运行起到了关键作用。

在国民经济恢复发展情况下，我国实行具有垄断性质的政府统一定价制度，以保证电力工业平稳发展；20 世纪 80 年代中期到 90 年代末，我国处于由计划经济体制向市场经济体制转型时期，严重缺电现象制约着整个经济社会的发展，还本付息电价和经营期电价应运而生，上网电价体制由个别成本定价向平均成本定价转变，有效保障了电力供应与系统运行；20 世纪初，我国电力市场化改革正式启动，提出分步实现电量竞价上网的方案，但在多重因素的影响下遭到搁置，因此采用平均成本加上合理回报的标杆上网电价政策以填补制度空白；2015 年，国家重启电力体制改革，提出最终实现大部分电量竞价上网的目标，随后我国各区域陆续建立电力现货市场试点，并于 2019 年成功实现初次市场竞价交易。

目前，我国仍处于电力体制改革过渡阶段，市场竞争确定上网电价方式刚刚起步，上网电价机制仍然以政府制定的标杆上网电价为主，很长一段时间内将呈现出政府定价与市场竞争并存的局面。总体而言，我国电力体制改革的方向明确并初见成效，但是改革过程中优势与劣势并存，仍需要合理规划电力市场发展路线，完善电力价格形成体系，建立健全市场运行机制，并着力解决过渡阶段上网电价机制存在的问题，逐步推进电价体制改革工作。

2.4.1.3 上网电价定价方法

上网电价定价模式大致可分为政府定价、协议定价与市场定价模式，在不同定价模式下采用的定价方法有所不同。当前，我国主要采用政府定价模式下的标杆上网电价机制，并逐渐向市场化定价过渡。

1. 燃煤发电成本计算

上网电价按电源类别可分为煤电电价、核电电价、天然气发电电价、水电电价、风电电价、太阳能光伏发电电价等，种类繁多，不同电源的上网电价水平也不尽相同。其中，燃煤发电量占全国发电量的 65% 左右，并且未来一段时间内也将作为发电侧的主力电源，分析燃煤发电上网电价对电力市场研究极为重要。此外，发电成本是维护电力市场长期均衡的主要因素，也是形成标杆电价的重要基础之一。因此，基于发电结构和成本因素的综合考虑，本书将主要介绍煤电机组的发电成本。

2. 市场竞争下的边际成本法及补充方法

在电力现货市场经济调度情况下，根据边际成本定价的规则，市场价格取决于短期边际电能成本。但是，完全依靠边际成本定价不足以支撑长期电源投资建设和系统结构优化，在中长期市场上，做出投资决策时应考虑发电机组能否收回对固定成本的投资，需要对单一的边际成本定价机制做出补充，辅以对发电容量投资收益和市场绩效表现的测算方法，可以用于激励电源投资建设并保持长期资源充裕度或引导落后产能退出市场。

（1）边际成本定价法。在发电侧，发电机组按照边际成本进行竞价参与市场调度。边际成本定价是电力现货市场的基本原则，具体可以分为节点边际电价、系统边际电价和区域边际电价等定价方式，各地区需要因地制宜选择最适合其个别市场的定价模型。短期边际成本（即可变成本）是指与电能生产直接关联的各项发电成本，主要包括燃料成本、耗水费、污染排放费以及其他可变运维成本。火电机组的边际成本主要由燃料成本决定，而可再生能源发电机组几乎没有边际成本。具体计算表达式为

$$MC = MC_F + VOM \qquad (2-1)$$

式中：MC 为边际可变成本；MC_F 为边际燃料成本；VOM 为可变运维成本。

（2）新进入成本法。边际成本用于计算发电机组的电能成本，而新进入成本法是根据发电机组的固定成本衡量其符合期望的投资回报。新进入成本（$CONE$）是新建发电机组投入市场运营之后，在经济寿命周期内收回其资本成本和固定成本所需的年总净收入。

发电项目的固定成本是指与电能生产没有直接关系的各项成本，由保险成本、修理费用、折旧费及其他固定运维成本组成。新进入成本的计算需要考虑发电机组是否完成还本付息和折旧，通过分析各个运行阶段及不同容量等级的发电机组的新进入成本，可以反映发电机组固定成本之间的差异。发电机组的新进入成本的计算公式为

$$CONE = C_I + L_R + C_D + FOM \qquad (2\text{-}2)$$

式中：$CONE$ 为新进入成本；C_I 为自有资金投资回报；L_R 为银行贷款还本付息；C_D 为折旧费；FOM 为固定运行和维护成本。

（3）单位容量净收益法。发电机组在现货市场中依靠市场出清价格和短期可变成本之间的差额获利，得到的净收益再减去其收回投资和其他固定成本的部分后，剩余的收益即为发电机组的单位容量净收益。单位容量净收益可以用来评价电源投资效果和市场盈利能力。发电机组的单位容量净收益计算表达式为

$$NR = GR - MC \times H - CONE_f \qquad (2\text{-}3)$$

式中：NR 为单位容量净收益；GR 为总收益；MC 为边际可变成本；H 为发电设备年利用小时数；$CONE_f$ 为新进入成本。若发电机组的单位容量净收益为正，表示投建新机组具有可行性；当单位容量净收益为负值时，可以认为新建机组的经济性较差。在煤电行业中，如果项目收益极低甚至难以回收初始投资且没有电力保供任务可被认为是僵尸煤电企业。在竞争性电力市场中，单位容量净收益提供了市场投资或退出的信号，有利于引导新机组进入市场，逐步淘汰落后产能，从而优化电源结构，保障电力市场高效有序的运行。

2.4.1.4　电力市场经济调度方法

我国正在开展的电力体制改革的最终目标是建立电力市场化竞价机制，从而提高电力行业运行效率，优化发电结构，降低下游客户的用电成本。本书通过介绍发电机组竞价规则及电网调度规则，明确电力市场的经济调度方法。

1. 发电机组竞价规则

在电力市场经济调度情况下，参与竞价的发电机组应该在前一天提供下一天各个时段的报价和参数信息。参照电网运行和调度规则，发电机组的参数信息主要应包括：机组增加和减少的输出功率速率，机组所需的最短停机时长，当机组与系统联动时的最低输出功率水平和最小启用时间等。在所有燃煤发电机组均按照电能成本参与报价的情况下，具体计算表达式为

$$C_{GV} = (C_W + C_F + C_P) / [C_{In} \times H \times (1 - \beta)] \qquad (2\text{-}4)$$

式中：C_{GV} 为发电机组报价；C_W 为发电消耗水资源费用；C_F 为燃料成本；C_P 为各项排污费用（包括 SO_2 排放费、NO_x 排放费和烟尘排放费）；C_{In} 为装机容量；H 为发电机组年利用小时数；β 为厂用电率。

2. 电网调度规则

常规而言，竞争性电力市场应根据发电机组的边际成本定价原则确定各类机组参与经济调度的顺序，边际成本越低的机组优先进行调度，最终满足该地区所需电量供给的边际机组的电能成本就是电力市场最终结算的上网电价。在特殊情况下则要考虑资源的稀缺性问题，不能单纯以边际机组的边际成本作为价格上限，需要监管机构确定电价上限或者容量机制以保障电力电量平衡和电力系统安全运行，并保证发电机组容量投资的收益水平。

在现实情况中，由于电力系统具体运行环境多变，必须综合评估电力系统和发电机组的各项约束条件，例如电力电量平衡、电力系统备用需求、发电机组输出功率限制等来确定机组调度顺序。在不考虑各类限制条件时，电网的调度规则可以根据竞价顺序排列发电机组，再通过电网负荷特性实现优化组合。基于这一理想化情况，以每个时刻的市场出清结果能够使这一时刻的系统边际成本（包含开机、运行和停机成本）为最低值为条件，满足该条件的发电机组组合表达式如下：

$$\min \sum_t \sum_n (CO_{nt} + CU_{nt} + CD_{nt}) \tag{2-5}$$

式中：t 为具体时间参数；n 为发电机组数量；CO_{nt} 为在 t 时刻，机组 n 所需运行成本；CU_{nt} 为在 t 时刻，机组 n 所需启动成本；CD_{nt} 为在 t 时刻，机组 n 所需停机成本。

2.4.2　国内外电价体系

2.4.2.1　国外电价体系

1. 美国的电价形成机制

美国是世界电能消费大国。其电价在各州各不相同，按企业所有制的构成形式分为：私营、联邦营、地方公营和合作社营。1993 年私营电力公司的总数只占电力行业构成的 8%，但其售电收入占全行业的 79%。美国的电价制度采用季节差价和峰谷差价，以正确反映供电成本及控制高峰负荷。

（1）分时电价。有的电力公司如洛杉矶水利电力局对小用户和中等用户设有分时电价和不分时电价 2 种方案供用户选择；而对大用户规定全部采用 2 个时段的分时电价。又如太平洋电气公司除了在工商业用户中执行 3 个时段的分时电价外，对居民用户也执行高峰、低谷 2 个时段的分时电价。这对减少高峰负荷、调荷节电、降低电力成本起到很好的效果。

（2）季节性电价。在很多电力公司中采用了季节性电价，如太平洋电气公司不仅对工商业用户还对居民用户采用季节性差价，并且差价较大，以正确地反映不同季节的供电成本和减少夏季高峰负荷。

2. 英国的电价形成机制

英国的电价主要分为4种，即趸售电价、送电电价、配电电价和零售电价。

（1）趸售电价：趸售电价是参加联营市场的各发电公司通过竞争投标提供的，每30分钟改变一次。送电线路和配电线路分别归国家电网公司和12个配电公司所有，使用时分别付给送电电费和配电电费。

（2）送电电价：送电电价包括连接电价和送电线使用电价，送电企业对接入送电线的发电公司收接入电价，对配电公司收引出电价，这种连接电价包括连接设备的运营费和电表等费用。送电线使用电价包括系统服务和基础结构的费用。

（3）配电电价：配电电价也包括连接电价和配电线路使用电价，连接电价是一般用户和发电厂与配电系统连接的电价，包括引入线、电表设置费以及运行维护费。对于一般用户的连接，其费用若在规定基准内，则按配电线路使用的固定费用回收，超过基准的费用要预付。如费用虽然在规定基准内，但供电期间不满基准期间的也需预付。对于临时供电，其连接费用要全部预付，供电结束时要将该项资产全部回收，发电企业的连接费用要一次全部付清。

（4）零售电价：零售电价包括住宅用电价和工商业用户电价。

3. 法国的电价形成机制

法国的电价结合用户的容量和电压等级，分成蓝色、黄色和绿色电价三类，不管选择哪类电价，都有基本电价。另外，还鼓励用户在本年度低负荷期用电，避免由于超负荷和高峰段而负担高电价：

（1）蓝色电价：主要针对居民用户和低压小用户，电价结构由基本电价和电量电价构成，并按简单电价、分时电价、避峰日电价等，分别制定收费标准。该电价在蓝色电价制的 2600 万用户中，大多数（约 70%）都同意选择基本用电电价方案，其他 30% 采用低负荷电价方案。从长期看与电价政策是一致的：60% 的用户选择采用基本用电电价方案；20% 用户将采用低负荷电价方案；20% 用户将采用"高峰日让电"电价方案、季节电价方案和可调用电电价方案。

（2）黄色电价：黄色电价预定负荷介于 36～250 千伏安之间（由 36～108 千伏安按 6 千伏安分级，大于 108 千伏安按 12 千伏安分级），是针对低压大用户，按用电时间多少分设的供用户选择电价。黄色电价满足一般工商用户的需求，该电价有两种方案：

1）中期用电：这种方案十分简单，适用于预定负荷需量的利用时间小于或约等于 2000 小时。

2）长期用电：这种方案适用于长期利用其预定负荷的用户，或是在执行绿色电价制度中能够在高峰负荷期或冬季调节减少其负荷的用户。

（3）绿色电价：针对高压大用户，并由用户预定电量。按照用电季节和用电时间分设电价，用户利用小时数越高、基本电价越高，但千瓦小时电价则越低。该类电价包括如下三档电价：

1）电价 A：适用于预定负荷需量 10000 千伏安以下。通常包括 5 或 8 个季节的分时电价项目，分别把它们称作"A5"或"A8"。

2）电价 B：适用于预定需量介于 10000～40000 千伏安之间。

3）电价 C：适用于预定需量大于 40000 千伏安者。

后两种电价由 8 个计价项目组成。电价 A 和 B 的等级在全法国都相同。在 C 种电价中，用户实际负担的电价在已公布的最高电价（即指导性电价）的基础上，参考当地供电条件和供电特点来决定。

4. 日本的电价形成机制

日本实行以下几种特定电价制度：

（1）分段电价制：分段电价制是一种递增性的电价制度，是对一部分住宅用电实行的，它将用电量分为三段。其中，第一段的电量，认为是维持人民最低生活水平的绝对需要量，采用较低的电价；第二段电价，定在只够抵偿平均成本的水平；第三段电价，则是反映边际成本的上涨趋势，用以促进能源节约。

（2）季节电价制：该制度是电价改革时提出的，其目的在于缓和夏天高峰负荷时供电方发电机组不足以满足需方负荷而造成的设备过分滥用。该制度规定，在夏季（7—9 月）加收一笔反映供电成本季节判别费用的较高价格（高于其他季节）。对冬季高峰负荷，所有公用电力公司对商业低压、高压和特高压动力用户，均采用季节电价制。

（3）分时电价制：主要针对高压动力和特高压动力用户执行，可由用户自己选择。

（4）特别电价制：参照历史用电水平确定各类用户的基准电量，用电量未超过基准电量的部分采用低电价，对超过基准电量的部分则采用分段递增的高电价，新增用户则采用较高的电价。

（5）燃料费调整制度：为了反映与电力成本密切相关的石油、天然气和煤的价格变化而引起的经济状况变化。电力公司的电价要基于全国的燃料平均价格，取三个月的平均值。如果三个月的平均价格比当前价格高于或低于 5%，电价费率会在隔三个月后的三个月内电费账单上调整以反映这种变动。目前各电力公司基本上都是按季度来计算并调整。但是政府也规定了一个最高为50%的上限以杜绝电力公司把一般成本转移到燃料费中。

2.4.2.2 我国现行电价体系

我国当前正处在新一轮电改的起步阶段，以市场交易电价和输配电价为基础的新电价体系正在推行，但以上网电价和销售电价为基础的原有电价体系依然还是主流。两套电价体系双轨运行，形成了我国现行的极富特色的电价体系。

1. 原有的基于"统购统销"的电价体系

在本轮电改以前，电是"统购统销"的：电网企业对于发电企业来说是电能的唯一买方，而对于电力用户来说则是电能的唯一的卖方。电网企业从发电企业买电的价格，以及电网企业向电力用户供电的价格都是政府制定的，电网企业的利润主要来源于购销价差。

在发电侧，起初各发电企业卖电给电网的电价是"一厂一核"甚至是"一机组一核"，核价的原则基本上是"合理成本加合理收益"，这些单独核定的价格就是"上网电价"。

上网电价的弊端是缺少激励，因此后来逐步被"标杆上网电价"（或简称"标杆电价"）所取代。标杆上网电价不再基于各电厂或机组的实际成本核定，而是依据同类型机组的平均成本制定。标杆上网电价为发电设施投资提供了明确的经济信号，同时也促进了发电企业之间的效率竞争。

在供电侧，政府分电压等级、分用户类别制定了"销售电价"（有时也被称为"目录电价"），部分地区的销售电价还考虑了分季节的丰枯电价和分时段的峰谷电价。销售电价是一个"捆绑"的价格，它内含了购电成本、输配电成本、输配电损耗、政府性基金及附加等。销售电价的定价原则是以公平负担为基础，同时兼顾公共政策目标。为此，销售电价中包含了交叉补贴（主要是工商业用电补贴农业和居民用电）。

另外，由于历史的原因，部分地区存在地方电网或趸售区域。电网企业向这些地方电网或趸售区域供电的价格采用的是"趸售电价"。趸售电价也是政府核定的，也是"捆绑"的价格，但价格水平更低。

2. 新建立的"解绑"的电价体系

本轮电改的体制架构是"管住中间，放开两头"。在电价形成机制方面，是将原来"捆绑"的销售电价"解绑"，将其中的电能价格放开由市场决定，而其中的输配电价则由政府核定并严格监管。

对于电能价格部分，当前部分发用电量已经放开，发电企业和电力用户（或售电公司）可以通过双边协商、集中竞价、挂牌等方式批发交易部分电量，交易的价格就是市场交易电价。售电公司和其代理的电力用户之间的电力零售交易价格也属于市场交易价格。

对于输配电价格部分，各省级电网的首个监管周期的输配电价也已经全面完成了核定，核定的原则是"准许成本加合理收益"。输配电价中包含了原来销售电价中的交叉补贴，绝大部分省区的输配电价还包含了线损。

在省级电网之上，区域电网（相邻的几个省区间的骨干电网）输电价、跨省跨区专项工程输电价也完成了核定或调整。输电价也包含了线损。

在省级电网之下，地方电网和增量配电网同样需要单独核定的配电价。各省区还在制定当地的地方电网和增量配电网价格政策，2019 年地方电网和增量配电网的配电价会陆续核定。在核定之前，配电价格暂按省级电网输配电价在电压等级之间的差额执行（即配电网内的用户所承担的输配电价和配电网外的用户相同）。

在省级电网或配电网内部，还有一类特殊的配电价：分布式发电市场化交易的"过网费"价格，它适用于分布式发电在电网局部消纳的情况。"过网费"价格不分摊该分布式发电交易没有涉及的电网资产的相关成本，也不参与分摊所在配电网接入省级电网的输配电费。同样，"过网费"价格也是需要政府核定的。

综上所述，在本轮电改所建立的新的电价体系中，用户的终端电价形成机制是：用户终端电价=市场交易电价+输配电价+政府性基金及附加。这里的输配电价依赖于用户所在的位置以及所交易的电源的位置，可能只是分布式发电市场化交易"过网费"价格，也可能只是配电网配电价+省级电网输配电价，还可能需要加上区域电网输电价，甚至加上跨省跨区专项工程输电价。

3. 新旧电价体系的双轨运行

在当前（以及接下来的一段时期），我国的电价体系是双轨制运行的，政府价格管理部门在核定（并公布）电价的时候不仅要核定（并公布）输配电价，也要同步核定（并公布）销售电价（以及部分地区的趸售电价）。图 2-8 描述了我国现行的双轨制电价体系及逻辑关系（虚线绘制的部分是原有电价体系的遗留，会在未来逐步取消）：

在发电端，当前大部分发电量仍然是"计划电量"，是调度机构根据优先发电优先购电计划以及电网实际运行需要安排的。计划电量由电网企业收购，价格是标杆电价；另外一部分发电量是"市场电量"，电量销售给大用户或者售电公司，价格是市场交易电价。

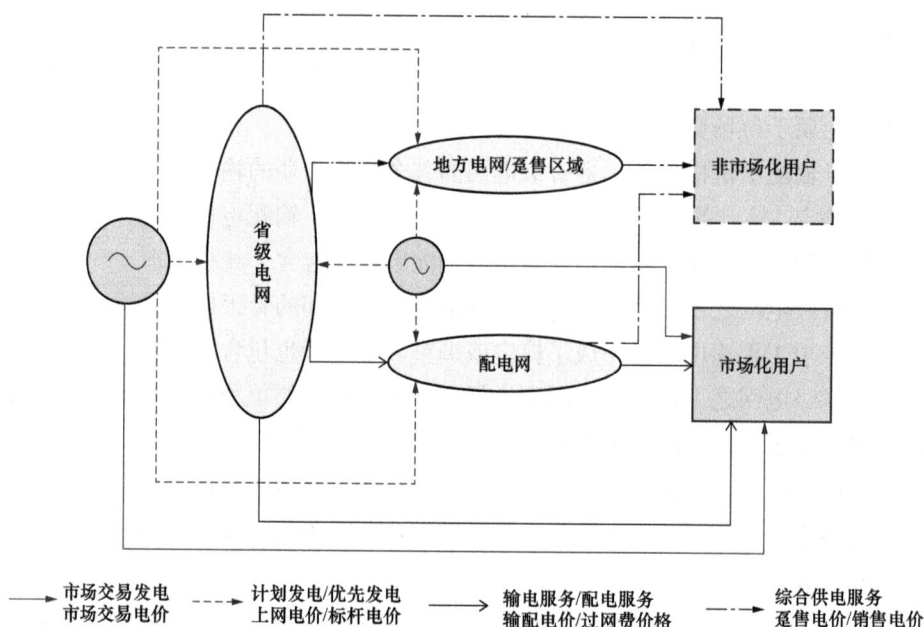

图 2-8 我国现行双轨制电价体系及逻辑关系

在用电端，部分用电（农业用电、居民用电、重要公用事业用电、公益性服务用电等）尚未放开，其用电需要优先保证，其用电价格是销售电价；另有部分用户（部分大工业用电、部分一般工商业用电）已经放开，他们通过市场化交易获得电量，其用电价格由市场交易电价+终端输配电价+政府性基金及附加构成；还有部分用电（目前还是大部分用电量）既不属于优先购电范围，又不能参与电力市场交易，其用电量仍然由电网企业统销，其用电价格也是销售电价。

双轨运行的新旧两套电价体系在大部分情况下是相对独立的，但在某些领域也会相互影响。比如，尽管新电价体系在建立时考虑了与原有电价体系衔接，但按照新电价体系形成的终端电价（燃煤标杆上网电价+输配电价+政府性基金及附加）往往和原有电价体系中的销售电价不相等。这种情况在一些地方影响了电力用户参与电力市场交易的积极性，在另一些地方则导致了已核定的输配电价得不到执行、市场交易在销售电价基础上扣减价差的现象。

2.5 本 章 小 结

在本章中，主要对电力市场建设所涉及的电力经济学知识进行了介绍。从微观经济学基本理论出发，阐述了电力市场经济学中所用到的基本原理，包括供需价格曲线及市场均衡原理；接着介绍了电力市场的内涵、基本概念及电力市场在电力交易中起到的作用；在对电力市场涉及的基本概念进行阐明后，本书进一步介绍了电力市场中的交易行为的分类及整个市场的运营模式；同时，作为电力市场中的主要商品——电能，如何确定其成本及价格以进行交易是十分重要的，因此在本章的最后对参与电力市场的电能成本进行了分析，并总结了目前国内外现行的电价体系。下面的章节将介绍我国的电力市场现状。

第3章　我国电力市场现状

3.1　我国电力市场结构

　　电力市场是属于商品市场的范畴，它是以电力这一能源的特殊物质形态，作为市场客体来定义和界定市场内涵的。电力是用以界定市场范围和性质的限制词。因此我们通俗地说，电力市场就是以电力这种特殊商品作为交换内容的市场。它区别于以其他商品为内容的专门市场。如粮食市场、煤炭市场、技术市场、建筑市场等。因此，任何不同电力这一商品特性相联系的市场定义、说法都是一种难以令人信服的判断，是不可取的。

　　"电力市场"一词的出现：1978 年美国国会公布了"公用事业调控政策法案（PURPA）"解除了对电力投资的管制，改变了由电力公司独家建造和经营电力系统的传统，随即出现了以下三个动向：

　　（1）出现了非电力公司投资的发电厂——独立发电企业（IPP）；

　　（2）电力公司之间进行经济功率交换——不同电力公司之间电力买卖；

　　（3）电力托送——收取过网费。

　　在这种新形势下，美国麻省理工学院教授 F.C.Schweppe 根据出现的这些新动向，在 1979 年发表的论文《2000 年电力》中提出了"电力市场"的概念。当时被人们认为是大胆的设想。

　　目前国内、外尚无统一的说法，有不同的表述，且它的内容依赖于不同形式的电力市场的制度框架、组织结构，并且其形式和内容仍在发展之中。

　　电力市场是电力生产、传输、分配、交换、通信和计算机系统的综合体。选自清华大学电力市场讲义。

　　电力市场是采用法律、经济手段、本着公平竞争、自愿互利的原则，对电力系统中发电、输电、供电、用户各成员组织协调运行的管理和执行系统的总和。选自：于尔铿、韩放等人编著的《电力市场》；曾鸣《电力工业商业化运营与电力市场》；尚金成，黄永皓，夏清等，《电力市场理论研究与应用》。

　　现代意义上的电力市场是相对于传统的垄断性的电力。

对工业而言的，是实现电力工业结构重组而引入商业竞争机制后的一大类新型电力工业资产结构、经营管理和运行模式的总称——赵遵廉主编的《电力市场运营系统》。

电力市场是电力商品交易的场所。电力市场是以货币为媒介的电力商品交易。电力市场是对电力系统中的发电、输电、供电、用户各部分组织协调运行并进行电力交易的综合体。

电力市场的特点：

➢ 开放性+竞争性=所有商品市场的共性

➢ 计划性+协调性=电力市场的特殊性

（1）产、供、销同时完成；

（2）网络经济——市场载体（电网）；

（3）与国民经济密切相关。

➢ 有限竞争的电力商品市场

（1）存在市场特权（有垄断环节存在——电网）。

（2）有市场死区：电力价格是高度易变的商品，具有潜在高风险高利润；政府限价；系统异常状态下电网经营人的特权——改变供需关系，以保证系统安全。

（3）电源建设投资高，对电价反应滞后，建设周期长，需政府引导。

（4）必须购买清洁电源。由电力系统的特点只能依据竞争程度来分类：电力市场分为完全竞争电力市场和不完全竞争电力市场。由于我国经济活动的特殊性，现在的电力市场只能是不完全竞争电力市场中的垄断竞争电力市场；或依据发供电的区别，电力市场分为 3 种基本类型：电力消费市场（供电市场）、电力生产市场（发电市场）和电力中间商市场（电网调度与电力交换结算部门）。

电力消费市场在电力市场中也称作最终电力消费市场。从社会再生产角度出发，供电市场又分为电力作为生产资料的市场和电力作为消费资料的市场。电力消费市场的顾客，是广大的电力消费者，有人多面广、需求复杂的特点。

电力生产市场（发电市场）是指广大发电企业电力电量竞争上网，形成有序竞争的发电市场，在这个市场中，电力需求价格弹性较小，电力生产技术要求高；有资金密集、技术含量高、人员素质较高、专业较强等特点。

电力中间商市场也叫转卖者市场。其购买是为了转卖，在这个市场中，电网调度身兼两职，既是电网安全运行指挥人，又是电力电量交换的经纪人。其特点是发、售电电力电量必须时刻平衡,交易活动复杂,受客观因素影响较大。

3.1.1 电力市场构成要素

3.1.1.1 电力市场主体

所谓电力市场主体是指进入电力市场有独立经济利益和经营财产,享有民事权利和承担民事责任的法人和自然人。包括能够自主经营、自负盈亏的电力工商企业,社会集团和有独立经济能力的广大电力消费者个人或群体,通称叫电力客户。

市场主体是市场运行的社会基础。市场主体是指商品的所有者(卖方)和货币的所有者(买方)。其他的社会中介组织、市场中介服务机构或个人,他们或为卖方代理,或为卖方服务,或者成为买卖双方服务的代理和服务者。他们不是真正意义的市场主体,他们在市场中的行为只能是来自买卖双方的授权或委托。

政府是市场中的一个利益主体,但它不成为市场主体,他不能经营企业,也不能直接从事商品的生产经营,不能享有民事权利和承担民事责任,因此不能成为真正意义的市场主体。

市场主体可细分为商品生产经营者、消费者,市场中介服务者。就电力市场而言,其主体可细分为发电企业,电网企业和供电企业。它们是电力商品的生产者、供应者,为电力市场客户提供各类电力和服务。电力市场主体的买方是广大的电力用户。他们是电力商品的购买者、消费者构成市场的需求方。

电力市场的管理者是市场中从事电力商品交易的具有政府授权功能的特殊当事人,它以国家政府代理者的管理机构形式出现在市场之外,起着组织、协调、监督管理电力市场的特殊作用,它是市场中利益集团之为政府税收起到保证作用。但它不成为市场主体。作为电力市场的主体,它必须具有如下的特征:

第一,市场主体必须具有合法性。电力市场主体必须是依法登记注册的,有一定组织机构和独立的(或独立支配的)财产,享有一定权利和承担法定义务的电力商品的生产者和经营者。

第二,必须具有独立性。电力市场主体必须是依法自主经营、自负盈亏、独立核算的经济组织。各网、省局发电企业,在现行条件下,厂网不分,即不能构成电力市场的主体。

第三,必须具有赢利性。电力市场的经营企业必须讲究赢利,核算投入产出,如果长期亏损不能盈利即失去市场主体的有效资格。

第四,电力市场主体讲究平等。在市场活动中,作为市场主体,不分先后。无大小、高低之分,也无等级的高、下之别。所谓几级电力市场主体的说法是不准确的，也是不科学的。只要是合法的市场主体，只要他们依法行事，他们的地位、权利都会得到法律的保护，一句话，法律面前，各主体都是平等的。

就我国电力市场建设形势而言，虽然我国尚未建立全国统一的电力市场，但各个区域和省级电力交易中心参与电力市场交易的主体类型大致相同。按功能分，中国电力市场的参与主体可以分为市场交易主体、市场运营机构和系统运行机构。市场交易主体是指符合电力市场准入规则的企业，作为参与电力市场竞争及运行的竞价实体，包括发电企业、电网企业、售电企业和电力用户等；市场运营机构是指按照政府批准的章程和规则，构建保障交易公平的机制，为各类市场主体提供公平优质的交易服务，确保信息公开透明，促进交易规则完善和市场公平的机构（例如广州电力交易中心），又称电力交易机构，或电力交易中心；电力系统运行机构是指执行市场交易计划，负责电力系统运行调度及电力系统的实时平衡，保证电力系统安全稳定、优质经济运行的机构（例如国家电力调度控制中心），又称电力系统调度机构。按角色分，他们分别扮演售电、购电、输电和市场运营的角色。

3.1.1.2　电力市场客体

所谓市场客体是指在市场中买、卖双方交易的对象，或者说是市场上各种待售的商品。狭义地讲电力市场中的客体就是电力商品。总体来看，目前我国电力市场交易的主要客体包括电能、输电权、发电权和辅助服务等。

1. 电能交易

目前中国电力市场电力交易总量以电能交易为主。根据中电联的统计，2021 年度全国省内交易电量（仅中长期）30,760.3 亿千瓦时中，包含电力直接交易和绿色电力交易在内的电能交易达到了 28,520.8 亿千瓦时，占比高达 92.72%。中国电力市场的电能交易主要分为电力中长期交易和电力现货交易。电力中长期交易是发电企业、电力用户、售电企业等市场主体，通过双边协商、集中交易等市场化方式，开展的多年、季、月、周、多日等电力批发交易。

而电力现货交易主要进行日前、日内、实时的电能交易，目前仅在南方（以广东起步）、蒙西、浙江、山西、山东、福建、四川、甘肃这 8 个地区试点。试点地区已根据自身的特点同步或分步建立了电力现货交易的日前市场、日内市场、实时市场或实时平衡市场。

2. 输电权交易

早在 2005 年《电力市场运营基本规则》出台时，输电权交易便被列入认可的电力交易类型。但截至目前，中国电力市场仍未浮现该类交易的身影。国家发改委在 2021 年 10 月印发的《跨省跨区专项工程输电价格定价办法》中第一次提出了"对具备条件的跨省跨区专项工程,可探索通过输电权交易形成输电价格"。我们对于输电权交易的成型拭目以待。

3. 发电权交易

发电权交易是指发电企业将基数电量合同、优先发电合同等合同电量,通过电力交易机构搭建的交易平台,以双边协商、集中竞价、挂牌等市场化方式向其他发电企业进行转让的交易行为。

中国发电权交易目前主要集中于因自身原因造成无法完成合同电量,或因清洁能源消纳空间有限而需发电机组间相互替代发电的发电企业之间。根据中电联的统计,2021 年度全国发电权交易量达到了 2,038.8 亿千瓦时,占当年全国市场交易电量的 5.40%。

4. 电力辅助服务交易

电力辅助服务主要是指为维持电力系统安全稳定运行和促进清洁能源消纳,由发电侧并网主体、新型储能、能够响应电力调度指令的可调节负荷等提供的服务。电力辅助服务可以分为有功平衡服务、无功平衡服务和事故应急及恢复服务。

当前,中国电力市场上辅助服务交易的主要参与者包括发电厂、公用电化学储能电站和电网企业等,交易的标的为有偿电力辅助服务,具体的辅助服务品种包括深度调峰交易、启停调峰交易、火电调停备用交易和需求侧资源交易等。多个省份也各自制定了符合自身电力辅助服务市场特点的电力辅助服务交易规则,为此类交易提供了规则保障。

3.1.1.3 电力市场载体

市场载体是市场交易活动的物质基础,是市场主、客体借以进行交易活动的物质条件。电力市场的载体就是覆盖营业区内的电力网络。一般意义上的市场载体,还应包括销售商品的销售网点设施,仓储、运输、通信设施和商品交易所需要的交易场所,它是市场借以存在的先决条件。

3.1.1.4 电力市场价格

电价是电力商品的货币表现。在完善的市场条件下,电价与电费在数量上应该是一致的,但在我国电力市场机制不完善,管理上存在缺陷的情况下,电价与电费却成为两个不同的量。按照人们习惯的认识,电价是由政府政策确认规定的电度价格或者叫目录电价,电费是指终端用户实际负担的电度费用。二者之间相差的就是政府政策以外的各种加价。这些加价,有的经各级有关部门认可的,有些是未经许可某些单位或个人私自加进的费用。其差额之大,电费有的超过规定电价的几倍甚至十几倍。这种现象的存在，给政府和电力行业造成了许多麻烦。尽管国务院三令五申，禁止乱收费，严禁搭车加收各种费用，但至今仍有个别地区未完全杜绝。

价格机制历来是市场机制的核心内容，各种市场机制也总是通过价格机制来起调节作用的。同时，价格又是市场调节机制，传输供求关系变化最敏感最直接的信号，电价是电力生产经营者与广大电力用户利益的调节者，是供求双方十分关心的焦点。因此，电价的改革好坏决定着电力市场化建设的成败。

3.1.1.5 电力市场运行规则

运行规则是市场主体参加市场交易活动的行为规范，是维持市场正常运作的约束条件，也是市场运作的先决条件和保证。通常运行规则由政府制定，由政府监督或授权某组织机构代替监督和管制执行。市场运行规则通常包括市场准入规则，市场交易规则和市场竞争规则三种。

（1）市场进入规则。主要是对市场主体资格的若干规定。例如，市场主体要按照法人资格要求进行审查，合格者可以进入市场。各类电力企业要进入电力市场，必须按国家规定的联网技术标准和经济管理标准，服从电网调度机构的统一调度，接受统一管理。

（2）市场交易规则。电力企业之间及其与用户之间的交易活动，必须按照《合同法》中所规定的有关条款进行。交易双方都要在自愿、等价、互惠基础上签订经济合同，规范双方的责、权、利。

（3）市场竞争规则。指当事双方符合平等竞争的市场条件所应遵循的市场准则。例如，政府制定的对电力企业投入的生产要素和电力产品价格，要统一质量、统一标准要求，明确双方税赋要公平承担等。

3.1.2 电力市场主体范围变迁

3.1.2.1 电力体制改革前我国电力普遍服务的主体

电力体制改革前，我国电力产业是垂直垄断的运营体制，电力发、输、配、售环节未分开，电力产业实行垂直经营，政企不分，国家经营着各电力企业，各电力企业并不具有电价定价权，各环节成本与利润的核算没有独立进行，因此，在电力改革以前，我国电力普遍服务的主体是作为垂直一体化经营的电力产业，而政府则在电力企业普遍服务的过程中制定电价。然而实际上，改革以前电力产业是政企不分的，所以与其说电力产业是普遍服务的提供的主体，不如说政府是电力普遍服务的主体。此时普遍服务的费用是由电力企业采取交叉补贴的方式支付。

尽管电力普遍服务在政企不分的垂直一体化经营的条件下可得到提供。但是，相对于规制者而言，作为垄断经营的电力企业，拥有信息优势，在履行普遍服务的义务时，会产生机会主义行为，虚报成本，索要更多补贴等。此外，自然垄断条件下对普遍服务成本采取交叉补贴的补偿方式，似乎对高成本地区存在补贴，然而长期来看，由于价格独立于成本，交叉补贴对并不能鼓励电力企业向高成本地区投资，也不会对电力企业向高成本地区提供普遍服务产生有效激励。

3.1.2.2 电力体制改革后我国电力普遍服务的主体

电力体制改革之后，电力产业垂直一体经营局面被打破，发、输、配、售分离，并实现了政企分开。其中，发电环节和供电环节引入了竞争机制，输配电环节仍具有自然垄断的性质。可想而知，改革前一体化经营的电力产业作为一个整体承担普遍服务，改革后电力产业实行了分割，但电力普遍服务不可能由电力产业中某一个环节的企业来提供，而是仍然要涉及电力产业的所有环节。因此，改革后电力普遍服务的实施离不开发电、输配电、供电企业。但电力普遍服务是一项公共产品，发电企业和供电企业以利润最大化为经营目标，与普遍服务公共品性质是相冲突的。因此，电力体制改革后，电力普遍服务的实施主体及补偿机制较之改革前更为复杂，电力普遍服务不可能由电力企业单独承担，涉及电力普遍服务的实施主体包括：政府、电力监管部门、发电企业、输配电企业、供电企业。

3.1.3 电力交易市场现状分析

3.1.3.1 电力交易综述

电力交易是指针对电力商品和服务进行的买卖活动，包括电能交易、辅助服务交易、输电权交易等。其中电能交易指不包括辅助服务的有功容量或有功电量交易。电力交易类型有多种划分方法，划分办法包括交易周期的不同，交易目的及标的的不同，交易标的性质的不同等，目前中几种常见的电力交易类型见表3-1。

表3-1   **电力交易常见交易类型及介绍**

序号	交易类型	简　　介
1	发电权交易	发电权交易又称发电权替代交易，是指对关停的小火电机组。保留若干年的发电量指标不变，由大容量机组代发其电量的交易。其背景是国家实施节能减排政策，关停污染大、煤耗高的小火电机组，同时给小厂预留一定空间，保证其稳定过渡的一种政策性措施。发电权交易是按照自愿平等、公正公开的原则，遵循国家相关部门出台的办法。双方直接协商或由电力交易机构组织替代方与被替代方进行交易的一种市场行为

序号	交易类型	简　介
2	外送电交易	外送电交易主要指区域级、电网级电力公司的外送电交易这种交易在某个电网公司电力不足或由于其他原因需要其他电网送电时发生。由于减少网损的原因，这种交易一般在距离较近的相邻电网公司之间展开。近年来，随着我国西电东送、南北互供战略的实施，这种交易变得频繁起来。特别是 2008 年年底，随着山西长治—河南南阳—湖北荆门 1000 千伏特高压交流示范工程的投产，这种交易被推向了新的高度
3	大用户直购电交易	大用户购电工作可采取大用户、发电企业双边竞价和场外协商交易两种方式进行组织。大用户、发电企业双边竞价方式通过电力市场交易运营系统，按年度及月度发布大用户直购电用电量信息以及指导价格空间。大用户分段报送用电量及对应的价格。发电企业分段报送在不同的价格水平下的电量。电力交易中心根据双方报价进行集中撮合，如果三方价格均在指导价格空间内，则成交。由于竞价受到各方面的制约。按照电力市场的稳健原则，目前没有开展竞价交易
4	短期交易	短期交易是指在电力市场交易平台上，结合负荷预测及省内、省外电力需求变化进行短期交易，其规模依照市场规则及电力需求确定。山西省电力公司按照市场规则报送未来数日电量需求。并发布数据申报开始时间、截止时间和交易出清时间；发电企业按照年度合同安排后的情况报送竞价电量和价格；电力交易中心按市场规则将购、售电量按报价统一排序，考虑网络约束等安全因素后，确定未来数日中标电量及价格，并向市场主体公布

电力市场经过多年发展，国务院、发改委多次发文进行改革。经过不断的发展，我国目前形成了以中长期交易和现货交易为主，并辅以开展调频、调峰、备用等辅助服务交易和发电权交易、可再生能源电力绿色证书交易等其他相关交易的电力市场交易系统。

3.1.3.2　电力交易行业产业链

2021 年 10 月 26 日，国家发改委发布《关于组织开展电网企业代理购电工作有关事项的通知》（809 号文），指出，建立电网企业代理购电机制，保障机制平稳运行，是进一步深化燃煤发电上网电价市场化改革提出的明确要求，对有序平稳实现工商业用户全部进入电力市场、促进电力市场加快建设发展具有重要意义。从产业链来看，上游为发电侧，电力交易主体为煤电发电厂，下游售电侧主体为大工业和一般工商业。

3.1.3.3　电力交易行业发展现状

1．用电市场现状

从用电端情况来看，我国用电市场规模持续增长（见图 3-1～图 3-3）。据中电联数据，2022 年 1—2 月我国全社会用电量为 13467 亿千瓦时，同比增长 5.80%。

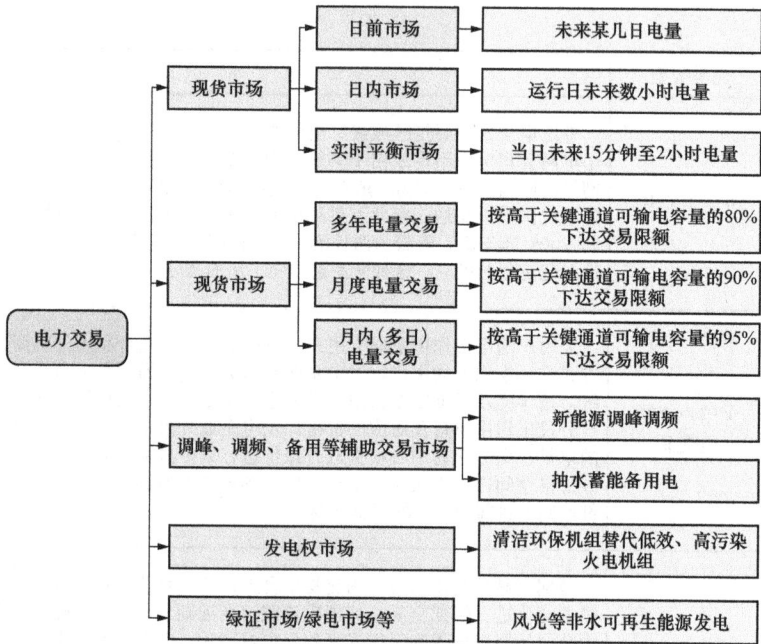

图 3-1　电力市场交易系统结构

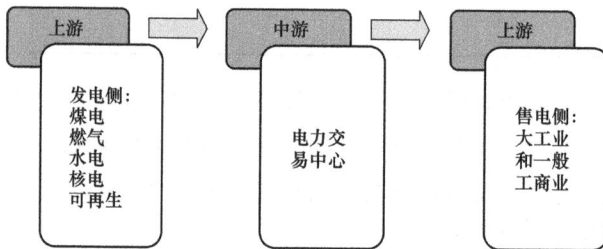

图 3-2　电力交易产业链图示

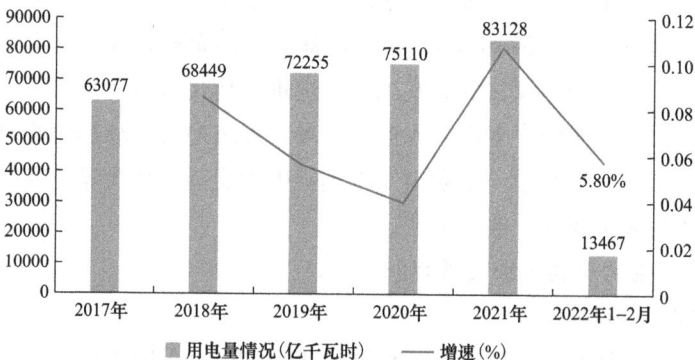

图 3-3　2017—2022 年中国全社会用电量及增速情况

其中，第一产业用电量 163 亿千瓦时，同比增长 12.8%，占全社会用电量的比重为 1.2%；第二产业用电量 8413 亿千瓦时，同比增长 3.4%，占全社会用电量的比重为 62.5%；第三产业用电量 2488 亿千瓦时，同比增长 7.2%，占全社会用电量的比重为 18.5%；城乡居民生活用电量 2403 亿千瓦时，同比增长 13.1%，占全社会用电量的比重为 17.8%（见图 3-4）。

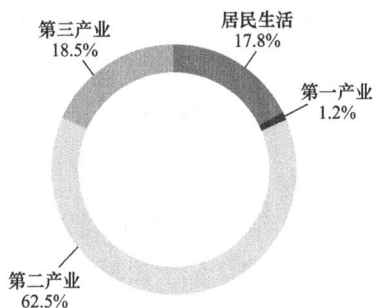

图 3-4 2022 年 1—2 月中国全社会用电市场结构情况

2. 电力交易市场整体现状

从电力交易市场来看，2022 年我国电力交易市场飞速发展。据中电联数据，2021 年我国电力市场交易电量累计为 37787 亿千瓦时，同比增长 19.34%。2022 年 1 月电力市场交易电量累计为 4970.8 亿千瓦时，同比增长 97.80%，实现飞速增长（见图 3-5）。

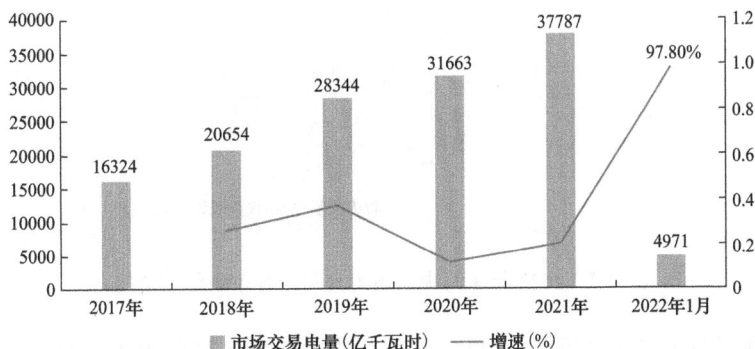

图 3-5 2017—2022 年中国各电力交易中心累计组织完成市场交易电量及增速情况

从电力市场交易电量占社会用电比例来看，交易电量占比持续增长。从 2017 年的 25.88% 增长至 2021 年的 45.46%（见图 3-6）。

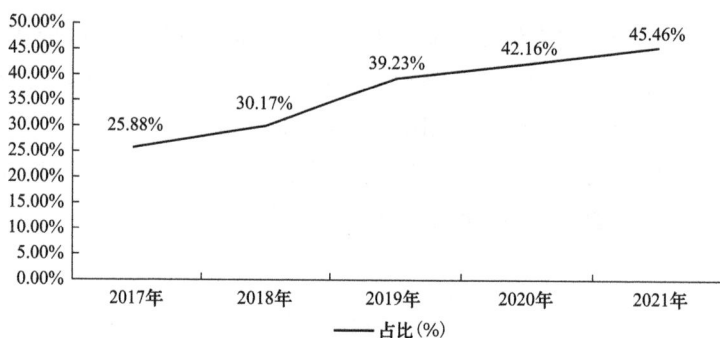

图 3-6　2017—2021 年中国电力市场交易电量占全社会用电量比例情况

3. 电力交易市场结构情况

从细分市场结构来看，2022 年 1 月，省内交易电量（仅中长期）合计为 4152 亿千瓦时，其中电力直接交易 3331.2 亿千瓦时、绿色电力交易 2.6 亿千瓦时、电网代理购电 768.5 亿千瓦时、发电权交易 44.8 亿千瓦时、其他交易 4.8 亿千瓦时。省间交易电量（中长期和现货）合计为 819 亿千瓦时，其中省间电力直接交易 38.2 亿千瓦时、省间外送交易 780.8 亿千瓦时（见图 3-7）。

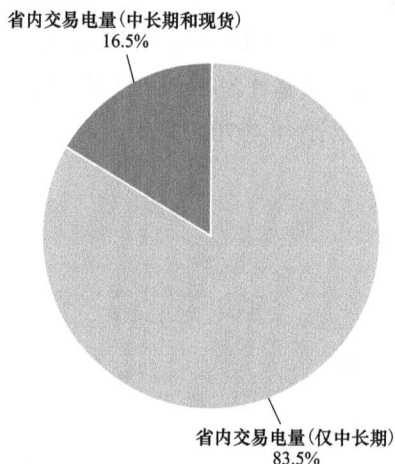

图 3-7　2022 年 1 月中国电力交易细分市场结构情况

从细分区域市场来看，2022 年 1 月，国家电网区域各电力交易中心累计组织完成市场交易电量 4142.8 亿千瓦时，其中北京电力交易中心组织完成省间交易电量合计为 771.3 亿千瓦时；南方电网区域各电力交易中心累计组织完成市场交易电量 647.7 亿千瓦时，其中广州电力交易中心组织完成省间交易电量合计为 43 亿千瓦时；内蒙古电力交易中心累计组织完成市场交易电量 180.4 亿千瓦时（见图 3-8）。

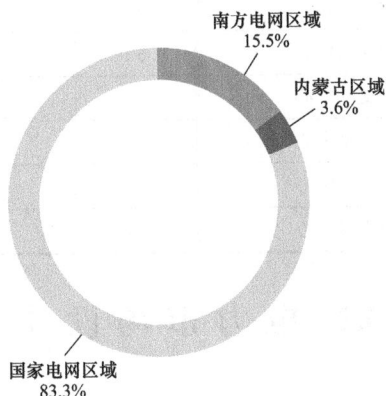

图 3-8　2022 年 1 月中国电力交易细分区域市场结构情况

3.1.3.4　电力交易机构分布情况

目前,中国电力交易机构包括地区电力交易中心和区域电力交易中心两类,我国已建成 32 个地区电力交易中心和 2 个区域电力交易中心(北京电力交易中心和广州电力交易中心),见表 3-2。电力交易中心主要为电网公司与当地主要发电企业、用电单位联合成立,目前电力交易中心均由电网公司控股。

表 3-2　　　　　　　　　中国地区及区域电力交易中心列表

序号	交易中心名称	序号	交易中心名称
1	北京电力交易中心	13	黑龙江电力交易中心
2	广东电力交易中心	14	宁夏电力交易中心
3	首都电力交易中心	15	海南电力交易中心
4	山东电力交易中心	16	山西电力交易中心
5	福建电力交易中心	17	安徽电力交易中心
6	辽宁电力交易中心	18	广州电力交易中心
7	甘肃电力交易中心	19	广西电力交易中心
8	重庆电力交易中心	20	天津电力交易中心
9	昆明电力交易中心	21	上海电力交易中心
10	冀北电力交易中心	22	湖北电力交易中心
11	江苏电力交易中心	23	吉林电力交易中心
12	湖南电力交易中心	24	青海电力交易中心

续表

序号	交易中心名称	序号	交易中心名称
25	西藏电力交易中心	30	蒙东电力交易中心
26	贵州电力交易中心	31	新疆电力交易中心
27	河北电力交易中心	32	江西电力交易中心
28	浙江电力交易中心	33	陕西电力交易中心
29	河南电力交易中心	34	四川电力交易中心

3.2 电力市场设计

作为一个微观经济系统，电力市场的各个组成部分环环相扣，市场设计属于复杂的系统工程。电力市场设计的目标包括：

（1）效率目标：电力市场效率根据时间尺度可分为长期效率和短期效率。长期效率主要表现在电力系统投资、规划的有效性。短期效率主要表现在电力系统运行的有效性。市场机制设计应能引导出整体社会福利最大的投资与运行决策。

（2）公平目标：效率与公平自始至终是我国经济体制改革的两大主题，市场机制设计应实现社会福利在生产者与消费者之间、生产者内部、消费者内部以及不同地理、行政区域间的公平分配。

（3）安全目标：由于电力供应影响面广并涉及国家安全，电力系统发用必须实时平衡，暂态过程极为短暂，保证电力系统安全可靠运行与良好的电能质量始终是第一要求，也是市场设计的刚性约束。

（4）环保目标：构建清洁低碳、安全高效的能源体系是生态文明建设的要求。电力市场机制设计应有助于绿色技术创新，推动绿色金融发展，壮大节能环保产业、清洁生产产业、清洁能源产业。

电力市场设计的中心问题仍然是电力电量平衡，但在实现手段上将从传统的计划经济体制变为符合国情的市场化交易，其内容应包括总体的市场体系设计与具体的交易机制设计。电力市场体系即总体的电力市场架构，图3-9是一个简化的电力市场体系的基本内容，包括市场主体、交易对象、交易类型3个方面。交易机制设计的基本内容包括交易方式、交易周期等。目前我国电力市场常见的交易方式有双边协商、集中竞价和挂牌交易等。对于双边协商交易，电价和交易量是交易双方的私有信息，而对于集中竞价交易，电价和交易量一般是公开的，集中竞价是电力市场价格形成的主要机制。集中竞价的出清规则等"细枝末节"问题直接决定了电价如何形成，是关乎市场全局的重要问题。

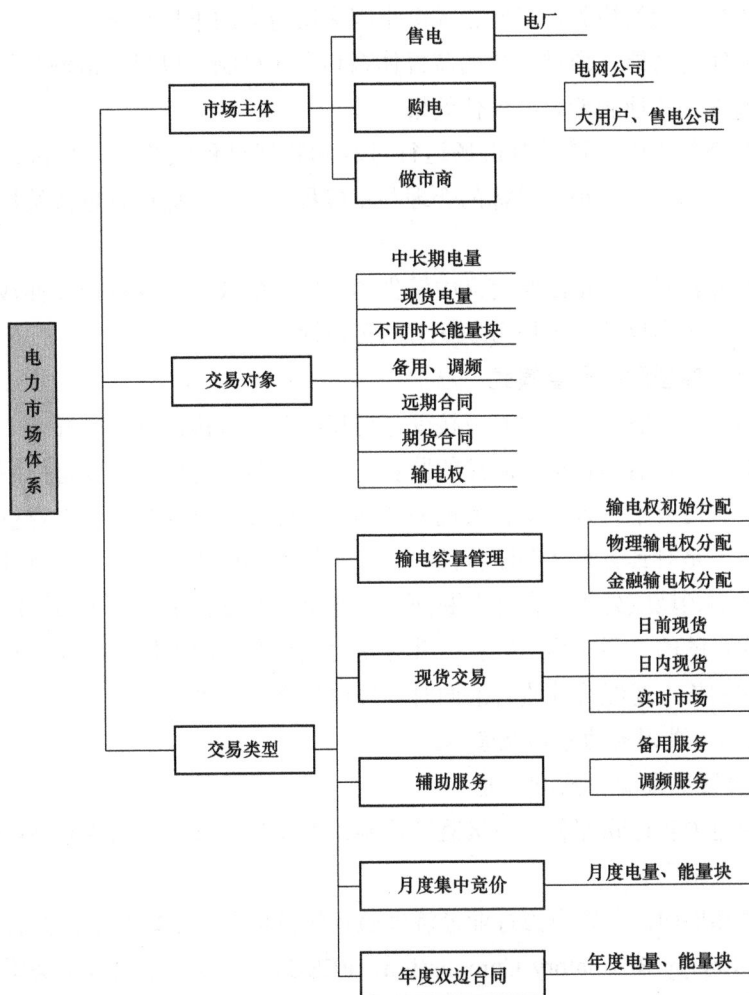

图 3-9 电力市场体系示意图

3.3 电力市场监管现状

市场监督是指在市场上，按照市场管理和运行规则，对从事交易活动的市场主体行为所进行监察和督导的组织或个人。它是市场管理的重要组成部分，是市场运作不可缺少的。市场监督具有如下职能：

（1）预见职能。通过市场监督活动，可以预先发现市场中的问题，并弄清其产生的根源，提前排除相关因素的扰动以及可能发生的潜在的危机。

（2）补救职能。即依据所发现的问题，以及问题形成的直接或间接因素，及时地采取相应的措施，以制止或缩小因失误造成的不良后果。

（3）完善功能。通过社会的监督体系和自律机制，以保证市场其他职能的发挥，并保证各项职能取得最佳效果。

（4）判断职能。通过对市场运行过程和管理过程的监督、分析，判断市场运行的状态及设计模式目标的合理与正确程度，以便提请管理决策机构调整政策。

（5）仲裁职能。依法对交易中发生的矛盾、争议，进行协调和仲裁，以维护当事人的正当权益，维护市场管理的公正性。

3.3.1 典型国家监管模式

电力监管一般是指由政府或接受其授权的监管机构，对电力行业中国有的和非国有的企业活动直接或间接的监督、控制。监管的目的主要有控制自然垄断行为、促进公平有效竞争、实现公共利益目标等。监管的主要内容包括四个方面：其一是对具有自然垄断特性的领域实施激励性监管；其二是对具有部分垄断特性的领域或处于从自然垄断向充分竞争过渡过程中的领域实施以保护有效竞争为目的的"不对称"监管；其三是对充分竞争的市场实施反垄断监管；其四是在实施上述经济性监管的同时，开展社会性监管。

3.3.1.1 美国电力市场监管体系

1. 美国电力监管机构设置

美国电力实行联邦和州两级监管体制，主要监管对象是私营的公用电力公司和独立发电商。

在联邦层面，负责电力行业经济性监管的机构主要是联邦能源监管委员会（Federal Energy Regulatory Commission，FERC），它是一个内设于美国能源部的独立监管机构，除了电力行业以外，它同时还监管天然气、石油等其他能源产业。联邦能源监管委员会（FERC）主要负责跨区输电以及批发电力市场的监管。在联邦机构之下，全国还有五个 FERC 的区域监管分支机构，每一个州政府也设立了分管公用事业的委员会来监管电力和其他能源产业。美国能源部（DOE）则主要负责制定和实施国家综合能源战略和政策。向国会和总统提交能源政策方案和建议，虽然不具备直接监管的职能，但是对监管决策具有重要影响。

在州层面，州公用事业委员会（PUC）负责监管当地配电以及电力终端用户价格制定。1992 年的能源政策法案（EPACT）进一步明确了联邦能源监管委员会和州公用事业委员会之间的关系。根据该法案，FERC 对电力批发市场有完全的管辖权，而州公用事业委员会负责电力零售竞争的监管。

美国电力行业的联邦和州两级监管的关系如图 3-10 所示。

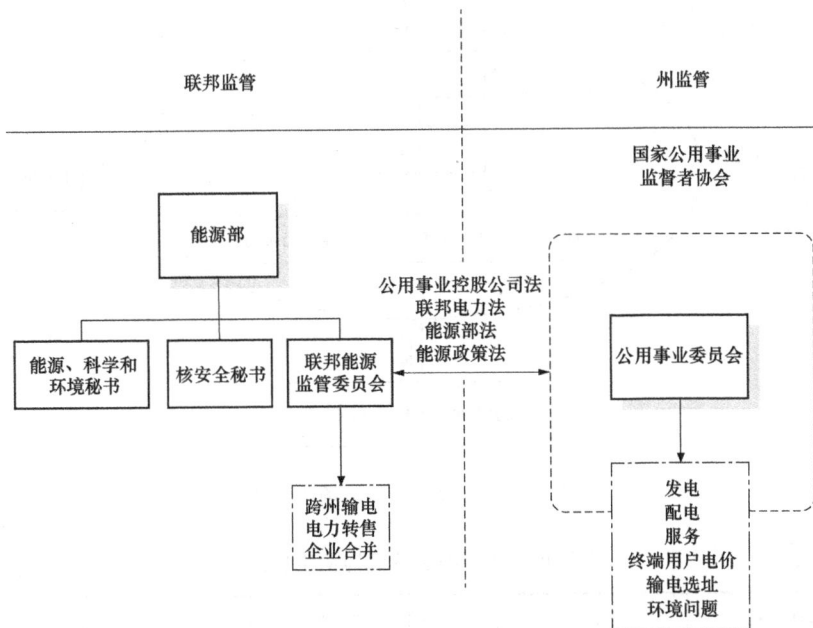

图 3-10　美国电力行业联邦和州两级监管的关系

州一级的各地电力监管机构大体相似。以加州为例，负责电力监管的机构主要是加州公用事业监管委员会（California Public Utilities Commission，CPUC）。加州能源委员会（主要负责发放火电厂建设许可证和电力应急管理）、自然资源委员会（负责火电厂温室气体排放监管）、加州独立系统调度机构 ISO（负责批发市场现场监控）也参与部分电力监管。CPUC 的电力监管职能主要有：监管配电业务及电力零售市场的价格及服务；颁发输电设施建设许可证；监管购售电合同；监管电力普遍服务；监管可再生电力的收购；监管加州能源法案及能源政策的实施；组织实施能源效率和需求侧管理项目。

2. 独立市场监测机构（MMU）

按照 FERC 要求每个区域电力市场设立了专门提供市场监测服务的第三方机构，即独立市场监测机构（Market Monitoring Unit，MMU），见图 3-11。

MMU 可以是内部独立运作的监督部门，也可以是第三方独立监督机构。各电力市场监督情况如表 3-3 所示。目前，除 CAISO 和 SPP 外，美国其余 RTO/ISO 均由第三方独立监督机构实施监督和评估。

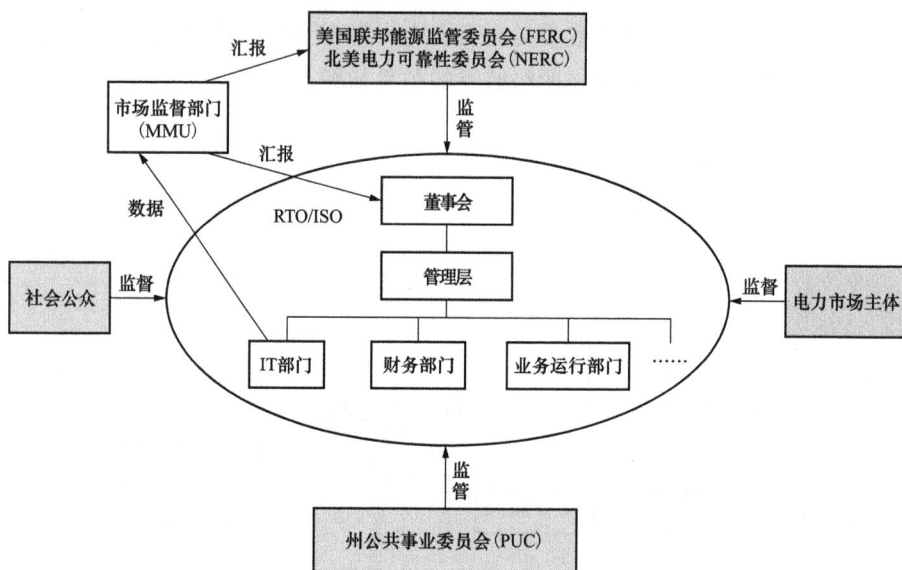

图 3-11　美国批发电力市场监管体系

表 3-3　　　　　　　　　美国电力市场的监管机构及监督部门

RTO/ISO	监督机构	内部/外部监督	监督部门
CAISO		内部监督	内部监督部门
MISO		外部监督	Potomac Economics
ISO-NE	FERC	外部监督	Potomac Economics
NYISO		外部监督	Potomac Economics
PJM		外部监督	Monitoring Analytics
SPP		内部监督	内部监督部门
ERCOT	PUCT	外部监督	Potomac Economics

　　MMU 通常独立于 RTO/ISO 及市场主体运行。为了保证独立性，MMU 可以直接向 FERC 和 RTO/ISO 董事会汇报，从而保证其监督结果不受到 RTO/ISO 管理层的干涉。根据 FERC 有关规定，MMU 有权获取 RTO/ISO 的全部市场运行数据，并且需要履行专用数据保密的义务。

　　MMU 的主要职责包括两方面：一是对批发电力市场进行实时监测和调查，二是定期对电力市场进行评估和汇报。需要注意的是，MMU 并不具有执法权力，无法直接修改市场规则，也不能调整价格或事后修正市场结果。但 MMU 可以基于对市场结果的分析，提出市场规则的修改建议。同时，MMU 也可以向监管机构和执法机构提供违反竞争行为的证据。无论是对市场成员还是社会公众来说，独立而有效的市场监管都能保证市场规则的公平公正执行，从而对市场秩序的良好发展产生积极作用。

（1）市场实时监测和调查。MMU 的监测内容包括市场价格、调度指令、机组报价、故障以及其他由市场成员采取的行动。通过实时排查和分析，MMU 将锁定需要进一步调查的市场现象，对可疑市场运营和交易行为展开调查分析，当市场突发状况导致市场失灵时，MMU 是第一调查机构。

一般来说，异常的市场价格波动将触发 MMU 的调查。调查的核心问题是：市场价格异常是由市场操纵导致的，还是由正当的经济原因产生的。对于市场价格的调查主要关注于市场的供需情况。其中包括：机组和线路的被迫停用、计划检修以及由市场或其他原因所决定的机组容量持留。MMU 通常调查发电机组是否出于竞争策略蓄意持留一些未受到物理约束的容量。调查结果一般向政府监管机构和系统运营商公开。

（2）定期市场评估。MMU 通过定期发布"市场动态报告"（State of the Market）对市场的竞争性表现和运营效率进行客观评价。报告内容包括过去一段时期内的价格走势、能源供应情况、辅助服务成本以及总体市场竞争情况。报告的发布周期一般为月度、季度和年度。其中，月度和季度报告偏重于对市场运行结果的分析。年度报告一般分析日前市场、实时市场、辅助服务市场、容量市场以及其他涉及竞争性采购的市场，主要内容包括对市场表现和运营效率的总体评估、对市场规则的改进意见以及市场力消除措施。

3. 美国电力市场监管内容

美国联邦和各州主要通过制定各种规章、监管市场准入和价格等手段，实现对电力市场的监管。各级监管机构的监管内容均在《联邦电力监管规定》和各州的《公用事业法典》中做了详细的规定，其中涉及电价制定、市场准入、许可证申请、企业兼并重组、接入互联、普遍服务、电网开放、服务质量、市场行为、会计和可靠性标准等内容。

FERC 的电力监管的主要内容包括：跨州输电价格和服务；电力企业兼并、重组、转让和证券发行；电力企业会计准则和电网可靠性标准；电力批发市场监管，价格、服务和输电网的接入；发放非联邦政府拥有的水电项目许可证；监管水电大坝安全；实施联邦电力法等相关能源法案等。各州的公用事业委员会的电力监管的主要内容包括：监管配电业务及电力零售市场价格及服务；颁发输电设施建设许可证，监督输电线路的建设；监管购电和售电合同；普遍服务责任；可再生电力的收购；组织实施能源效率和需求侧管理项目；监督州政府能源法案和能源政策的实施等。虽然监管内容分工明确，但实际操作的时候难免有重叠交叉。

MMU 进行电力批发市场监督的重点内容主要包括市场力滥用和市场操纵行为。

（1）市场力滥用行为。市场力是指当一个供应商（或一组合谋的供应商）在市场中占有较大份额时，可以对市场价格产生影响的能力。市场力滥用指蓄意利用市场力来控制价格或抑制竞争。

事实上，在没有行使的情况下，市场力本身并不一定会损害市场。但拥有并滥用市场力将会对市场产生不利影响。当拥有市场力的发电商的市场行为与其他份额小的发电商相同，即将其所有可用的发电容量以接近边际成本的价格提供给市场时，将不会对市场价格产生异常影响。相反地，此类发电商可以通过容量持留或明显报高价来控制市场价格。

拥有市场力的发电商可以战略性地压低市场价格，从而阻止新的市场成员进入市场；也可以人为推高市场价格，从消费者处谋取不正当暴利。

（2）市场操纵行为。与市场力滥用不同，市场操纵的主体不仅限于市场份额大的发电商，但其对市场的影响却同样严重。通常来说，引起市场操纵的原因是市场规则设计中的漏洞。这些漏洞使小型市场成员可以像那些拥有市场力的市场成员一样操纵市场价格。

市场操纵最经典的一个案例是 2000—2001 年加州电力危机期间安然公司的行为。由于当时的干旱天气，美国西部电网十分脆弱，安然公司和其他几个小型发电商正是利用这一时机进行了市场操纵，导致市场价格飙升、部分电力公司破产或濒临破产，最终导致加州大停电的发生。据统计，此次电力危机对加州电力用户造成的经济损失约为 450 亿美元。

3.3.1.2 英国电力市场监管体系

1. 市场监管机构

英国电力市场监管主要包括天然气与电力市场管理局（GEMA）、天然气与电力监管办公室（OFGEM）和竞争与市场管理局（CMA）等 3 个政府机构。

GEMA 是政府能源主管部门，负责制定能源发展战略，起草电力法案并负责执法。

OFGEM 是独立的监管机构，接受 GEMA 管辖，负责对电力市场进行监管，制定市场规则，向接受市场规则的各类经营主体发放准入牌照，对输电、配电企业进行准许收入和价格监管，对市场交易进行监管，防止串谋等违规行为，OFGEM 是英国电力监管的核心机构。

CMA 属于政府市场仲裁机构，接受电力市场主体关于竞争和垄断问题的投诉。

2. 英国电力产业监管的历史沿革

随着英国电力产业私有化和电力市场化改革的推进，英国电力监管体制也不断完善。自 20 世纪 80 年代末开始电力工业改革以来，英国电力监管体制改革先后经历了以下两个阶段：

（1）由 OFFER 主导时期（1989—1999 年）。这一阶段的电力监管由英国政府依据 1989 年颁布的《电力法》而设立的电力监管办公室（Office of Electricity Regulation，简称 OFFER）主导，将以电力产业市场化为主的改革作为监管的主要内容，OFFER 所做的工作主要有重构了电力市场参与主体，在电力生产和电力销售方面引入了竞争，对电力输送、配送实施体现市场规律的价格管制（PRI-X）。

值得称道的是，英国在这一时期的电力监管已经注意到了电力产业环境污染和利用可再生能源的问题。为缓解矿产资源消耗，英国 1989 年《电力法》规定了可再生能源供电配额制度，以法律形式要求每一个地区电力公司承担"非矿物燃料义务"（Non-Fossil Fuel Obligation），即提供一定比例的非矿物燃料（如风力、太阳能、沼气、生产生活垃圾、潮汐、地热）电力。

（2）由 Ofgem 主导时期（1999 年 7 月至今）。1999 年 7 月 16 日，原先各自独立的燃气管制办公室（Ofgas）和电力管制办公室（OFFER）合并成立新的监管机构——燃气与电力市场监管办公室（Ofgem），统一对燃气与电力产业进行管理。

Ofgem 是一个独立的全国监管机构，而非政府部门，受 EU 法律认可和保护。Ofgem 在英国政府和欧盟制定的法律框架内，既独立于政府、能源工业及其他利益者，又与这些机构密切合作。

Ofgem 的权力是由 1986 年《燃气法》、1989 年《电力法》以及新制定的 2000 年《公共事业法》所赋予的，其职能是保护和提高燃气、电力消费者的利益，对燃气、电力企业发放生产（经营）许可证，对其市场行为实施监管；其任务主要有：促进企业之间公平竞争，保障消费者享有充分信息来选择供给商，在非有效竞争的燃气和电力产业领域实施管制，通过制定价格控制及服务标准保证消费者获得有价值服务。

Ofgem 依据法律站在中立的第三者（电力企业与消费者之外）立场对电力市场进行监管，避免了政府更替产生的不确定性影响，为电力产业的发展提供了一个稳定可预期的环境。从 2001 年 7 月起，Ofgem 着手制定了三年监管战略与规划（Strategy and plan 2002—2005 年），并在 2002 年公布实施，这是 Ofgem 监管走向程序化的重要标志。此外，英国还设置有燃气和电力消费者委员会（Gas and Electricity Consumer Council，简称 GECC，也称 energy watch）维护市场的消费者权益。

3. Ofgem 对电力产业的监管

Ofgem 对电力行业的监管更为全面、深入：一方面注重维护消费者利益，特别加大了对收入或生活有某种困难的消费者的保护力度；另一方面，环境保护得到进一步的重视。Ofgem 的监管主要聚焦以下内容：

（1）保障全社会共享电力资源，加强电力产业的环境保护。2000 年 3 月，Ofgem 颁布了社会行动纲要，明确了帮助使用燃气、电力资源困难的消费者的措施。同时，2001 年 8 月，Ofgem 制定了保护环境行动纲要，在鼓励电力供应商使用高效节能设备，促进接入式发电、可再生能源发电、混合热电等方面取得了显著的成果。

（2）促进电力供应市场的竞争。1999 年，英国电力供应市场完全放开，所有消费者可以自由选择供电商。Ofgem 监管的策略是：在能够充分竞争的电力市场上，Ofgem 所做的只是提供价格比较信息，保证用户自由选择电力供给商的渠道畅通。事实证明，监管促进了电价的大幅下降、服务质量的提高。

（3）促进电力批发市场的竞争。从 2000 年开始，Ofgem 与 DTI（Department of Trade and Industry）共同主持了英格兰和威尔士的电力批发交易改革——NETA（New Electricity Trading Arrangement）计划，该计划的核心是使 90%以上的电力通过电力生产商与销售商以远期双边合同的形式交易，少量电力通过集中清算机制交易。NETA 帮助国家电力公司（NGC）协调电力供给以满足需求，其次 NETA 负责出清盈亏电力。后来的实践证明，NETA 方案取得了巨大的成功，仅一年时间，电力批发价下降了 40%，工商业用户的电费大幅下降，家庭用户的电费也有所降低；电力远期交易市场的流动性增加了 150%；98%以上的电力实现了自由交易——电与其他商品一样可以自由买卖，只有 2%的电力进入平衡系统交易。

（4）对垄断的管制。电网垄断的公司包括 NGC 及两家苏格兰电力配送公司。依据 NETA 方案，对 NGC 的输送业务实行价格控制（PRIX），收费每年以真实价格 1.5%回调直至 2006 年；NGC 作为电网系统的营运商，ofgem 鼓励减少营运费用。

（5）促进其他领域的竞争。Ofgem 采取措施使公共电力供给商的电力供应与配送业务进一步分离，在电表计量商引入充分竞争。在欧盟及英国兼并浪潮下，Ofgem 积极采取措施处理非竞争的市场行为。

（6）Ofgem 对自身的监管。Ofgem 成立以来加强了自身监管的透明性、决策参与的广泛性、决策制定的程序化以及机构运行的精简、效能。

4. 英国的监管模式的特点

英国的监管（管制）模式属于专门的行业管制机构模式。其特点如下：

（1）从管制走向监管。有效监管要求监管机构独立于政府，以减少政府为达到短期政治目的而行使自由裁决所造成的风险，同时使该机构具有相当的稳定性，不因政府的更迭而发生大的变化。这个转变在 OFFER 时期已经实现了。同时，监管机构也应与监管对象、私人投资者和消费者都保持一定的距离，以保证其中立性和公正性。在 1999 年前，OFFER 作为市场、消费者的代表与管制对象进行博弈，现在 Ofgem 更多的是作为市场外的第三者保证市场竞争公正，让消费者享有充分信息后自己选择，对不按市场规则行动的厂商进行处罚。

（2）监管内容更加全面。Ofgem 在保护消费者利益、努力减少信息不对称、加强电力产业的环境保护、改造新的电力批发交易体系方面做了大量工作。信息不对称是政府监管的重要理由。META 的建立，基本消除了以前电力生产者不能反映边际成本的情况。在零售市场上，消费者在 Ofgem 以及 Energy watch 的帮助下，有充分的信息和通畅的渠道选择适合自己的供应商。即使在实行价格控制的领域，ofgem 通过信息和激励计划使价格起到反映成本、刺激投资的作用。

（3）监管方式更加科学。在透明性方面，Ofgem 有明确的管辖范围、决策机制、监管规则和仲裁争议的程序；在公布其决定时给出理由；Ofgem 的行为和受监管者的履行行为会定期向公众报告。在可说明性方面，Ofgem 的重要决策是由 11 人组成的委员会作出的。在可预期方面，Ofgem 本身的行为和工作任务也作出远期规划，并向社会公布。

3.3.2　国内监管现状

2003 年 3 月 20 日，国家电监会成立，为国务院直属事业单位。电监会按垂直管理体系设置，向区域电力市场派驻代表机构。2004 年 8 月国家电监会设立华北、东北、西北、华东、华中、南方 6 个区域电力监管局，并向有关城市派驻监管专员办公室。2005 年 6 大区区域电监局和 11 个城市监管办公室陆续组建完毕，电力监管工作进驻到了一线。2005 年 2 月 15 日，国务院正式颁布《电力监管条例》，标志电监会正式开始依法履行监管职权。随后电监会也颁布了电力市场监管的各项条例，如《电力市场运营基本规则》《输配电成本监管办法》等。2006 年，电监会在监管工作中引入了监管报告制度，随后几年，电监会相继发表了年度监管报告。2007 年 7 月，江苏省率先实现了对燃煤机组燃气脱硫的实时监控，表明监管水平正逐步提高。国家电力监管委员会的建立和有效运转，实现了政府管理电力体制的创新。

3.3.3 新一轮电力体制改革中电力监管的作用

2015 年电改 9 号文的发布，标志着新一轮电力体制改革拉开序幕。随后国家发改委、国家能源局又出台了关于输配电价、电力市场建设、电力交易机构、发用电计划、售电侧改革、燃煤自备电厂等六个方面改革和监督管理的配套实施文件。9 号文改革的核心内容概括起来是"三放开、一独立、三加强"。"三放开"是电价、配售电业务、发用电计划的放开；"一独立"是电力交易机构独立；"三加强"是电力监管、电力规划、电力安全和可靠性的加强。

9 号文和 6 个配套文件对电力监管任务的规定见表 3-4。

表 3-4　　　　电力体制改革相关文件中涉及电力监管任务表

编号	文件名称	电力监管方面的任务
1	《中共中央国务院关于进一步深化电力体制改革的若干意见》	一是监管组织体系的建设；二是监管措施和手段的进步；三是提高电力交易、调度、供电服务和安全方面监管的有效性；四是电网垄断环节，如成本及投资运行效率、公平接入、投资行为的监管；五是落实新能源并网接入；六是节能减排的推进；七是保民生用电、保电网安全可靠运行
2	《关于推进输配电价改革的实施意见》	价格主管部门负责，电力监管方面无明确任务
3	《关于推进电力市场建设的实施意见》	强调发挥市场监管作用。 国家能源局层面：一是市场规划、规则、监管办法的制定；二是区域市场及交易机构的监管。
4	《关于电力交易机构组建和规范运行的实施意见》	派出机构层面：一是对市场主体的行为进行监管；二是对交易机构和调度机构执行市场规则情况进行监管。 上述两个层面的监管分别与地方政府、地方政府电力管理部门根据各自职能共同实施
5	《关于有序放开发用电计划的实施意见》	强调市场作用的发挥。监管派出机构加强对直接交易中指定对象、电量、价格等类似情况的监督检查
6	《关于推进售电侧改革的实施意见》	监管派出机构依据相关法律法规开展监管：一是对市场主体准入、交易行为、市场秩序、电网公平开放、电力普遍服务的监管；二是违法违规行为查处。 与省级有关部门共同开展
7	《关于加强和规范燃煤自备电厂监督管理的指导意见》	监管项目管理和运行改造方面的违规问题，会同地方政府部门处理

从电改配套文件来看，监管在改革中的主要任务是对电力市场主体的行为和交易机构进行监管。当前，电力市场不同程度地存在交易规则执行不到位、交易组织不规范、交易竞争不充分、信息披露不及时等突出问题。而电力市场建设已迈入深水区，这是业界对2019年的普遍判断。原国家能源局法改司相关负责人指出，我国总体上市场经济发展时间并不长，特别是电力领域计划机制时间最长，计划分配电量、政府制定价格、电力统购统销现在依然存在，可以说电力是"计划经济在中国的最后几个堡垒之一"，因此应充分认识当前推进电力市场的复杂性、困难性和艰巨性。有观察者认为，目前国内电力市场监管面临依据不充分、力量不足、技术缺乏、体系尚未建立等问题。例如，罚款在国外是很常见且相对有效的监管手段，但以过去数年中国电力监管的经历看，效果并不明显。采取什么样的监管手段更为合理，除了市场结构等方面需考虑中国特色以外，市场监管体系也需重新思考、设计。

改革开放正是始于地方积极性的发挥，国家治理变革正对地方的改革创新提出新要求。当前各地正在实施电力体制改革，电力监管在其中的作用，很大程度上是通过国家能源局派出监管机构的工作体现的。在此以电力市场化工作走在前面的南方监管局为例，说明能源局派出机构在电力体制改革方面的工作。2018年，南方监管局设计出"1+8"模式南方（以广东起步）电力现货市场规则体系，推进南方（以广东起步）电力现货市场建设试点启动模拟试运行，并编制印发《海南电力中长期交易基本规则》，推动海南开展首次电力交易。启动电力现货市场对建设电力市场、通过市场交易形成价格信号具有重要意义，而电力现货市场与当前的电力直接交易不同，将意味着行政管控力降至最弱，各地方的推进决心经受考验。广东正在探索建设"1+N"监管体系，涉及"运营规则+风险防范、市场监管、宏观调控"等四方面内容，市场监管体系要由政府相关主管部门、监管机构、市场主体、调度与交易机构等共同承担解决的，单独解决无法做好。

3.3.4 我国电力监管的成效

电力监管经过了电监会时期和能源局重组后这两个阶段，进行了一些艰苦探索，但总体成效不明显。

从监管内容上看，虽然涵盖了电力监管大的方面，但监管的深度不够。在信息不对称监管方面，已经开展的工作涉及电力供需、安全、调度交易、供电服务质量、电力工程市场等方面，但监管信息的完备性、实时性达不到较好开展监管的要求，特别是电力调度监管信息的实时性有待提高，监管信息的分析利用水平有待提高。在市场力监管方面，已经开展的工作有：电力市场结构上，国家电力公司发电资产拆分为五家发电企业；厂网关系处理上，建立了相关制度，开展了对电力调度交易机构的监管，减少其利用垄断地位对发电企业实施不公平待遇；电力工程市场方面，开展了监管减少电网公司用其垄断地位谋取不当利益。但由于电力市场没有建立，市场主体没有真正形成，缺乏真正意义上的市场力监管对象；市场力监管系统性不够，对垄断环节的监管仅限于对电力调度交易行为的监管，电网公司的成本、公平开放等方面的监管还没有取得突破性进展。在外部性监管方面，开展了电力安全监管、节能减排监管等。经过多年努力较为完整地承担了电力安全监督管理职责，但由于没有配备相应人员力量、管得过细，给自身造成很大压力。

从监管组织机构上看，缺乏统一和完整的职责，监管的有效性和针对性难以实现，监管成果应用效果不佳。目前电力监管的专业队伍人数与美国等国家相比太少。

从法律基础上看，虽然初步建立了电力监管法律体系，但法律的完备性和上下游法律的匹配性不足。《能源法》未出台，一些电力相关法律法规修订滞后，已经不适应改革后的实际情况，一些监管条例和专项监管规章也远不能满足电力监管新形势的需要。

从监管手段上看，具备了基本的电力监管手段。市场准入方面，建立了电力业务许可制度，对发电企业、电网企业和电力施工企业进入市场作出限制。监管信息渠道方面，基本建立了电力监管信息报送制度，还通过现场监管检查了解掌握监管信息。

行政处罚方面，建立了电力监管的行政处罚制度，实际操作中主要对违反承装（修、试）电力设施许可规定的行为进行处罚。这些监管手段虽然取得了一定效果，但距离有效监管的目标还存在差距：对大型电力国企监管手段有限，无法产生强有力的影响；市场监管手段无法有效施展，由于电力市场机制不完善，电力许可制度只能在电力工程领域发挥一定作用，而在电力生产经营领域作用较小；监管手段单一，没有进行系统的设计，缺乏系统性和完备性。

从监管分析机制上看，还没有建立起电力监管分析机制。虽然实践中审计署、世界银行等机构在开展相关业务时，对涉及的电力监管问题情况有所分析，但对电力监管内容是否合理、监管模式是否恰4、监管是否有效、监管成本是否合理，没有系统的评估。

3.3.5 未来电力监管的基本思路

要理顺政府与市场的关系。电力体制改革要求改变电力行业管理方式，特别是要突破行政审批制，加强政府管理，包括公共服务、政策引导、监管约束、资源管理和国资管理等职能。电力市场化还要求培育合格的市场主体。国有企业主导电力生产的现实在短期内不会发生根本性的改变，但要使其成为合格的市场竞争主体，必须厘清电力国企的政府职能和企业职能，去除掉其承担的政府职能，将其所有职能集中在生产经营方面。提倡"竞争中性"原则，在竞争性领域面临市场竞争，电力国有企业要与电力民营企业一起公平参与竞争；非竞争性领域的各种电力政策支持以及电力监管措施，在实施时要对民营企业和国有企业平等对待。加快完善电力市场准入制度，培育公平竞争的电力市场环境，对各种所有制企业公平开放市场准入，逐步形成有效竞争、秩序规范的电力市场格局。

要加强能源公共服务。电力将会成为能源的未来，由于能源涉及社会的方方面面，能源政策的具体实施也不可避免涉及多个领域的管理部门。防止能源管理职能分割、重叠问题的关键不在于将所有职能归入一个部门，而是需要有一个部门统一制定能源政策并协调实施，以保障能源政策的统一性，加强对能源企业的政策引导，开放和吸引社会资本进入，以资本和市场的活跃促进能源公共服务水平的提高，而避免政出多门、相互矛盾。

要构建现代监管体系。从区分经济性监管和社会性监管的角度出发梳理监管职能，监管机构聚焦经济性监管，而将目前承担的社会性监管职能转移至环保、安监等部门负责。同时，在实践中监管机构在促进新能源与可再生能源发展、需求管理、技术进步、资源节约和普遍服务、服务国家战略大局等方面发挥着越来越重要的作用，监管也要助力特定能源政策目标的实现。

要解决突出矛盾和问题。如何处理监管机构与传统的价格和投资主管部门之间的关系，是电力监管困局的重点所在。在体制转型阶段，由于与市场经济体制相适应的管理体制尚未健全，国家综合经济部门依靠行政手段对大型国有电力企业进行管理和协调的作用仍然存在一定的积极意义。但是，应尽量避免电力管理手段的错位，即用行政和计划的办法管理市场经济，比如对竞争性领域的价格、项目审批等；或者反之，如对垄断性企业的成本监管不到位等。电力监管机构应当积极推进电力体制改革，同时，逐步加强市场准入、市场秩序和垄断性企业成本的统一监管，把那些需要转变管理方式的职能逐步转到电力监管机构，实现管理转型。

为加快深化南方区域电力市场建设，加强和规范电力市场监管，国家能源局南方监管局会同云南、贵州能源监管办联合印发《2022年南方区域电力市场监管工作要点》（以下简称《要点》）。

《要点》明确，将研究编制南方区域电力市场实施方案，督促区域电力交易机构组织开展月内（周、多日）交易，实现周交易常态化开展，探索分段交易和多输电路径同台交易；推动进一步放开发用电主体，支持省间"点对点"直接交易。开展新型储能参与区域调频市场试点，积极推动省间备用市场按期结算试运行等重点工作。

《要点》强调，将着力加强信息披露行为监管，促进信息公开透明。加强电力市场交易及电价政策执行情况监管，及时纠正设置不合理准入门槛、不当干预市场、限制市场竞争等行为。加强机组非计划停运监管，提高能源保供等特殊时期考核倍数，优化考核资金返还机制等，不断完善市场监管制度体系。

下一步，南方能源监管局将会同有关各方落实协同监管工作机制，督促指导南方区域有关单位落实《要点》各项工作，共建共治南方区域各层次电力市场协同运行、融合发展的高标准电力市场体系，促进南方区域电力市场建设水平和市场监管能力走在前列。

3.4　我国电力市场相关政策

3.4.1　国家层面

2002 年，国务院印发《电力体制改革方案》，我国开始对电力工业进行市场化改革。经过十余年的逐步推进，市场化改革取得了较大进展，电力市场主体日趋多元，但仍存在一定突出问题：

（1）交易机制缺失、市场化定价机制尚未完全形成，造成了市场资源配置的决定性作用难以发挥，节能高效环保机组不能充分利用，弃水、弃风、弃光现象时有发生。

（2）电价管理仍以政府定价为主，电价调整往往滞后于成本变化，难以及时并合理反映用电成本、市场供求状况、资源稀缺程度和环境保护支出。2015年，中共中央、国务院下发《关于进步深化电力体制改革的若干意见》及相关配套文件，标志着我国电力市场以"逐步建立以中长期交易规避风险，以现货市场发现价格，交易品种齐全、功能完善的电力市场，在全国范围内逐步形成竞争充分、开放有序、健康发展的市场体系"为目标向成熟市场化迈进。

1.《电力中长期交易基本规则（暂行）》

2016 年 12 月 29 日，国家发改委、国家能源局印发《电力中长期交易基本规则（暂行）》（以下简称"基本规则"）通知，计划即日起在全国范围内开展电力中长期市场交易。在我国现货市场条件还未成熟前，采用"计划性交易+市场化交易"相结合的形式来探索我国的电力市场建设过程中存在的问题，其中优先发电对应计划性市场，市场化交易对应多种交易类型的交易（电力直接交易、跨省跨区交易、合同电量转让交易以及辅助服务交易等）。

《基本规则》明确了电网、交易机构、政府及各类市场主体的责权利。对电网明确了保底供电的责任和义务，对调度明确了信息发布的义务和具体需要发布的数据（关键支路、路径、分布系数等），对政府明确了发挥作用的方式和限制（尽量减少对市场的干涉）。

另外，《基本规则》较为详细地规定了安全校核的方法和流程。明确了交易机构和调度各自的职责。对中长期交易明确了对签订了市场化交易合同的机组，分配技术电量时不进行容量剔除，相当于明确了"先计划、后市场"的方式，避免计划对市场不当的影响。

在交易方式上，《基本规则》给予市场主体最大的灵活性，可以自由选择交易方式，并增加了月内交易的品种。在偏差处理机制上也给出了上下调机制的比较详细的解决方案。

2. 《关于开展电力现货市场建设试点工作的通知》

2017 年 8 月 28 日，国家发改委、国家能源局印发《关于开展电力现货市场建设试点工作的通知》，选择南方（以广东起步）、蒙西、浙江、山西、山东、福建、四川、甘肃等 8 个地区作为第一批电力现货市场建设试点。目前，全国 8 个电力现货市场建设试点已全部启动包括单日、多日、周、双周、整月甚至多月的结算试运行工作。《通知》指出电力现货市场建设试点原则上应按现有电力调度控制区（考虑跨省跨区送受电）组织开展，具备条件的地区可积极探索合并调度控制区。电力现货市场建设试点应按照成熟一个，启动一个的原则平稳有序开展。

3. 《电力市场运营系统现货交易和现货结算功能指南（试行）》

2018 年 12 月 4 日，国家发改委、国家能源印发《电力市场运营系统现货交易和现货结算功能指南（试行）》，明确电力市场运营系统现货交易及现货结算的基本功能和业务要求。

《功能指南》包括《电力市场运营系统现货交易功能指南（适用于分散式电力市场）》（试行）、《电力市场运营系统现货交易功能指南（适用于集中式电力市场）》（试行）、《电力市场运营系统现货结算功能指南》（试行）。其中明确了电力市场运营系统现货交易及现货结算的基本功能和业务要求，包括市场成员管理、数据管理、市场申报、信息发布、双边合同分解（分散式电力市场）、长周期可靠性机组组合（集中式电力市场）、日前市场、日内市场、平衡市场（分散式电力市场）、实时市场（集中式电力市场）、辅助服务市场、安全校核、市场评估分析、市场风险管控、市场监管、市场成员服务和系统管理等功能，以及分散式电力市场和集中式电力市场两种市场模式的结算业务。

4.《关于深化电力现货市场建设试点工作的意见》

2019 年 8 月 7 日国家发改委、国家能源印发《关于深化电力现货市场建设试点工作的意见》（简称《意见》），要求进一步深化电力市场化改革，遵循市场规律和电力系统运行规律，建立中长期交易为主、现货交易为补充的电力市场，完善市场化电力电量平衡机制和价格形成机制，促进形成清洁低碳、安全高效的能源体系。

《意见》包括六部分主要内容。一是合理设计电力现货市场建设方案，主要明确电力市场模式选择、现货市场组成、现货市场主体范围，并提出要有利于区域电力市场建设。二是统筹协调电力现货市场衔接机制，包括省间交易与省（区、市）现货市场、电力中长期交易与现货市场、电力辅助服务市场与现货市场等多重关系。三是建立健全电力现货市场运营机制，包括用电侧和清洁能源消纳参与现货市场的机制、现货市场价格形成机制、现货市场限价设置等内容。四是强化提升电力现货市场运营能力，在完善运营工作制度、提高组织保障水平、加强电力系统运行管理和健全市场信息披露机制方面提出基本要求。五是规范建设电力现货市场运营平台，对技术支持系统功能建设和运行管理提出要求。六是建立完善电力现货市场配套机制，包括建立与现货市场衔接的用电侧电价调整机制、完善与现货市场配套的输配电价机制、提高电力系统长期供应保障能力、加强电力市场监管和开展现货市场运营绩效评估等内容。

具体而言，《意见》提出应因地制宜、科学合理选择电力市场模式，确保市场模式有良好的开放性、兼容性和可扩展性。原则上，电网阻塞断面多的地区，宜选择集中式电力市场模式起步；电网阻塞断面少且发电侧市场集中度高的地区，宜选择分散式电力市场模式起步。

同时，应统筹协调电力中长期交易与现货市场。中长期交易可以实物合同、差价合同等一种或多种形式签订。中长期双边交易形成的电量合同，可由交易双方自行分解为分时曲线。中长期交易实物合同，其分解曲线应在满足电网安全约束的前提下予以执行。对于优先发电、优先购电，根据市场建设进展纳入中长期交易。推动形成中长期交易价格与现货市场价格科学合理的互动机制，

5.《关于加快推进电力现货市场建设工作的通知》

2022 年 2 月 21 日国家发展改革委办公厅、国家能源局综合司印发《关于加快推进电力现货市场建设工作的通知》，提出进一步深化电力体制改革、加快建设全国统一电力市场体系，以市场化方式促进电力资源优化配置。

支持具备条件的现货试点不间断运行,尽快形成长期稳定运行的现货市场。第一批试点地区原则上 2022 年现货市场长周期连续试运行,第二批试点地区原则上在 2022 年 6 月底前启动现货市场试运行。2022 年 6 月底前,省间现货交易启动试运行,南方区域电力市场启动试运行,研究编制京津冀电力现货市场、长三角区域电力市场建设方案。

加快推动用户侧全面参与现货市场交易。推动代理工商业用户、居民和农业用户的偏差电量分开核算,并按照现货价格结算。电网企业为保障居民、农业用电价格稳定产生的新增损益,按月由全体工商业用户分摊或分享。

加快推动各类型具备条件的电源参与现货市场。引导储能、分布式能源、新能源汽车、虚拟电厂、能源综合体等新型市场主体,以及增量配电网、微电网内的市场主体参与现货市场,充分激发和释放用户侧灵活调节能力。

统筹电力中长期交易与现货交易。推动中长期交易按照"顺价模式"形成价格。2022 年二季度应具备中长期市场按周连续开市的条件。有序推动新能源参与市场交易。建立与新能源特性相适应的交易机制,满足新能源对合同电量、曲线的灵活调节需求,在保障新能源合理收益的前提下,鼓励新能源以差价合约形式参与现货市场。

截至目前,我国电力市场交易主要包括电力中长期交易和电力现货交易,并已适度开展调频、调峰、备用等辅助服务交易以及发电权交易、可再生能源电力绿色证书交易等其他相关交易。

3.4.2 区域层面

1.《跨区域省间富裕可再生能源电力现货试点规则(试行)》

2017 年 8 月 15 日发布了《跨区域省间富裕可再生能源电力现货试点规则(试行)》的公告。为了缓解弃风、弃水、弃光的问题,国家电力调度控制中心和北京交易中心联合开展国网区域内跨区域省间富裕可再生能源电力现货交易。

跨区域现货交易定位为送端电网弃水、弃风、弃光电能的日前和日内现货交易。当送端电网调节资源已经全部用尽,各类可再生能源外送交易全部落实的情况下,如果水电、风电、光伏仍有富余发电能力,预计产生的弃水、弃风、弃光电量可以参与跨区域现货交易。

同时,《公告》对于售电公司的权利义务进行了规定:

(1)参与跨区域现货交易,签订和履行电力交易合同。市场初期可直接参与跨区域现货交易,也可委托受电地区电网公司按照合同明确的报价原则、策略参与跨区域现货交易,参与形式由市场主体自主决定。

（2）获得公平的输配电服务，拥有配电网的售电公司应向其他市场主体提供公平的输配电服务。

（3）按规定披露和提供信息，获得市场交易和输配电服务等相关信息。

2.《南方区域电力市场监管实施办法（试行）》

为加强电力市场监管，规范电力市场行为，维护电力市场秩序，国家能源局南方监管局会同云南、贵州能源监管办公室于 2021 年 11 月 15 日印发《南方区域电力市场监管实施办法（试行）》的通知，对电力交易机构市场注册管理情况实施监管、对市场运营机构按照市场交易规则组织市场交易情况实施监管、对市场运营机构开展电力市场运营监管情况实施监管、对市场运营机构开展电力市场风险防控情况实施监管、对市场运营机构市场干预行为的合规性实施监管、对市场运营机构中提供运营服务情况实施监管、对市场运营机构执行市场信息披露情况实施监管。

3.《电力中长期交易规则补充规定》

2021 年 12 月 28 日东北能源监管局会同辽宁、吉林、黑龙江省和内蒙古东部地区电力主管部门发布《电力中长期交易规则补充规定》，标志着东北区域电力中长期交易规则修订实现了区域全覆盖。将推动深化电力体制改革政策在东北区域落地见效，促进电力市场平稳有序运行。

《规定》中明确除居民、农业、公益性事业外的其他类电力用户原则上全部放开进入电力市场，不再确定准入名单目录；明确电力市场中未直接参与市场交易的用户，由电网企业代理购电，已直接参与市场交易，改由电网企业代理购电的用户，按电网企业代理购电价格的 1.5 倍结算；规定高耗能用户原则上都要直接参与市场交易，已直接参与市场交易的高耗能用户，不得退出市场交易，由电网企业代理购电的高耗能用户、拥有燃煤自备电厂用户，按电网企业代理购电价格的 1.5 倍结算。同时，结合东北区域电力中长期市场实际，提出了有关要求。

一是明确偏差考核标准。规定了发电企业、批发用户（售电公司）合同电量免偏差考核范围，对低于免偏差考核范围的少发、用电量，及超过免偏差考核范围的多发、用电量的考核标准进行了确定；规定若因电网企业原因导致发电企业、电力用户执行偏差考核，由电网企业承担偏差费用。

二是限制电力市场操纵。为杜绝售电公司滥用市场操纵力、不良交易行为等违反电力市场秩序，规定同一投资主体（含关联企业）所属或实际控制的售电公司，年度交易电量不应超过本省区年度市场化用户交易总量的固定百分比限额。

三是衔接峰谷分时电价。为缓解高峰电力短缺、低谷电力浪费情况，改善电力用户的用电方式，提高用电效率，实现削峰填谷，规定执行峰谷分时电价的电力用户，在参加市场化交易后仍执行峰谷分时电价机制，合同中峰谷电价价差原则上不低于现行对应时段峰谷电价价差，若低于现行峰谷分时电价价差的，按现行峰谷分时电价价差执行。

3.4.3 地方层面

1. 北京：电力市场化交易总电量规模拟安排 780 亿千瓦时

近日，北京市城市管理委员会发布关于对《北京市 2022 年电力市场化交易工作安排》公开征求意见的公告。公告明确，2022 年，北京市电力市场化交易总电量规模拟安排 780 亿千瓦时。

市场参与方式。自 2022 年 1 月 1 日起，本市放开准入条件，执行大工业电价（工业电价）、一般工商业电价的电力用户可选择市场直接购电。申请参与市场化交易的电力用户无须办理准入，我委不再公布准入用户名单。用户直接向首都电力交易中心申请办理注册，鼓励全部工商业用户直接从电力市场购电。

交易组织安排。北京市电力市场化交易工作由北京电力交易中心、首都电力交易中心共同组织开展。

2022 年北京按照年度、季度双边协商、月度集中竞价开展分时段电力中长期交易。年度、季度交易按月申报，月度交易包括月度直接交易及用电侧合同电量转让交易等。具体内容按照电力交易中心发布的交易公告执行。

直接交易价格。电能量交易价格为通过电力市场直接交易形成的价格，即发电侧价格。

北京市场用户的用电价格由电能量交易价格、输配电价格、辅助服务费用、政府性基金及附加等构成。国网北京市电力公司为保障北京居民、农业用电价格稳定产生的新增损益（含偏差电费），按月由全体工商业用户分摊或分享。

发电企业直接报总量参与交易，交易价格执行单一报价，峰段、平段、谷段各时段电价一致。电力直接交易批发侧用户采用分时段报量、单一报价的模式，按照峰段、平段、谷段分别报量，以总量参与交易。

结算方式。2022 年北京地区电力市场化交易结算方式按照华北能源监管局《关于印发〈京津唐电网电力中长期交易结算规则（试行）〉的通知》（华北监能市场〔2020〕250 号）文件执行。如遇政策调整，按照新政策执行。

此外，2022 年，北京市承担消纳责任的市场主体年度最低消纳责任权重预期性指标为 19.44%（非水 18.75%），具体消纳责任权重以国家能源局正式发布的约束性指标为准。鼓励承担消纳责任的市场主体优先通过绿色电力交易完成责任权重。

2. 天津：电力市场化电力用户直接交易总规模暂定为 300 亿千瓦时左右

日前，天津市工业和信息化局发布关于做好天津市 2022 年电力市场化交易工作的通知，通知中称，2022 年，天津地区电力市场化电力用户直接交易总规模暂定为 300 亿千瓦时左右，区外机组交易电量上限为当期交易电量总规模的 30%，年度区外机组交易电量总规模上限为 90 亿千瓦时。

燃气机组电量入市交易暂按同台竞价考虑。天津大唐国际盘山发电有限责任公司、天津国华盘山发电有限责任公司、天津国投津能发电有限公司等三家 500 千伏发电企业纳入区内电量份额。电网企业代理购电交易与直接参与市场化交易执行相同的交易规则和区内外电量比例。电网企业代理购电产生的偏差暂不予考核。

2022 年，天津批发市场交易按照年度、月度、月内交易周期开展。年度交易规模不低于全年交易总规模的 80%，年度交易须按月分解计划申报，交易模式为双边协商交易、集中竞价交易模式。月度、月内交易以增量直接交易、合同电量转让交易为主，交易模式为集中竞价交易、挂牌交易模式。适时开展月内旬或周交易。

未与售电公司绑定的零售用户，其全部用电量暂按直接交易用户超用电量结算方式开展结算，待保底电价相关政策出台后按保底电价进行结算。

3. 新疆：市场交易规模约为 1040 亿千瓦时

日前，新疆发改委发布新疆维吾尔自治区 2022 年电力直接交易实施方案（征求意见稿），方案指出，预计 2022 年全年市场交易规模约为 1040 亿千瓦时。10 千伏及以上工商业用户（含不具备法人资格的工商业用户）原则上直接参与市场交易（直接向发电企业或售电公司购电），未直接从电力市场购电的工商业用户由代购企业代理购电（含已在电力交易平台注册但未曾参与电力市场交易的用户）。

年用电量在 500 万千瓦时及以上（南疆地区为 300 万千瓦时及以上）且接入电压等级在 10 千伏以上的工商业电力用户为大用户，其他用户为中小用户。大用户可直接向发电企业购电，中小用户原则上仅能向售电公司或者代购企业购电。大用户在新疆电力交易平台注册前应前往地（州、市）电力交易行政主管部门履行申报手续。

不符合国家产业政策的电力用户不直接参与市场交易，产品和工艺属于淘汰类和限制类的电力用户严格执行现有差别电价政策。

已直接参与市场交易在无正当理由情况下改由代理购电的用户，拥有燃煤发电自备电厂、由代购企业代理购电的用户，用电价格由代购企业代理购电价格的 1.5 倍、输配电价、政府性基金及附加组成。已直接或由售电公司代理参与交易的高耗能企业，不得退出市场交易。

拥有燃煤自备电厂的用户应当按照国家规定承担政府性基金及附加、政策性交叉补贴，未按规定承担相关费用的燃煤自备电厂企业不得自行或由售电公司代理参与交易，由代购企业代理购电。

4. 宁夏：发电侧除优先发电计划以外电量全部进入市场

日前，宁夏回族自治区发展改革委发布《关于组织开展 2022 年电力直接交易工作的通知》（简称《通知》）意见建议的函。

交易电量。发电侧除优先发电计划以外电量全部进入市场。自治区重点扶持产业用户基数外电量进入市场；其他用户全部电量通过市场获得。

《通知》要求，每月 20 日组织开展次月月度电力直接交易。

用户与新能源企业交易，采用集中竞价交易方式，以统一边际价格出清。用户与新能源月度交易规模不超过其近六个月最大月度用电量（自治区重点扶持产业用户先扣除基数电量）的 25%。新能源与用户申报价格原则上均不超过基准电价。

用户与煤电企业交易。采用集中竞价交易方式，以价差对撮合方式出清。按照高耗能用户、非高耗能用户的次序，分别与煤电企业开展两轮集中竞价交易。第一轮由区内统调公用燃煤电厂（不含银东配套电源）参与，第二轮由区内统调燃煤电厂参与。

《通知》明确用户准入条件：

10 千伏及以上用户原则上直接参与市场交易，鼓励 10 千伏以下工商业用户参与市场交易，入市后用户可选择自主或由售电公司代理参与交易，暂无法直接参与市场交易的用户可由电网企业代理购电。

已直接参与市场交易又退出的用户，默认由电网企业代理购电。已直接参与市场交易的高耗能用户不得退出市场。

由电网企业代理购电的用户，可在每季度最后 15 日前选择下一季度起直接参与市场交易，用户应在交易平台进行注册，注册生效后方可参与交易。

5. 甘肃：支持电力用户（售电公司）和发电企业以灵活可浮动的形式确定具体价格

甘肃省发展和改革委员会、甘肃省工业和信息化厅等部门联合发布《甘肃省 2022 年省内电力中长期交易实施细则》，细则指出已经选择市场化交易的发电企业和电力用户，原则上不得自行退出市场。对符合正常退出条件的，依规办理退出市场手续；对存在扰乱市场秩序、弄虚作假等违法违规行为的市场主体，经查实后强制退市；对无正当理由退市（含强制退市）的市场主体，依规实施惩罚性措施。

所有参加市场化交易的电力用户均执行输配电价顺价模式。电力用户的用电价格由电能量交易价格（直接交易价格）、输配电价格、政府性基金及附加、辅助服务费用等构成，输配电价格、政府性基金及附加按照国家有关规定执行。售电公司代理开展交易的电力用户，其电费还应包含该用户与所委托售电公司确定的代理服务费用。

所有市场主体均应分时段进行报量、报价，体现不同时段电力商品属性。各时段申报电价的价差比例不得低于现行目录分时电价的价差比例，即高峰时段申报价格不低于平段申报价格的 150%、低谷时段申报价格不高于平段申报价格的 50%。在未形成有效峰谷价格时，可出台分时段指导价格或上下限价格。

支持电力用户（售电公司）和发电企业以灵活可浮动的形式确定具体价格，价格浮动方式由双方事先约定。鼓励市场主体参考行业上下游相关产品指数，协商建立"交易电价+上下浮动"动态调整机制，在相关产品价格变动达到一定幅度，可对交易电价进行相应浮动调整。相关机制可在电子合同中进行明确，也可通过补充协议等方式约定，报交易中心备案后生效。

6. 陕西：鼓励购售双方在中长期合同签订中明确交易电价随燃料成本变化合理浮动条款

12 月 6 日，陕西省发改委发布《陕西省 2022 年电力直接交易实施方案》。方案指出，深化燃煤发电上网电价改革。燃煤发电电量原则上全部进入电力市场，通过市场交易在"基准价+上下浮动"范围内形成上网电价，上下浮动范围原则上均不超过 20%，高耗能企业市场交易电价不受上浮 20%限制。鼓励购售双方在中长期合同签订中明确交易电价随燃料成本变化合理浮动条款，实行交易电价与煤炭价格挂钩联动，促进购售双方长期稳定利益共享。

实施原则为推进中长期市场连续运营、深化燃煤发电上网电价改革、稳妥推进分时段交易签约以及提高用户侧合同转移灵活性。

市场化交易采用"月结月清、偏差结算"机制，交易中心依据合同分月电量和月度实际用电量进行月度结算，并对合同偏差电量按月进行清算。鼓励市场主体积极签订中长期合同，年度及以上中长期合同签约电量不低于前三年用电量平均值的 80%，并通过后续月度、月内合同签订保障中长期合同签约电量不低于前三年用电量平均值的 90%。输配电价格依据国家发展改革委核定的标准执行。政府性基金及附加按照国家有关规定执行。

7. 山西：持续增加电力交易规模至 1500 亿千瓦时，扩大电力市场主体范围

日前山西省能源局发布《2022 年电力市场交易组织方案》。方案明确持续增加电力交易规模：1500 亿千瓦时，较 2021 年增加约 8%。继续扩大电力市场主体范围，包括发电企业、电力用户、售电公司等。

中长期交易分为普通用户用电交易和战略性新兴产业用电交易。

普通用户用电交易中，年度、季度（多月）、月度、旬集中交易价格上下浮动原则上均不超过燃煤发电基准价的 20%。高耗能企业不受 20% 限制。为体现分时价格信号，年度交易和季度交易总成交电量原则上不超过全年市场化普通用户用电交易电量的 60%。

战略性新兴产业用电交易按年度（多月）、月度、旬为周期开展交易，在普通用户用电交易之前组织，采用典型曲线。战略性新兴产业用电侧（含售电公司）只能在参与战略性新兴产业用电交易的用电侧市场主体间通过零价差转让合同处理偏差，发电侧战略性新兴产业用电交易合约转让不限于参与战略新兴产业用电交易的发电企业。

2022 年 1 月起，电网企业通过参与场内集中交易（不含撮合交易）代理购电，主要采取挂牌交易方式，挂牌购电价格依据省发展改革委相关文件执行。

除国家明确外送的新能源企业之外，其余新能源发电企业优先参与省内交易，仅当出现新能源消纳困难时方可参与外送交易。省间绿电交易不受以上约束。

现货交易。2022 年全年电力现货市场原则上继续全年连续结算试运行，力争尽快实现正式运行。

强化电力市场风险管控。建立电力市场交易风险防控机制，防止售电公司脱离发电企业和电力用户单边"赌市场"行为，探索将金融机构引入电力市场，对冲降低市场交易风险。

8. 河北：电力直接交易规模暂定为 950 亿千瓦时

河北省发改委日前发布关于印发河北南部电网 2022 年电力中长期交易工作方案的通知。通知中明确，2022 年电力直接交易规模暂定为 950 亿千瓦时。

河北南部电网燃煤发电上网电量原则上全部进入电力市场，鼓励工商业电力用户直接参与市场交易。电网企业代理购电用户电价由代理购电价格（含平均上网电价、辅助服务费用等）、输配电价（含线损及政策性交叉补贴）、政府性基金及附加组成。

鼓励高比例签约。电力用户年度交易电量不低于前三年用电量平均值的

80%，并通过后续月度、月内交易保证中长期交易电量不低于前三年平均用电量的90%。

9. 山东：2022年全省电力市场规模约3800亿千瓦时

山东省能源局近日发布《关于做好2022年全省电力市场交易有关工作的通知》，明确2022年全省电力市场规模约3800亿千瓦时，包括直接参与市场交易和电网企业代理购电。

《通知》明确，2022年1月起，电网企业通过参与场内集中交易方式（不含撮合交易）代理购电，代购电量全部以报量不报价方式、作为价格接受者参与市场出清，其中采取挂牌交易方式的，价格按当月月度集中竞价交易加权平均价格确定。未参与市场交易的可再生能源（省内、省外）、核电、小水电、三余机组等电量，按价格由低到高优先匹配居民、农业用电等保障性电量。如存在电量缺口，由电网企业通过市场化方式采购予以保障。

根据《通知》，发电侧方面，符合市场准入条件的燃煤发电机组全部参与电力市场。燃煤发电机组、新能源、独立辅助服务提供者等按照山东省电力市场交易规则参与电力市场交易。

用户侧方面，全面放开工商业电力用户参与电力市场交易。用户可作为批发用户直接参与市场交易，也可由售电公司代理、作为零售用户直接参与市场交易；暂未直接参与市场的电力用户，由国网山东省电力公司代理参与市场购电。高耗能企业参与市场交易的，交易电价不受上浮20%限制，国家另有规定的按国家规定执行。高耗能用户已直接参与市场交易的，不得退出市场交易；尚未直接参与市场交易的，原则上要直接参与市场交易；暂不能直接参与市场交易的由电网企业代理购电，用电价格由电网企业代理购电价格的1.5倍、输配电价、政府性基金及附加等组成。

10. 安徽：电网企业代理购电产生的偏差考核电费由用户承担

日前安徽省能源局发布《关于印发2022年全省电力中长期交易实施方案的通知（皖能源电力〔2021〕62号）》，其中提到：2021年未参与市场交易的电力用户，可以由电网企业代理，电网企业代理的电力用户为代理购电用户。一级用户、二级用户名下工商业电量原则上全部参与市场交易，代理购电用户名下工商业电量原则上全部由电网企业代理参与市场交易。因无正当理由退出电力市场、与多家售电公司同时签订代理合同等原因被暂停交易资格的电力用户，一年内不得申请参与市场交易，由电网公司代理购电，代理购电价格按照电网公司代理其他用户购电价的1.5倍执行。

各类市场交易在"基准价格+上下浮动"范围内形成交易价格，上下浮动范围不超过 20%；高耗能企业与其他用户在市场交易中分开组织交易，高耗能企业市场交易价格不受上浮 20%限制。

市场主体合同偏差电量允许范围为-5%～+5%，超出部分偏差电量按现行燃煤发电基准价 10%缴纳偏差考核电费。偏差考核电费季结季清，按照发、用电侧市场交易电量在同侧等比例返还。

售电公司产生的季度偏差考核电费，与其二级用户各承担 50%。电网企业代理购电产生的偏差考核电费，由代理购电用户承担。

11. 江苏：光伏发电按照全年不超过 900 小时、风电按照全年不超过 1800 小时电量参与年度市场交易

11 月 19 日，江苏省发展改革委、江苏能源监管办公布了《关于开展 2022 年电力市场交易工作》的通知。

《通知》明确，对于省内统调光伏、风电机组的绿色电力市场交易电量按照实际交易电价结算。带补贴的统调光伏、风电机组参与市场交易部分的电量，不再领取可再生能源发电补贴或申请绿证，可不计入其全生命周期保障收购小时数。

此外，该文件对符合条件参与市场交易的发电企业、电力用户以及售电公司制定了相应的电力市场交易电量规定。

燃煤机组：公用燃煤机组全部参与市场交易。10 万千瓦以上燃煤机组全年中长期市场交易电量上限（不含优先发电电量）暂按 4000 小时设置，其中年度交易电量不超过 3500 小时。10 万千瓦及以下燃煤机组视情况参与年度和月度交易。

核电机组：江苏核电有限公司全年市场交易电量不低于 200 亿千瓦时，其中年度交易电量不低于 160 亿千瓦时。

燃气机组：结合天然气资源等情况参与月内挂牌等市场交易。

电力用户及售电公司：一类用户年度交易电量应为其前三年用电量平均值的 60%～75%，售电公司年度交易电量应为其所有签约用户前三年用电量平均值之和的 60%～75%，否则不得参与 2022 年市场交易。

一类用户、售电公司暂按不超过实际用（售）电量的 10%以当月电网企业代理购电价格结算。

参与绿电交易的售电公司应当在与二类用户签订的购售电合同或补充协议中，明确绿色电力交易电量、价格以及消纳量归属等信息。（选择与发电企业直接交易的用户为一类用户，选择由售电公司代理交易的用户为二类用户）

同时，文件还规定了市场交易价格浮动范围为燃煤机组发电基准价上下浮

动原则上不超过 20%（0.3128 0.4692 元/千瓦时），高耗能企业市场交易电价不受上浮 20%限制。

各市场主体签订年度中长期交易合同时，应当充分考虑电力供需平衡、燃料价格等因素，约定价格浮动机制。若售电公司与二类用户签订多年购售电合同，可通过签订补充协议等方式，约定价格浮动机制。

对于已参与市场交易、无正当理由改为电网企业代理购电的用户，拥有燃煤发电自备电厂、由电网企业代理购电的用户，以及未参与市场交易由电网企业代理购电的高耗能企业，用电价格为电网企业代理购电价格的 1.5 倍加上输配电价、政府性基金及附加。

偏差电量的考核与结算按照月结月清方式。

12. 江西：鼓励统调光伏、风电机组自愿参与绿色电力市场

12 月 17 日，江西省能源局发布关于印发《江西省 2022 年电力市场化交易实施方案》的通知。详情如下：

发电企业：除保障居民、农业用电的电源外，原则上其他各类电源应参与电力市场化交易，确保发、用两侧可交易电量规模匹配。现阶段，暂由以下电源参与电力市场化交易，后续将根据国家和省工作要求、优发电源界定、电网代理购电规模等情况适时调整电源入市要求。

（1）燃煤机组：符合国家基本建设程序并取得电力业务许可证（发电类）、纳入省级及以上统一调度管理的火电机组。2022 年新建成的统调火电机组在完成 168 小时试运行后可参与电力市场化交易，并尽快取得电力业务许可证（发电类）。为保障电力供需平衡与电网安全，30 万千瓦级及以上机组年度必发上网电量暂定不低于 2000 小时。

（2）统调可再生能源机组：鼓励统调光伏、风电机组自愿参与绿色电力市场。

电力用户：10 千伏及以上工商业用户原则上要直接参与市场化交易（直接向发电企业或售电公司购电），暂无法直接参与市场化交易的由电网企业代理购电；鼓励其他工商业用户直接参与市场化交易。

售电公司：已完成注册、承诺、公示和备案程序且符合要求的售电公司。

绿色电力交易：组织完全市场化或自愿参与的统调风电、光伏发电企业探索常规化开展绿色电力交易，建立月度、月内交易模式。同时，探索统调风电、光伏企业上网电量"保量保价"部分签订厂网间购售电合同，纳入电力中长期合同管理，建立合同偏差调整和考核机制。

交易方式。综合考虑分时电价、代理购电等政策对市场化交易的影响，

2022 年电力市场化交易设置过渡期,过渡期为 1 月 1 日起至分时电价政策出台前。过渡期内,按照"年度+月度+月内"的交易周期开展常规交易和分时段交易。分时电价政策出台后至分时段交易方案出台前,所有市场化交易用户应执行新的分时电价政策。待分时段交易方案制定后,按照本方案和分时段交易方案参与常规交易或分时段交易。统调风电、光伏企业厂网间购售电合同参照开展,暂不进行偏差结算。

交易价格。燃煤发电市场交易价格执行"基准价+上下浮动"市场化机制,上下浮动范围原则上不超过 20%,高耗能企业市场交易电价不受 20% 限制。

对于已参与市场交易、无正当理由情况改由电网企业代理购电的用户,拥有燃煤发电自备电厂、由电网企业代理购电的用户,以及未参与市场交易由电网企业代理购电的高耗能企业,用电价格为电网企业代理购电价格的 1.5 倍、输配电价、政府性基金及附加组成。

13. 浙江:现货市场交易电量占比不高于 10%

12 月 10 日,省发改委、省能源局、浙江能监办联合发布了《2022 年浙江省电力市场化交易方案》和 2022 年年度浙江省电力市场化交易相关工作通知,浙江电力市场正式开始启动。

《方案》提到 2022 年浙江电力市场化交易规模根据全省工商业用户年度总用电量规模确定。其中,中长期交易电量占比不低于 90%,现货市场交易电量占比不高于 10%。

工商业用户须全电量参与市场交易。110 千伏及以上用电电压等级的工商业用户应参与电力现货市场交易,现货交易电量不高于其前三年用电量平均值的 10%,剩余交易电量为中长期交易电量。

其他工商业用户交易电量原则上全部为中长期交易电量。其中,年度交易电量原则上不低于其前三年用电量平均值的 70%,其余交易电量通过月度交易或(和)现货交易实现。

鼓励售电公司结合实际(具备分时计量等条件)代理工商业用户参与现货市场交易,现货交易电量比例不高于代理用户前三年总用电量平均值的 10%。

省内发电企业

煤电:省统调煤电全年市场化交易电量暂按 2600 亿千瓦时确定(根据年用电增长适时调整)。

气电:省统调气电全年市场化交易电量上限暂按 150 亿千瓦时确定(根据气源、气价等情况适时调整),各机组(发电企业)交易电量上下限按照年度交易工作通知确定。

核电：中核集团秦山一期全年市场化交易电量占其年发电量的50%。三门核电全年市场化电量占其年发电量的10%。

水电：乌溪江水电、三溪口水电、北海水力发电等省统调水电年发电量全部为市场交易电量。

风电光伏：无补贴的风电和光伏发电参与绿电交易，鼓励有补贴的风电和光伏发电企业（综合补贴和绿电交易价格等因素）与电力用户自主协商参与绿电交易。交易电量全部为中长期交易电量。

省统调煤电、核电和水电的现货交易电量比例原则上分别不高于10%。省统调气电现货交易电量比例原则上不高于30%，具体按照现货结算试运行方案确定。

省外来电参与浙江电力市场化交易，现货交易电量原则上比例不高于10%。

14. 广东：电力市场交易规模5500亿，鼓励发电企业和售电公司及批发大用户多签、签实年度中长期合同

12月3日，日前广东省能源局发布《关于做好2022年电力市场年度交易工作的通知》，称2022年电力市场规模约5500亿千瓦时，电力市场年度交易规模3150亿千瓦时，年度交易包括年度双边协商交易和年度挂牌交易，成交电量达到3150亿千瓦时结束年度交易。先开展年度双边协商交易，上限为3000亿千瓦时；后开展年度挂牌交易，上限为年度规模上限3150亿千瓦时扣除年度双边协商交易成交电量。在此基础上若仍有剩余电量，市场主体可在年内每月提交后续月份的年度中长期合同。

允许发电企业和售电公司、售电公司和零售用户在2021年底和2022年内，分别按需签订后续月份不同周期（如年、半年、季度或多月等）的年度中长期合同、零售合同。在批发合同中宜增加一次能源价格联动条款；在零售合同中不少于10%实际用电量比例的部分应采用市场价格联动方式，鼓励零售合同中增加一次能源价格联动条款。在双方协商一致的情况下，市场主体可每月调整价格。

批发侧年度合同为"绝对价格+曲线"模式，按照"基准价＋上下浮动"原则，上限为0.554元/千瓦时，下限为0.3724元/千瓦时。零售侧为分峰平谷的绝对价格零售合同，市场购电用户价格由电能量价格、输配电价、政府性基金及附加、辅助服务费用、市场分摊费用等组成。

通知区分直接参与市场交易的电源（市场交易电源）和作为价格接受者、不直接参与市场交易的、电网企业代理购电的市场电源（市场代购电源）。

燃煤电厂方面。省内燃煤电厂上网电量（含自备电厂上网电量）全部进

入市场。其中，中调及以上燃煤电厂（含"点对点"送电的鲤鱼江、桥口电厂）作为市场交易电源；地调燃煤电厂可选择作为市场交易电源或市场代购电源；省内燃煤自备电厂上网电量进入市场，仅作为市场代购电源。燃气电厂方面。中调及以上燃气电厂上网电量全部进入市场，作为市场交易电源；地调燃气电厂可选择是否进入市场（进入后不允许退出），可选择作为市场交易电源或市场代购电源。核电方面。岭澳核电和阳江核电进入市场，直接参与市场交易。2022 年起，适时选取可再生能源、储能示范应用项目及可调节负荷等试点参与电能量市场交易。进入市场的燃煤、燃气电厂不再安排基数电量。

自 2022 年 1 月 1 日起，南方（以广东起步）电力现货市场进入全年连续结算试运行。通知对变动成本补偿机制、用户侧峰谷平衡机制、容量补偿机制（适时考虑）、市场分摊机制、市场管控措施进行了明确。

2022 年持续开展日前需求响应交易，研究建立直控虚拟电厂容量竞价、可中断符合交易等交易品种，与日前需求响应交易、有序用电相衔接，在市场购电用户和电网代购用户资源中培育形成年度最大用电负荷 5%左右的稳定调节能力。

3.5 本 章 小 结

在本章中，对我国电力市场的现状进行了总结，首先从电力市场的构成要素、主体范围变迁过程对我国的电力交易市场现状进行了分析；接着总结了电力市场的设计原则和国内外的电力市场监管模式，进而分析了电力市场监管的作用和成效，并对未来的电力市场监管发展给出了基本思路；最后从国家、区域和地方三个层面总结了我国的电力市场相关政策。

第4章 我国电力市场化交易理论基础

4.1 电力市场交易基本概念

4.1.1 电力市场交易分类

按交易周期的不同可分为现货交易和合同交易两大类。现货交易包括日前交易、时前交易、实时交易等；合同交易包括期货交易、期权交易、远期合同交易、差价合同交易、发电权转让交易、输电权交易等。

按交易目的和交易标的的不同可分为电能交易、辅助服务（调频、备用、无功、黑启动等）交易、发电权交易、输电权交易等。

按交易标的的性质不同可分为电力实物交易和电力金融交易两大类。电力实物交易是指以实物交割为目的的电力交易。电力实物交易包括远期合同交易、现货交易、辅助服务交易等。电力金融交易是指利用金融衍生工具，以回避市场风险、套期保值或投机获利为主要目的，成交后一般不要求进行实物交割而只进行财务结算的电力交易。电力金融交易包括期货交易、期权交易、差价合同交易和金融输电权交易等。

4.1.2 电力市场交易方式

电力市场交易方式是指电力市场中交易的成交方式。电力市场中的交易方式可分为集中竞价、拍卖、双边协商和多边撮合等交易方式。其中，双边交易是指买卖双方（或其代理机构）本着自愿互利的原则，通过双方协商，签订双边合同（包括交易量及其价格等）的交易方式。多边交易是指多买方和多卖方共同参与，买卖双方不直接解除，由电力经纪人或电力交易中心进行交易撮合的交易方式。

4.2 电力市场交易类型

4.2.1 中长期合约交易市场

4.2.1.1 中长期合约交易市场

中长期合约交易是现货交易的一种形式，根据预先签订的合约商定付款方式，进行电量的买卖，并在一定时期内进行实物交割。

电力市场上的中长期合约交易，是利用市场成员申报的机组基本数据、机组报价数据，机组检修计划、负荷预测数据、电网输送容量、安全约束等信息，在"公平、公正、公开"的原则下，按照电力市场的竞价规则，制定电力市场中长期合约交易计划，为参与交易的每个机组分配年度和月度合约电量。中长期合约既可以通过竞价产生，也可以双边签订。

电力中长期合约内容包括合约电量、合约电价、交易双方的权利和义务、拒绝供电或拒绝接受供电时的惩罚量或补偿量（中断电价）、时间等主要参数。电能不能大量有效地储存是制约电力市场健康发展的主要因素之一，而电力中长期合约交易使电力被"虚拟"地储存，即中长期合约提供了类似于其他可储存商品的某种事前保护。由于电力中长期合约交易减少了发电商可以操纵的日前市场电量，降低了日前市场所占的份额，从而减少了其操纵日前市场电价的可能，有利于市场公平竞争，形成高效的市场均衡电价。

4.2.1.2　中长期合约交易市场的运作机制

1. 合约的标准化

年度电力合约包括：年度合约电量、年度合约电价/金额。

月度电力合约包括：月度合约电量、月度合约电价/金额。

2. 合约市场需求预报和发布

在合约市场开市前三天，电力交易中心公布合约期限内的市场需求和各组的竞争电量。包括年度合约市场的市场需求预测（电量）和各分组的总竞争电量；月度合约市场的需求预测（电量）和各分组的总竞争电量。

电力交易中心应公布的合约市场信息至少包括如下内容：

（1）年度、月度的负荷预报；

（2）长期协议电量；

（3）各分组的市场成员的组成和各组的竞争电量；

（4）合约市场的成交电价；

（5）合约市场中各机组的成交电量。

3. 合约市场数据申报与审核

（1）合约报价的申报。每个合约市场交易日于 8:30 正式开盘。开盘后，各发电公司才可以进行合约市场的申报，申报的是不同价格下可提供的电量，即电量——价格曲线，发电公司每个合约交易日只有一次申报权利，并在合约市场次日交易中可对自己申报价格进行调整。每个合约市场交易日于 16:00 宣布收盘。收盘后，各发电公司的当日合约市场数据被冻结。

（2）合约市场申报的审核。电力交易中心收到发电公司申报的合约报价后，要按合约报价的申报规定进行审核，如果符合合约市场报价规范就为有效申报。在接到申报后的 3 分钟内，电力交易中心要给发电公司其申报是否有效作出答复。

（3）数据保密。电力交易中心对发电公司申报的数据负有保密义务，3 年不得泄露。

4.2.1.3 中长期合约交易市场的竞价规则

合约市场要允许发电公司多次报价，限制总的涨跌幅，在合约交易进行期间，经过多次竞争，使市场价格尽量接近各分级市场的边际成本，防止投机。发电公司在每次报价后，交易中心将只对该发电公司公布其市场份额和系统的结算电价，而不公布其他发电公司的信息。

在得到上述信息后，如果该公司对价格和市场份额满意，就不改变其报价；如果不满意，可改变其报价。在交易过程中，各发电公司应该监视由于其他市场成员改变了报价而产生新的结算价格和自身的市场份额变化，如果有必要，他将进一步调整自身的报价策略。上述竞价过程将持续几个工作日，直到闭市。如此反复的竞价，将逼迫发电公司的报价接近其成本。

4.2.1.4 中长期合约交易市场的交易机制

对于每组报价，按各发电公司的合约电量报价由低到高进行排序。如果报价相同，就按电力调度中心收到报价的时间顺序排列，先收到者优先。若发电公司进行了申报的修改，排序以修改申报时间为准。

各组按报价排序结果，从报价最低的发电公司起依次调用，直至调用的发电总电量与该合约市场的总电量平衡为止。被调用的最后一个发电公司的电量所对应的价格为该组的市场出清价。

4.2.1.5 中长期合约交易存在的问题

电力远期交易本质上属于电力现货交易，是电力现货交易在时间上的延伸。虽然可选择的电力远期合约给予了市场参与者更多的选择自由，但是没能摆脱现货交易的概念，随着交易规模的扩大，远期合约交易也逐渐暴露出一些弊端。首先，每份电力远期合约没有统一规定内容，不是规范化的合约，每次交易都需要双方协商重新签订合约，增加了交易成本，降低了市场效率。其次，由于每份电力远期合约的内容、条款都不一样，某一具体的合约不可能被市场参与者所广泛的认可，因此使得合约难以顺利转让，降低了合约的流动性。再次，电力远期合约的履行是以交易双方的信用为基础的，容易发生单方面的违约行为。最后，每份电力远期合约中电力的交割价格不具有广泛的代表性，往往无法得到市场参与者的认可，因此合约市场很难形成比较合理的预期价格。

4.2.2 期货交易市场

4.2.2.1 期货合约及期货交易市场

期货合约是指期货交易所制定的、由交易双方在指定的交易所中按规定的交易规则达成的，在规定时间和地点交割期货商品的标准化契约。期货交易是指针对期货合约所进行的买卖。

期货合约与中长期现货之间的区别是：

（1）期货合约是在有组织的期货交易所内达成的，而中长期的现货合同是在非正式的分散的现货市场上达成的。

（2）期货合约是一个标准化的契约、期货合约中规定的商品或金融工具，以及其质量、数量、交割时间和地点等条款都是既定的和统一的，唯一的变量就是价格。期货交易的参与者只要就合同数量、交割月份和价格三项内容达成一致，合同即告成立。

（3）期货合约的交易要严格遵循一定的规章制度。期货交易规则既详细又规范，目的就是要保障期货交易在公开、平等的竞争基础上进行。

期货合约内容除规定交易双方的权利和义务外，一般还包括供电时间、供电量、价格以及违约时的惩罚量等主要参数。

电力期货的作用包括：

1）在电力交易中增加电力合约市场，可以完善现有的电力交易体系。改变以电力现货交易为主的交易模式。照顾不同发电商和用电者的性能和特点，为不同的市场参与者提供公平竞争的机会。

2）电力期货合约市场的建立，可以降低整个电力系统发、配电的运行成本。签订长期供电合同以及电力期货合约，能使供电者和用电者对将来的生产、消费和成本有较准确的估计，有利于降低生产和消费风险，提高电力系统运行的效率与安全性。

3）电力期货合约以及期权市场的出现，使得电力生产者以及消费者能够根据实际情况的变化，对各自的长期生产（消费）行为进行调整。这种调整完全是基于市场主体对各自利益的分析，而不是基于管制性指令。从而既提高了整个电力系统的应变能力，又有助于维持电力交易的公平性和公开性。

期货市场具有以下作用：

1）期货市场的运行可以减缓市场价格的不正常波动；

2）期货市场可为企业提供转移市场价格波动的风险；

3）期货市场有利于稳定市场秩序，促进市场经济健康发展。

4.2.2.2 电力期货商品与期货合约

1. 期货商品的特点

（1）交易商品的质量、规格、等级能有统一的标准。期货交易是契约买卖，交易双方成交时并非凭现货而是凭既定的标准化合同成交，商品实物并不进入期货交易所。大多数的交易都以合约对冲方式来了结义务，很少进行商品实物交割。这就要求进入期货市场的期货商品必须在质量、规格和等级上有统一的标准，来保证到期时交割的实货商品符合合约规定的质量等级标准。

（2）交易量大、价格完全由市场调节且经常波动的商品。期货交易和期货市场的一个基本经济功能就是分散和规避现货市场的价格波动风险。若要使某种商品成为期货商品，它必须能够大量上市、有着广泛需求、价格易波动，只有这样人们才会有较大的套期保值需求，从而在期货市场中形成很大的交易量，成为真正的期货商品。

（3）交易商品要具有可存储性，适合实物交割的需要。在期货交易中，从期货合约的签订到交割期到来，要经过一段相当长的时间，最长可达两年以上，最短也有一个月。所以期货商品必须是能够长期保存的，不易变质并同时也适于运输的商品。

（4）商品的交易者相对分散，不具有垄断性。为了保证在期货市场上的竞争能在公平、公正、公开的基础上形成，进入期货市场的期货商品必须是其交易者相对分散，不具有垄断性的商品。这样期货价格就是众多交易者在期货市场上通过公开竞价所产生的，具有价格发现的功能。

2. 电力作为期货商品的可行性

首先，电力基本上是一种高度标准化的商品，各个地区的标准是相同的。在产品同质性这一点上，它比农产品和石油等作为期货商品更具有优势。

其次，在实行电力市场化改革后，电价由市场竞争确定，必然会造成很大的价格波动。因此，它也符合作为一种期货商品所必需的交易量大、价格容易波动的特点。

再者，电力作为一种特殊的商品，实际上它并不存在存储变质的问题。另外，由于电力是通过输电线路运输的，其运输实际上也是比较方便的（假设不考虑网络阻塞等情况）。

最后，在电力市场化改革后，必然会产生较多的市场参与者，众多发电商和购电商都会集中到期货市场，通过公开竞价的方式来决定电力期货的价格。

因此，电力是完全具备成为期货商品的条件的，可以作为期货商品。进而交易双方在期货市场进行电力期货的交易也就成为可能。

3．期货合约内容的设计

（1）合约标的。目前，我国的股指期货交易标的选择情况是：股票市场主要有上海、深圳两家，两家交易所分别以各自上市的股票为对象编制股票指数，暂时还没有两市共同的指数。从沪深现有的十几种指数中，可以选择上证综合指数为标的，因为上证综合指数的历史相对较长知名度较高、权威性较强，能基本上反映上海股市利率折射全国股市的实际情况。类比于股指期货交易标的的选择，电力期货合约的设计也需要进行类似的标的选择。

（2）合约单位。合约单位的大小关系到市场的流动性和运作成本之间的均衡问题。一般而言，合约价值水平与流动性呈反比关系，过高的合约单位会把中小投资者拒之于期货市场门外。同时，合约价值越高，每份合约潜在风险也越高，趋利避险的风险规避者将会望而却步。合约价值太低，将会加大投资者进行套期保值的运作成本，影响市场交易积极性。因此，电力期货交易需要选择合适的合的单位。

（3）每日价格波动限制。每日价格波动幅度限制是为了防止价格过度波动对期货市场造成的冲击，将风险控制在一定的范围之内。类似于股票市场中的涨停板限制。

（4）最小报价单位。最小报价单位是指期货的买入价与卖出价的最小差额。买入价与卖出价之间的差额即为场内交易商的收益。保证一定的差额，即足够的收益才能激起交易商交易的热情。

（5）保证金水平。选择合理的保证金水平是保证期货合约能够充分履行的有力保障。目前，我国的商品保证金是按合约价值的 5%确定的，国外的金融期货保证金一般在 10%左右。

（6）合约的其他约定。

1）合约期限，指对期货合约的交割月份做出规定。我国目前期货合约交割月份定在 3 月、6 月、9 月、12 月。

2）最后交易日，指对到期月份交易日的规定。主要有两种：一是合约月份的最后一个交易日（或之前一日），二是合约月份的第三个星期五为最后交易日。

3）交割方式，指合约到期时以现金或其他有价证券进行交割的方式的规定。

4）交易时间，指对合约交易日交易时间的规定。

4．电力期货合约设计的特点

（1）电价的高度波动性。由于电力消费接近于刚性需求，因此负荷侧需求的变化会在电力市场中产生巨大的价格波动。事实证明，一天中在用电高峰负荷处电价达到市场价格上限，而在用电低谷负荷处电价为零，甚至为负的情况是经常而且是正常的现象。电价的这种高度波动性是其区别于其他期货商品的主要特点，它使得电力期货交易与其他期货商品交易相比更具风险性。因此，从防范风险的角度考虑应该适当增加交易保证金的比例。例如交易保证金比例10%或以上，而涨跌停板幅度为5%，这样就可以抗御2个或以上的连续跌停板带来的合约执行风险。

（2）实物交割的困难性。电力的另一个显著特点即不可存储性，任何时刻由发电所发出的电量必须与实际消费用的电量实时平衡。由于它无法进行大规模存储，这就导致了电力实物交割较其他期货商品更为困难。即不可能在交割日当天把所有要交付的电量一次性交割，通常可以考虑的方法是在交割月份中按天逐批交付直至全部电力交付完毕。

（3）峰、谷电价的不同。另外，由于电能的不可存储性，导致了用电存在着明显的高低峰值时期。电力市场中每天负荷高峰时段（白天）和负荷低谷时段（深夜）的电价是完全不同的，高峰时段的电价较高，低谷时段的电价较低，两者可以差异很大（1倍或以上）。从电力系统调峰、运行安全稳定等技术和经济方面的需要考虑在设计电力期货合约时有必要对负荷高峰时段和低谷时段分别设计相应的合约。

5. 电力期货合约设计的要点

（1）涨跌停板幅度。上一交易日结算价的+5%。理由：电力现货价格波动比较频繁，波动幅度较大。因此涨跌停板幅度应该较其他期货品种更大一些，这样更有利于活跃交易。同时，为有效控制价格波动所带来的风险，电力期货交易的保证金比例也应该较其他期货品种要高。因此，在合约中将涨跌停板幅度设为5%，交易保证金为10%，这样可抵御2个停板带来的风险，有利于控制风险。

（2）合约月份。1—12月。由于电力在每个月份基本上都是大量生产和大量需要的。因此，电力交割月份可按连续设置交割月，即1—12月全部作为交割月。

（3）交割标准品。电力交割标准品的质量应符合相应国家标准（如电能质量、电压波动和内变标准GB 12326—2000等）。

实际上电力是一种标准很严格的产品，各地的电力一般都能较好地满足统一电能质量要求（如频率波动50±0.2赫兹，电压波动±5%等）。在同质性这一点上电力较其他期货商品要好得多，且不存在其他替代品。

（4）交割方式。在交割月份内的大多数天数内每天按一定量平均交付。例如每月按25天交付，峰荷合约每天交付16个小时（6:00—22:00），功率为1

兆瓦；谷荷合约每天交付 8 小时（22:00—次日 6:00），功率为 1 兆瓦。

（5）交割单位。交割单位由一个月中交割天数和每天的交割电量所决定。

1）交割天数。可以取 20～27 天（这主要是考虑 2 月只有 28 天及考虑交割的天数上留有一定的余地）。

2）每天交割时间。峰荷：每天 6:00—22:00；谷荷：每天 22:00 至次日 6:00。

3）每小时交割电量。每小时可以取 1～2 兆瓦时。

4）峰荷合约交割单位。在 25 峰荷天的交付条件下为 400 兆瓦时（25 天×16 小时×1 兆瓦=400 兆瓦时）。

5）谷荷合约交割单位。在 25 谷荷天的交付条件下为 200 兆瓦时（25 天×8 小时×1 兆瓦=200 兆瓦时）。

（6）交割地点。需要根据实际的电网予以预先指定，通常是选在负荷中心的超高压大型变电站。

（7）交易单位。峰荷时段（6:00—22:00）：400 兆瓦时，在一个月内（合约月份）完成交割；谷荷时段（22:00 至次日 6:00）：200 兆瓦时，在一个月内（合约月份）完成交割。

（8）最小变动价位。0.1 元/兆瓦时。根据目前的电价水平，考虑取最小变动价位为 0.1 元/兆瓦时。

（9）最后交易日。合约交割月份之前的前几个交易日，可以考虑取合约交割月份之前的前 5 个交易日（遇法定假日顺延）。

（10）交易时间。每周一至周五上午 9:00—11:30，下午 13:30—15:00。

6. 电力期货合约产生过程举例

期货交易是一种集中交易标准化远期合约的交易形式，是从现货交易中的远期市场发展而来的，是指市场交易双方对期货合约（futures contract）的买卖。其中，期货合约是指由期货交易所制定的、由交易双方在指定的交易所中按规定的交易规则达成的在规定时间和地点、按确定的价格（称为期货价格）交割一定数量期货商品的标准化契约。目前，国内期货交易所主要包括郑州商品交易所（ZCE）、上海期货交易所（SHFE）、大连商品交易所（DCE）、中国金融期货交易所（CFFEX）、上海能源交易所以及广州期货交易所。下面我们通过一个在广州期货交易所交易的电力期货合约来说明期货合约的产生过程。

假定现在是 7 月份，在广州的一位投资者指示他的经纪人买入 10 月份交割 100MW 电力的期货合约，经纪人立即将指令传递给在广州交易所内的某个交易员。而同时在上海的另一位投资者指示他的经纪人出售 10 月份交割的

100MW 电力的期货合约,这个指令也被传递给在广州交易所内的某个交易员。那么当这两个场内交易员相遇,并协商好 10 月份交割 100MW 电力的价格时就达成了交易(事实上,在实际操作中,交易双方是通过在巨大的计算机联网系统中对买卖资产进行各自的报价来达成一致的)。

在此,承诺买入的广州投资者持有了所谓的期货多头(Long Futures),承诺卖出的上海投资者持有了所谓的期货空头(Short Futures)交易所场内两个交易员所议定的价格被称为期货价格(Futures Price)。类似于现货市场中的商品价格,期货价格也是由期货市场的供求关系所决定的。如果在某个特定时刻,想出售 10 月份电力期货合约的人多于想买入 10 月份电力期货合约的人,则该期货价格就会下跌,新的买者会进入市场进行交易,进而保持市场的平衡;反之亦然。

在期货市场上,交易者只需按期货合约价格的一定比率交纳少量资金作为履行期货合约的财力担保,便可参与期货合约的买卖,这种资金就是期货保证金。在我国,期货保证金(以下简称保证金)按性质与作用的不同可分为:结算准备金和交易保证金两大类。结算准备金一般由会员单位按固定标准向交易所缴纳,为交易结算预先准备的资金。交易保证金是会员单位或客户在期货交易中因持有期货合约而实际支付的保证金,它又分为初始保证金和追加保证金两类。

初始保证金是交易者新开仓时所需交纳的资金:它是根据交易额和保证金比率确定的,即初始保证金=交易金额×保证金比率。我国现行的最低保证金比率为交易金额的 5%,国际上一般在 3%~8%。例如,大连商品交易所的大豆保证金比率为 5%,如果某客户以 2700 元/吨的价格买入 5 张大豆期货合约(每张合约的交易量为 10 吨)那么他必须向交易所支付 6750 元。

交易者在持仓过程中,会因市场行情的不断变化而产生浮动盈利(结算价与成交价之差),因而保证金账户中实际可用来弥补亏损和提供担保的资金就随时发生增减。浮动盈利将增加保证金账户余额,浮动亏损将减少保证金账户余额。保证金账户中必须维持的最低余额称为维持保证金(维持保证金=结算价×持仓量×保证金比率×k)(k 为常数,称为维持保证金比率,在我国通常为0.75)。当保证金账面余额低于维持保证金时,交易者必须在规定时间内补充保证金,使保证金账户的余额=结算价×持仓量×保证金比率,否则在下一交易日,交易所或代理机构将有权实施强行平仓。这部分需要新补充的保证金就称为追加保证金。仍按上例,假设客户以 2700 元/吨的价格买入 50 吨大豆后的第三天,大豆结算价下跌至 2600 元/吨。由于价格下跌,客户的浮动亏损为 5000 元 [即

（2700–2600）×50］，客户保证金账户余额为 1750 元（即 6750–5000），由于这一余额小于维持保证金（=2700×50×5%×0.75=5062.5 元），客户需将保证金补足至 6750 元（2700×50×5%），需补充的保证金 5000 元（6750–1750）就是追加保证金。

因此，期货市场的交易者并不等到合约到期日才结算盈亏，而是按清算所的要求将所有期货头寸每日都进行盈亏结算。这种每日结算就是所谓的盯市（making to market），它保证了随着期货价格的变化所产生的盈亏立即进入保证金账户。

此外还需要知道的是：随着期货合约的交割日期的逼近，期货的价格将收敛于标的资产的现货价格；当到达交割期限时，期货的价格将等于或非常接近于现货的价格。这是因为如果在交割期间，期货的价格高于或低于现货的价格，那么期货和现货市场之间将存在一个明显的套利机会（见表 4-1）。

表 4-1　　　　　　　　　　两种情况下不同的交易策略

市场情况	期货价格高于现货价格	期货价格低于现货价格
交易策略	（1）卖空期货合约； （2）买入资产； （3）进行交割	（1）买入期货合约； （2）出售资产； （3）进行交割

4.2.3　期权交易市场

4.2.3.1　期权的定义

期权（Option Contract，Option）又称为选择权，是在期货的基础上产生的一种衍生性金融工具。从其本质上讲，期权实质上是在金融领域中将权利和义务分开进行定价，使得权利的受让人在规定时间内对于是否进行交易，行使其权利，而义务方必须履行。在期权的交易时，购买期权的一方称为买方，而出售期权的一方则称为卖方；买方即是权利的受让人，而卖方则是必须履行买方行使权利的义务人。

期权交易指对期权合同的交易。

期权主要有如下几个构成因素：

（1）执行价格（又称履约价格）。期权的买方行使权利时事先规定的标的物买卖价格。

（2）权利金。期权的买方支付的期权价格，即买方为获得期权而付给期权卖方的费用。

（3）履约保证金。期权卖方必须存入交易所用于履约的财力担保。

（4）看涨期权和看跌期权。看涨期权，是指在期权合约有效期内按执行价格买进一定数量标的物的权利；看跌期权，是指卖出标的物的权利。当期权买方预期标的物价格会超出执行价格时，他就会买进看涨期权，相反就会买进看跌期权。

4.2.3.2 期权交易与期货交易的关系

（1）期权交易与期货交易之间的联系：

第一，两者均是以买卖远期标准化合约为特征的交易。

第二，在价格关系上，期货市场价格对期权交易合约的敲定价格及权利金确定均有影响。一般来说，期权交易的敲定的价格是以期货合约所确定的远期买卖同类商品交割价为基础，而两者价格的差额又是权利金确定的重要依据。

第三，期货交易是期权交易的基础交易的内容一般均为是否买卖一定数量期货合约的权利。期货交易越发达，期权交易的开展就越具有基础，因此，期货市场发育成熟和规则完备为期权交易的产生和开展创造了条件。期权交易的产生和发展又为套期保值者和投机者进行期货交易提供了更多可选择的工具，从而扩大和丰富了期货市场的交易内容。其中，套期保值是指把期货市场当作转移价格风险的场所，利用期货合约作为将来在现货市场上买卖商品的临时替代物，对其现在买进准备以后售出商品或对将来需要买进商品的价格进行保险的交易活动。例如，一个农民为了减少收获时农作物价格降低的风险，在收获之前就以固定价格出售未来收获的农作物。或者是，一位读者一次订阅三年的杂志而不是两年，他就是在套期保值以转移杂志的价格可能上升所给他带来的风险。当然，如果该杂志价格下降，这位读者也放弃了潜在的收益，因为他已缴纳的订刊费用高于他如果是在每年订阅杂志情况下的费用。

第四，期货交易可以做多做空，交易者不一定进行实物交收。期权交易同样可以做多做空，买方不一定要实际行使这个权利，只要有利，也可以把这个权利转让出去。卖方也不一定非履行不可，而可在期权买入者尚未行使权利前通过买入相同期权的方法以解除他所承担的责任；

第五，由于期权的标的物为期货合约，因此期权履约时买卖双方会得到相应的期货部位。

（2）期权交易与期货交易之间的区别：

第一，标的物不同。期货交易的标的物是标准的期货合约，而期权交易的标的物则是一种买卖的权利。期权的买方在买入权利后，便取得了选择权。在约定的期限内既可以行权买入或卖出标的资产，也可以放弃行使权利，当买方选择行权时，卖方必须履约。

第二，投资者权利与义务的对称性不同。期权是单向合约，期权的买方在支付权利金后即取得履行或不履行买卖期权合约的权利，而不必承担义务；期货合同则是双向合约，交易双方都要承担期货合约到期交割的义务。如果不愿实际交割，则必须在有效期内对冲。

第三，履约保证不同。在期权交易中，买方最大的风险限于已经支付的权利金，故不需要支付履约保证金。而卖方面临较大风险，因而必须缴纳保证金作为履约担保。而在期货交易中，期货合约的买卖双方都要交纳一定比例的保证金。

第四，盈亏的特点不同。期权交易是非线性盈亏状态，买方的收益随市场价格的波动而波动，其最大亏损只限于购买期权的权利金。卖方的亏损随着市场价格的波动而波动，最大收益（即买方的最大损失）是权利金。期货的交易是线性的盈亏状态，交易双方则都面临着无限的盈利和无止境的亏损。

第五，套期保值的作用与效果不同。期货的套期保值不是对期货而是对期货合约的标的金融工具的实物（现货）进行保值，由于期货和现货价格的运动方向会最终趋同，故套期保值能收到保护现货价格和边际利润的效果。期权也能套期保值，对买方来说，即使放弃履约，也只损失保险费，对其购买资金保了值；对卖方来说，要么按原价出售商品，要么得到保险费也同样保了值。

例：看涨期权的收益

市场行情：

投资者购买了一份标的资产为 100 兆瓦时电力的看涨期权：

执行价格：500 元每兆瓦时。

电力现价：480 元每兆瓦时。

购买每兆瓦时电力的期权价格：10 元。

初始投资：100×5 元=500 元。

结果：

在期权到期日，现货市场电价为 560 元每兆瓦时。此时执行期权获利：

（560 元－500 元）×100=6000 元。

除去初始投资成本，该投资者的净收益为：

6000 元－1000 元=5000 元。

4.2.4　实时交易（平衡）市场

4.2.4.1　交易类型

1. 发电侧电力市场的现货交易

发电侧电力市场运行部门必须建立和运行现货交易市场，以满足电力的供需平衡，确定第二天每一个交易时段内的发电计划，并计算在每个区域参考节点和发电机组上网点的现货价格。电力市场运行规则必须划分交易时段。可以采用每 30 分为一个交易时段，整点结束或半小时整点结束。

2. 实时平衡电力交易

为了保证供需平衡、维持系统稳定，发电侧电力市场运行部门可以在当天实时修改发电厂发电计划，发布实时调度指令，并计算在每一个区域参考节点上的实时发电价格。

4.2.4.2 交易步骤

1. 数据申报

每个发电公司必须在给定的期限内，按照规定的格式，向市场运行部门进行数据申报。数据申报的内容包括注册数据申报、现货市场数据申报、期货市场数据申报、辅助服务数据申报。

发电公司必须对所申报数据的真实性和准确性负责，市场运行部门可随时对发电公司所申报的数据进行检测和核实。

一般在发电公司进入市场的 6 周前将规定的有关注册数据向市场运行部门进行申报。在现货交易中，为便于市场运行部门编制现货交易计划，一般要求发电公司在交易日前一天的 10:00 以前，针对每台直调发电机组提供现货市场的申报数据。

2. 发电机申报的注册数据

注册数据包括：发电厂的位置、发电厂与电网的联络点和计量点、发电机组台数（编号）、电厂总注册容量、每日发电量限制、满负荷水平、总输出功率水平、正常及最低输出功率、高于额定容量的紧急发电输出功率、正常和最大爬坡速度最小停机时间、从冷备用到热备用时间、从热备用到满负荷时间、每天/周最大停机次数。

3. 现货市场的数据申报

发电公司必须针对每台机组申报现货市场数据在经过市场运行部门同意以后，可以针对多台机组集中申报数据。申报数据包括技术数据和经济数据。

技术数据包括：可用容量、最大发电功率、最小发电功率、能提供的旋转备用水平、正常和最大爬坡速度、最小停机时间、每天最多停机次数、发电机组的零负荷响应时间。

经济数据包括：发电机组的启动价格、空载运行价格、经济调度范围内的分段发电功率、经济调度范围内每段发电功率对应的发电价格、最大发电功率时的价格、最小发电功率时的低载价格。

4.2.4.3　交易方式及市场清算

一日前每个发电厂商可以将其发电机组分成若干个容量段（框）以不同价格报价，进而交易中心将发电厂商的各容量段按报价由低到高排队，组成价格随电力需求增加而递增的系统供应报价曲线，它可以被看作是次日系统不同供电水平下的边际成本曲线，一旦确定了现货交易市场次日某时段的需求后，就可找到平衡需求后的边际机组或容量段，相应的报价就是该时段的清算电价即市场可以接受的该时段最贵的电价，这个电价也将是该时段所有允许上网发电共同的电价，即现货交易的市场电，由此形成次日不同时段的市场清算（边际）电价曲线。

4.2.4.4　发电商竞价上网的运作

报价的方式以澳大利亚新南威斯州的电力市场为例每天4:00到第二天4:00为一个交易日。交易日前两日，预报发电机组输出功率容量，交易日前一天10:00报电力价格。报价分为48个时段，每半小时为一时段，每一时段又以10个波段报出不同的发电输出功率和上网价格。按时段电网预测用电负荷需要，对发电机组按"报价低的先上网"的原则，确定发电厂的开机顺序和该时段的市场价格按该时段排序中最后一台机组的上网报价确定。市场价确定后，所有上网发电机组均按此价格结算。

4.2.5　辅助服务交易市场

4.2.5.1　辅助服务交易方式及价格形成机制

1. 辅助服务的定义

根据我国原国家电监会颁布并实施的《并网发电厂辅助服务管理暂行办法》，电力辅助服务的定义为：为维护电力系统的安全稳定运行，保证电能质量，除正常电能生产、输送、使用外，由发电企业、电网经营企业和电力用户提供的服务。我国对于辅助服务的规范定义则明确了辅助服务的作用、范围、提供主体和主要类型。其中，辅助服务的作用是维护电力系统的安全稳定运行，保证电能质量；范围是正常电能生产、输送、使用之外的服务；提供主体包括了发电企业、电网经营企业和电力用户。相对而言，我国对电力辅助服务的规范定义主要关注具体服务类型，沿用了运行管理的传统和习惯，更符合传统调度观念和运行管理规定。随着市场主体的丰富，电力辅助服务的定义须根据电力系统绿色低碳发展的需要进一步丰富服务品种，明确技术标准，将提供主体由现有的"源网荷"拓展至涵盖储能装置、可控负荷和虚拟电厂等新型辅助服务提供主体。

辅助服务主要包括：

——实时电力电量平衡

——电能质量监控（f，V）—"电能质量市场"

——系统安全稳定监控（保护自动装置）

——确保系统可靠性（备用、黑启动）或：

——频率控制（AGC）

——无功功率支持和电压控制

——旋转备用<10分钟开机状态

——非旋转备用<10分钟停机状态

——系统稳定控制

——黑启动（事故恢复）

2. 我国电力辅助服务的分类

我国电力辅助服务的种类十分丰富，可以从不同的角度进行分类。不同的电力系统由于电网结构、负荷特性等有所不同，所需要的辅助服务的种类与供应量也不同，对辅助服务的分类以及各品种辅助服务的定义也不尽相同，甚至在同一电力系统中，所需要的辅助服务也会随着电网结构、电源结构及负荷需求的变化而变化。

从功能的角度区分，电力辅助服务主要分为有功功率平衡服务、无功功率平衡服务、事故恢复服务三类。有功功率平衡服务主要包括调频、备用等，调频分为一次调频和二次调频。调峰作为一种特殊的有功功率平衡服务，产生于厂网分开、可再生能源大规模并网和电力现货市场尚未建立的背景，有效激励了灵活性发电资源的开发利用，但随着电力现货市场的建设和运行，将逐步与电能量日前、日内和实时（平衡）市场相融合。无功功率平衡服务主要为无功功率调节、电压支撑。事故恢复服务主要是指黑启动。

从按照"两个细则"规定是否补偿的角度区分，我国根据电力市场发展实际，将并网发电厂提供的辅助服务分为基本辅助服务和有偿辅助服务两大类，对基本辅助服务不进行经济补偿，对有偿辅助服务基于成本进行经济补偿。其中，基本辅助服务是指为了保障电力系统安全稳定运行，保证电能质量，发电机组必须提供的辅助服务，包括一次调频、基本调峰、基本无功功率调节等；有偿辅助服务是指并网发电厂在基本辅助服务之外所提供的辅助服务，包括自动发电控制、有偿调峰、旋转备用、有偿无功功率调节、黑启动服务等。

3. 电力辅助服务的品种

电力辅助服务的品种十分丰富，按照原国家电监会颁布的《并网发电厂辅助服务管理暂行办法》，辅助服务主要包括一次调频、自动发电控制、调峰、无功功率调节、旋转备用、黑启动服务等，具体定义如下：

（1）一次调频是指当电力系统频率偏离目标频率时，发电机组通过调速系统的自动反应，调整有功功率减少频率偏差所提供的服务。

（2）自动发电控制（AGC）是指发电机组在规定的输出功率调整范围内，跟踪电力调度指令，按照一定调节速率实时调整发电输出功率，以满足电力系统频率和联络线功率控制要求的服务。自动发电控制的作用为解决快速负荷波动与较小程度发电变化问题，使系统频率稳定在正常值或接近正常值的水平。

（3）调峰是指发电机组为了跟踪负荷的峰谷变化而有计划的、按照一定调节速度进行的发电机组输出功率调整所提供的服务。调峰根据输出功率调整范围分为基本调峰和有偿调峰。

（4）无功功率调节是指发电机组向电力系统注入或吸收无功功率所提供的服务，根据功率因数范围可分为基本无功功率调节和有偿无功功率调节。

（5）旋转备用是指为了保证可靠供电，调度机构指定的并网机组通过预留发电容量所提供的服务。旋转备用必须在 10 分钟内能够调用，旋转备用的作用为消除可能危害系统稳定的、难以预测的大电能偏差。

（6）黑启动是指电力系统大面积停电后，在无外界电源支持情况下，由具备自启动能力的发电机组所提供的恢复系统供电的服务。黑启动的作用为保证系统在任何情况下都可以快速恢复运行。

除了原国家电监会颁布的《并网发电厂辅助服务管理暂行办法》中所定义的 8 个辅助服务品种外，各区域在制定、修订"两个细则"过程中均结合本区域电力系统运行的实际情况定义了一些辅助服务品种，具体定义如下：

（1）自动电压控制（AVC）是指在自动装置的作用下，发电厂的无功功率、变电站和用户的无功功率补偿设备以及变压器的分接头根据电力调度指令进行自动闭环调整，使全网达到最优的无功功率和电压控制的过程。自动电压控制的作用为将各母线上的电压控制在接近正常值的很小范围内。目前，《华北区域并网发电厂辅助服务管理实施细则》（2019 版）、《华东区域并网发电厂辅助服务管理实施细则》（2019 版）、《西北区域并网发电厂辅助服务管理实施细则》（2019 版）、《华中区域并网发电厂辅助服务管理实施细则》（2020 版）、《南方区域并网发电厂辅助服务管理实施细则》（2020 版）、《东北区域并网发电厂辅助服务管理实施细则》（2020 版）中设置了该品种，但具体定义有所差别。

（2）低频调节是指当出现跨区直流功率失却等原因造成电网频率低于规定值 [例如《华东区域并网发电厂辅助服务管理实施细则》（2019 版）规定 49.933

赫兹]，发电机组参与所在控制区频率或者联络线偏差控制调节，短时快速增加发电输出功率，以满足电力系统频率要求的服务。目前，华东区域设置了该品种。

（3）热备用是指为了保证可靠供电，根据电力调度指令指定的未并网机组所提供的必须在规定的时间（如《华东区域并网发电厂辅助服务管理实施细则》规定1小时）内能够调用的备用容量。

（4）快速甩负荷是指电网发生严重事故时，发电机组根据电力调度指令与电网解列，转为只带厂用电的孤岛运行方式，并在电网事故消除后迅速并网，恢复向外供电所提供的服务。目前，华东区域设置了该品种。

（5）调停备用是指燃煤发电机组按电力调度指令要求超过规定的时间（如《西北区域并网发电厂辅助服务管理实施细则》规定72小时）内的调停备用。目前，西北区域设置了该品种。

（6）冷备用是指并网火力发电机组、核电机组由于电网运行安排、可再生能源消纳等需要，按电力调度指令停运，到接到电力调度指令再次启动前的备用状态，备用时间需大于规定时间（如《南方区域并网发电厂辅助服务管理实施细则》规定72小时），由于电厂自身原因停机不作为备用时间统计，但经检修后报备用开始算作冷备用时间。目前，南方区域设置了该品种。

（7）稳控装置切机服务是指因系统原因在发电厂设置的稳控装置正确动作切机后应予以补偿。目前，西北区域设置了该品种。

实践中大多数电力辅助服务市场中的辅助服务交易品种主要有负荷跟踪与频率控制（AGC）、备用、无功功率电压支持、事故恢复服务（黑启动）。

4. 电力辅助服务价格形成机制

（1）调频和备用辅助服务交易方式及价格形成机制。调频和备用辅助服务的交易方式采取双边合同交易方式。由电力调度机构（或交易机构）根据电网的最大负荷及可再生能源的发电情况，确定电网调频和备用辅助的需求量。由电力调度机构（或交易机构）与调频和备用辅助提供者签订双边合同。调频和备用辅助服务容量采用长期和短期合同相结合的方式获得。采用长期合同方式有利于辅助服务供应和价格保持稳定；采用短期合同方式能完全反映辅助服务供应、需求和价格的实际状况，促使具备提供调频和备用辅助服务的机组均可以在辅助服务交易市场中参与竞争，避免辅助服务交易市场中出现仅有一台或几台机组提供调频和备用辅助服务的现象。

调频和备用辅助服务价格分为：可用价格与使用价格两部分。可用价格通过招标方式确定，使用价格按第二出清价格结算。

（2）无功辅助服务交易方式及价格机制。无功辅助服务通过两种途径获得，一是发电企业以竞标的形式参与市场竞争，以无功容量费与能量费进行交易；二是电网公司提供。由于无功就近平衡最为经济，由电网公司提供，并入输配电成本较为合理。

（3）黑启动服务交易方式及价格机制。黑启动服务需要的发电容量由调度机构（或交易机构）确定并负责购买。黑启动服务通过长期双边合同方式获得，黑启动服务价格包括：可用价格和使用价格，这两种价格均通过招标方式确定。

4.2.5.2　调频辅助服务

1. 功能

（1）消除系统有功偏差，维持系统频率和联络线潮流稳定。

（2）系统有功偏差产生后：

1）一次调频自动响应，几乎所有的机组响应：

系统频率降低时，机组自动加大油门（阀门）。

一次调频是有差调节、粗调频。

2）二次调频消除一次调频后的偏差：

只有安装了特定调频设备的机组才能承担。

无差调节，细调。

2. 一次调频与二次调频示例

设系统负荷 1000 万千瓦，出力与负荷平衡；突然一台 30 万的机组停机，系统频率下降为 48.8 赫兹。

（1）几乎所有的机组检测到系统频率下降，通过频率的负反馈控制，加大油门、阀门等。

（2）负反馈控制是有差调整；系统中增加输出功率 25 万千瓦，系统频率上升为 50.2 赫兹。

（3）调度中心控制设备自动检测到系统频率仍有 0.2 赫兹偏差，向 AGC 机组发出指令，增加出力 5 万千瓦，完成调频。

3. AGC 机组

（1）定义。AGC 机组是普通机组加装自动控制设备，使得普通机组调整输出功率的速度、精度得到提高，满足二次调频的技术要求。AGC 机组同普通机组一样，可承担发电任务。

（2）AGC 的技术特性参数。

1）调频死区与调频基值点。

2）AGC 机组的输出功率只有在一定的范围时，才能承担调频任务。

①一台 20 万装机容量的火电机组，设只有输出功率在 14 万～17 万千瓦的情况下，才能承担调频任务，则称其他区域为该机组的调频死区。

②设输出功率为 15 万千瓦的状态下承担调频，则 15 万千瓦为其调频基值点。

调频精度。

AGC 机组按照调度指令调频时，实际达到的输出功率与目标输出功率之间的偏差。

调频速度。

AGC 机组调整输出功率的速度。

（3）AGC 分层控制模式。

两大目标：

1）保持系统频率稳定。

2）保持联络线潮流稳定。

我国电力系统调度模式：

1）统一调度、分级管理。

2）问题：以华中系统为例，假设河南省负荷突然增长，华中系统频率下降，若全网统一调频，可能出现湖北机组输出功率大幅增加，则湖北和河南之间联络线功率大幅度变化。

联络线功率大幅度变化带来系列问题：

1）控制不当可导致系统解列。

2）与分层管理模式相冲突。

如何保持系统联络线潮流稳定（见图 4-1）。

图 4-1　两系统之间的潮流稳定

①若从 n_1 到 n_2 的潮流下降，控制 n_1 端 AGC 机组抬高输出功率，n_2 端 AGC 机组降低输出功率。

②AGC 分层控制模式在控制频率和联络线功率之间平衡。

③联络线和频率偏差控制（TBC）控制频率和联络线功率加权，两者并重。

④恒定频率控制模式（CFC）确保系统频率稳定。

⑤恒定静交换功率控制（CNIC）确保联络线静功率不变。

（4）AGC 辅助服务的竞价模式。

竞价模式一：

1）机组申报 AGC 容量价格和 AGC 电量价格。

2）以容量价格为基准排序，由低到高采购。

缺点：机组申报很低的调频容量价格，而申报较高的电量价格，中标后一旦调用其调频，需要支付昂贵的调频电量费用。

竞价模式二（在美国加州市场中应用）：

1）机组申报 AGC 容量价格和 AGC 电量价格。

2）ISO 计算调频容量被调用的概率 x。

3）以容量价格和电量价格的加权为标准排序：

$$P = P_1 + xP_2$$

优点：若 x 计算是准确的，则是最优的。

缺点：

1）复杂、透明度低。

2）调用概率 x 的根据历史数据计算，主观随意性大，易引起争议。

（5）调频辅助服务的价格。

1）调频电量费用。

2）AGC 机组输出功率在调频基值点，应获得相应的电量费。

3）AGC 机组根据调度指令，增加/降低输出功率，增发或减发部分电量，应予补偿。

4）调频容量费用。

5）AGC 机组存在调频死区，机组必须维持一定的输出功率，限制机组参与实时市场、发电权市场的机会，产生机会成本。

6）为承担 AGC 服务，装置相应的控制设备，产生相应的成本。

4.2.5.3　备用辅助服务

1. 备用辅助服务的种类

（1）按调整输出功率的方向。

1）正备用：根据系统的需求，可增加输出功率。

2）负备用：根据系统的需求，可降低输出功率。

（2）按调整速度

1）10 分钟备用。

2）30 分钟备用等等。

（3）按机组状态。

1）旋转备用。

2）热备用。

3）冷备用等等。

（4）目前国际上尚没有关于备用的统一分类标准。

2. 备用机组与可中断负荷的报价

（1）系统备用的机组申报如下数据：

1）单位备用容量—价格曲线。

2）备用机组调节速率。

（2）可中断负荷申报内容：

1）可中断时间区间。

2）中断提前预知时间。

3）中断持续时间。

4）中断负荷容量范围。

5）中断负荷一价格曲线。

6）可中断负荷不需要进行电量报价，其切负荷电量后应该按现货供电价格支付。

3. 备用市场竞价原理

（1）出于备用容量付费考虑，备用市场必须同电量市场分离出来。

（2）备用机组在电报中应该既申报电量价格又申报容量价格。

（3）对备用机组的排序，仅按备用容量价格作为排序的指标。

（4）备用机组也应该参与现货有功电量市场的竞争，备用机组的电量报价取其在日前有功电量市场上的报价。备用机组的电量报价也影响现货电量价格。

（5）备用市场的决策在日前有功电量市场交易结束之后进行。

4. 备用市场的组织与交易决策

（1）市场组织。

1）备用申报在计划交易日的前一日进行。

2）电力调度交易中心先公布计划交易日各时段的备用需求，发电厂和可中断用户的备用申报与有功申报同时进行。

（2）备用市场的交易决策。

1）根据机组申报的备用调节速率，得到机组的备用容量大小。

2）按照备用机组和可中断负荷的申报价格由低到高排序。

3）确定购买备用机组及购买容量。

5. 无功辅助服务

（1）无功辅助服务的特点。

1）无功与节点电压密切相关。

2）无功应就地平衡，不能像有功一样只有流动。

3）电网中的无功需求以及分布与有功调度和系统运行方式有关。

4）无功来源多，生产成本低。

（2）结合无功辅助服务的特点，无功辅助服务不组织市场竞价，由调度机构统一调度。

基本是无偿辅助服务。

6. 黑启动辅助服务

（1）黑启动辅助一般不组织市场竞价。

（2）调度交易中心与具备黑启动能力的发电厂签订长期黑启动协议。

4.3　电力市场交易规则确定方式

交易规则是电力市场化改革的重要组成部分，是市场秩序的核心，也是市场机制得以发挥作用的基础和依据，直接关系到市场是否能平稳有序高效运行。规则是市场的基础和核心，规则设计的公平性、完整性和适应性直接决定了市场能否正常运转。

4.3.1　电力现货市场出清价格形成机制与集中竞价交易规则

4.3.1.1　电力现货市场出清价格形成机制

电力现货市场出清价格是根据供需报价和系统网络约束等算法，计算得到每个时刻、某一节点（区域或系统）的电能量成交价格。电力现货市场出清价格形成机制影响市场主体的报价行为、运行效率和市场力，是电力市场顶层设计的重点任务。目前国内外的主要电力现货出清价格形成机制采用边际出清价格机制，主要包括系统边际电价、分区边际电价和节点边际电价等具体价格形成机制。

（1）系统边际电价。系统边际电价是指在现货电能交易中，按照报价从低到高的顺序逐一成交电力，使成交的电力满足负荷需求的最后一个电能供应者（称之为边际机组）的报价。系统边际电价是反映电力市场中电力商品短期供求关系的重要指标之一，是联系市场各方成员的经济纽带。系统边际电价模式适用于电网阻塞较少、阻塞程度较轻、阻塞成本低的地区。

（2）分区边际电价。实际运行中，电网不同区域之间可能发生输电阻塞，而在区域内部输电阻塞发生的概率较小或情况比较轻微。此时，可采用分区边际电价，按阻塞断面将市场分成几个不同的区域（即价区），区域内的所有机组用同一个价格，即分区边际电价。分区边际电价模式适用于阻塞频繁发生在部分输电断面的地区。如北欧电力市场就是采用分区电价体系。

（3）节点边际电价（Locational Marginal Price，LMP）。节点边际电价模式适用于电网阻塞程度较为严重、输电能力经常受限的地区。节点边际电价也称为节点电价，LMP 计算特定的节点上新增单位负荷（为 1MW）所产生的新增发电边际成本、输电阻塞成本和损耗。LMP 提供了一个开放、透明、非歧视的机制来处理在电网开放条件下的电网阻塞问题，可以将因阻塞导致的成本信息反映给市场成员，LMP 的计算是有安全约束的经济调度的优化结果。LMP 在美国电力市场中得到普遍采用，如 PJM 电力市场。

电力现货市场出清价格机制选择系统边际电价、分区边际电价或节点边际电价，主要考虑电网阻塞情况，在分区内部不存在阻塞的情况下，分区内各节点边际电价等于分区边际电价，在分区间不存在阻塞的情况下，分区边际电价等于系统边际电价。如果将整个电网简化为一个节点，这个节点的节点边际电价就是系统边际电价，如果将整个电网按分区简化为几个节点，每个节点的节点电价就是分区边际电价。

从国内外电力现货市场建设经验来看，系统边际电价、分区边际电价和节点边际电价机制均有成功的应用，不同市场价格机制的优缺点和典型市场应用见表 4-2。

表 4-2　　　　　　　　　　不同市场出清价格机制优缺点

价格机制	优　　点	缺　　点	典型市场
系统边际电价	价格波动较小，有利于市场平稳起步	会对阻塞区的机组不公平，低价强卖，高峰低谷价差不大，不能引导低谷用电	北欧市场（平衡机制）
分区边际电价	价格波动性适中，市场主体相对容易接受，也能够防止个别节点高价	分区的规则和算法难以保证公平性，少数节点的阻塞可能会影响很多节点的市场成员价格，影响范围很大	北欧市场（日前）、澳大利亚
节点边际电价	价格能够体现资源稀缺性，最符合经济学原理，国外可借鉴的经验也较多	峰谷价差可能很大，市场成员接受难度大，特别是居民用电短时间没法传到价格信号，出现平衡账户资金问题	美国 PJM、MISO

4.3.1.2　集中竞价交易规则

集中竞价交易是指买卖双方在交易技术支持系统中集中申报电量需求和意向价格，由交易技术支持系统考虑各类安全约束进行市场出清，经调度机构安全复核后，形成最终交易结果的过程。集中竞价交易方式主要用于竞争性购电主体（电力用户、售电公司）和竞争性售电主体（发电企业）之间的市场交易，比如省内电量市场月度集中竞价交易、日前电量交易。集中竞价交易时，买卖双方同时"背靠背"申报电量、电价，这是典型的静态博弈。在这个过程中，买卖双方对彼此的决策知之甚少，只能依靠信息披露、申报 K 线图等有限信息猜测对方的决策，但无法完全掌握。

1. 申报规则

参加竞价的买卖双方通过交易系统申报电量电价，申报电量最小单位为 0.1 万千瓦时，申报电价最小单位为 0.001 元/千瓦时。为有效降低买卖双方的不中标风险，考虑允许买卖双方申报组或多组电量和电价，但各段电量总和不能超过交易前确定的允许申报上限。发电企业可以采用单段或多段（不高于 3 段）电量申报方式，每段电量申报两个意愿价格，第一意愿价格不低于第二意愿价格。直接参与交易的电力用户申报单段电量，每段电量申报两个意愿价格，第一意愿价格不高于第二意愿价格；售电公司可以采用多段电量申报方式（不高于其服务的电力用户总数），每段电量申报两个意愿价格，第一意愿价格不高于第二意价格。

2. 成交规则

成交规则主要有统一价格出清和申报价格出清两种方式。

统一价格出清是指每次竞价交易仅形成一个成交价格（出清价格），所有买方、卖方统一按此价格交易和结算。采用统一出清价格机制，可以保证高于出清价格的买入申报和低于出清价格的卖出申报全部成交，信息公开简洁便利，信息获取透明高效，保证了电能同质同价。统一价格出清方式示意图如图 4-2 所示。

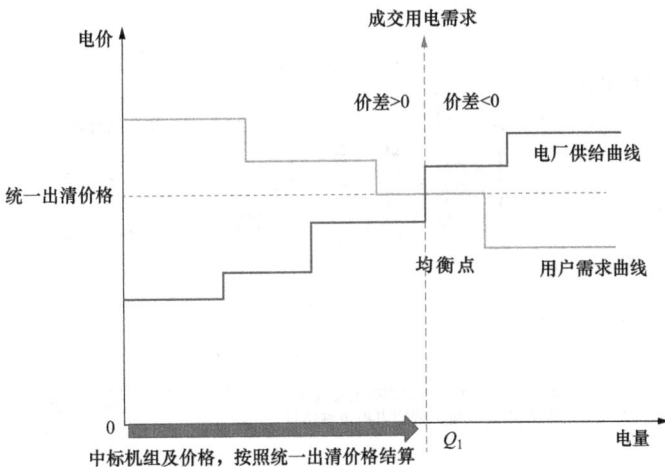

图 4-2　统一价格出清示意图

按照微观经济学基本原理，在自由竞争、信息共享的市场中，同一商品的成交价格将趋同，并基本稳定在供应曲线和需求曲线交叉点处，从而使得全社会总剩余最大。统一出清价格既符合经济学基本原理，又有大量常规商品、金融证券等交易的良好实践，是一种理想的集中竞争交易价格形成方式。

但是在电力市场中，采用统一出清价后必须面对市场力的问题。发电公司或售电公司是否拥有市场力，关键因素是市场集中度。由前述分析可知，在云南电力市场中，发电侧和用户侧的市场集中度指数都大于1000，属于典型的"双边垄断"市场结构，发电企业和电力用户都可能通过自己的不同策略在市场竞争中行使市场力，影响市场的正常运行，在市场实际运行中也已经出现了类似情况。若所有市场主体的出清价都决定于最后一个成交的（边际）购电方与售电方申报价或其平均值，云南电力市场集中竞价交易规则采用了另外一种申报价格出清方式。申报价格出清是指在集中竞价交易过程中，逐对匹配购售方报价。

$$价差 = 购电申报价 - 售电申报价 \qquad (4\text{-}1)$$

按式（4-1）计算的价差从大到小的顺序确定成交对象、成交电量、成交价格，价差为负不能成交。每一个价差对可以形成一笔购售电交易，购电方和售电方的最终成交价按照其中标电量和申报价确定。按申报价格出清示意图如图4-3所示。基于申报价格出清设计的云南电力市场集中竞价交易规则流程图如图4-4所示。

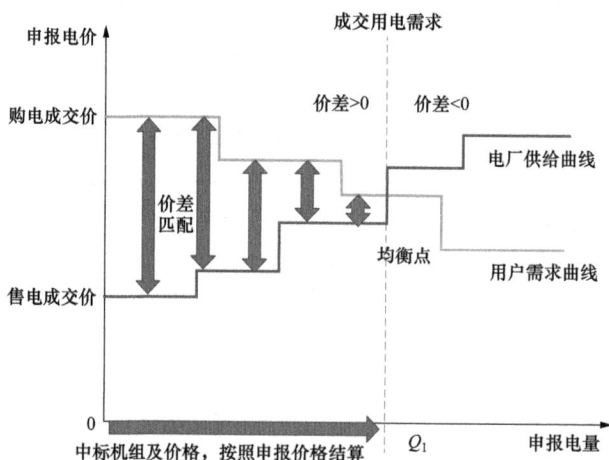

图4-3 申报价格出清示意图

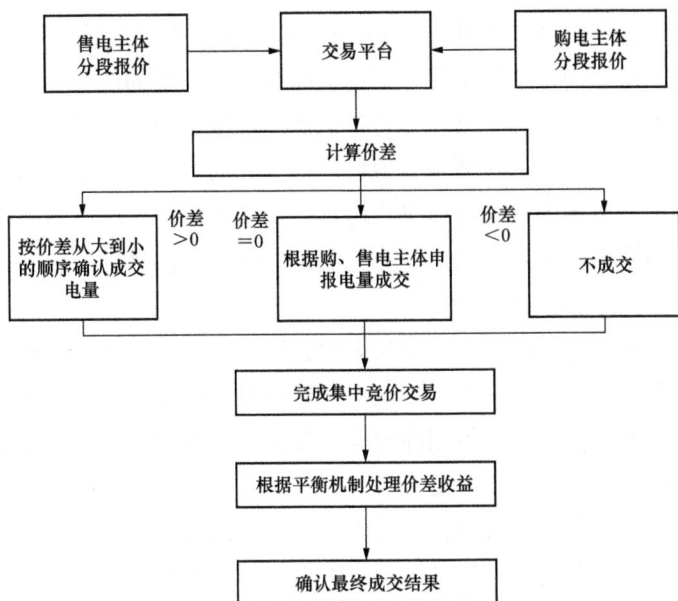

图 4-4　云南电力市场集中竞价交易规则流程图

按申报价格出清的方式，使供需双方报价更加理性化，有效地约束了市场主体的行为。对于购电方来讲，根据对电能的需求程度，保守报高价以增加成交量或激进报低价以减少电费支出；对于售电方，根据自身的电能的消纳情况，可以采用保守报低价的竞价策略，实现薄利多销，也可以激进报高价方式以赚取补偿，尽量增加度电利润，以弥补电量上的风险。

按申报价格出清的方式，明显增加了市场的活跃程度，同时能够有效限制买卖任何一方的市场力，激励双方合理报价，因为市场主体是自身价格的决定者，若不能合理报价将给自己带来损失。电厂如果虚报低价，虽然会确保成交，但成交价格会很低，直接影响电厂收益；用户如果虚报高价，同样会确保成交，但成交价格会很高，直接影响用户的电费支出。反之，如果电厂虚报高价或者用户虚报低价，不成交的风险随之上升，由此导致的超发或超用电量均纳入偏差处理，直接影响电厂的发电收益或用户的购电成本，这就对市场主体的报价行为形成了有效约束，激励市场主体根据市场情况合理申报价格。

4.3.2　电力市场合规管理探索

4.3.2.1　电力交易规则合规管理

作为电力交易的根本，电力交易规则主要指为规范电力交易，依法维护电力市场主体的合法权益，推进统一开放、竞争有序的电力市场体系建设，根据《中共中央国务院关于进一步深化电力体制改革的若干意见》（中发〔2015〕9

号）及其配套文件和有关法律、法规规定，所制定的关于市场准入、市场注册、市场交易、交易合同、交易结算、信息披露等相关规则的统称。

随着我国电力市场的发展，尽管各试点单位根据国家相关法律政策以及行业准则，制定或试运行了一些符合他们内部情况的各类中长期交易规则，然而为了能够在电力市场中实现快速平稳运行，还需要提前考虑电力市场运行中可能存在的各种规则类风险因素，并为其制定有针对性的措施与预案。

1. 电力交易规则风险

作为电力市场发展的基础，交易规则会影响到市场是否能长期稳定运行。交易规则是否合理、是否有效、与电力交易中各流程是否衔接、操作上是否符合市场实际需求、是否与政策相冲突等，都属于交易规则风险，好的市场交易规则设计是市场竞争有效的前提。

具体来说，电力交易机构在交易规则起草、修编过程中可能面临未取得政府委托或授权、起草的电力交易规则与国家现行基本交易规则存在矛盾、未广泛征求市场主体意见等风险，当发生此类风险，可能导致电力交易机构编制的交易规则得不到行政主管部门批准、交易规则无法通过审查、编制的交易规则不符合市场实际需求等后果。

2. 电力交易规则管控措施

（1）严格按照政府委托或授权，对交易规则进行起草或修编。对外，电力交易机构应严格按照政府委托或授权，根据行政主管部门的指示对电力交易规则进行制定和修编，严禁超越授权和超越职权进行交易规则的制度和修编。

（2）强调电力交易机构的独立性，明确相关职能部门的职责。对内，电力交易机构可根据政策、规范性文件对电力交易规则制定和修编的规定和程序制定交易机构内部管理制度，明确职能部门应在接受政府授权后对电力交易规则进行制定和修编的流程和规则，且不得违反相关政策的要求。

（3）充分、广泛征求市场主体意见。制定和修编交易规则过程中，应当充分、广泛地征求市场主体意见，交易机构可根据政府的授权在交易机构官方网站上公布或者由政府部门在政府部门的官方网上进行公布，或者采取登报公示等措施，向市场主体和其他单位发布并征求意见。建立反馈机制，对征集到的意见进行分析提交政府机构，如不能被采纳，应当向市场主体说明不能被采纳的原因，避免交易规则最终发布实施后，市场主体再提异议。

4.3.2.2 市场主体准入与退出合规管理

市场主体准入指市场主体根据准入条件，履行注册、承诺、公示、备案等程序，纳入市场主体目录。市场主体退出指市场主体不再参与电力市场化交易，包括自然退出、自愿退出和强制退出。自然退出指企业实体注销，交易系统自动获取其注销信息触发自然退出电力市场申请。自愿退出指企业实体根据自身意愿，申请退出电力市场。强制退出指企业实体触发强制退市场景，电力交易机构根据相关程序对其实施强制退出电力市场。

1. 市场主体准入与退出风险

国家层面，《国家发展改革委国家能源局关于推进电力市场建设的实施意见》《中共中央国务院关于进一步深化电力体制改革的若干意见》（中发〔2015〕9号）、《电力中长期交易基本规则》（发改能源规〔2020〕889 号）等文件均对市场主体的准入和退出进行了纲领性规定。根据当地实际情况，各省根据文件精神所制定的地方性文件和政策中对市场主体准入、退出条件、程序进行了更为详细的规定。实践中，电力交易机构在对市场主体进行准入、退出、信息变更等全过程的管理中，存在以下风险：

（1）未严格审查市场主体是否符合准入条件、提供资料是否完备。电力交易机构在市场主体申请准入过程中，如未严格审查市场主体是否符合准入条件、未严格审核市场主体提交资料是否完备，都可能导致不符合准入条件的市场主体进入电力市场，扰乱电力市场管理。如后期管理过程中发现市场主体不符合准入条件或提交资料不完备、与实际情形不一致等情形，要求市场主体退出电力市场或补充资料时，市场主体拒绝配合，甚至引发向行政主管部门反映电力交易机构未按规定履行义务等不利后果。

（2）入市协议、零售服务协议等合同签订不规范。随着互联网经济、电子商务的不断发展以及《中华人民共和国民法典》的颁布，电力市场中已开始大量推行电子合同，电子合同相对于传统的纸质合同在签订形式、内容和程序上均有不同，要求更加规范、全面和严谨。

当采取纸质形式签订合同时，出现市场主体加盖印章不规范、协议内容不完整、委托代理人签订无授权委托等情形，或者采取电子形式签订合同时，出现电子签章办理不规范等情形，都可能导致合同效力存疑，双方无法根据合同纸质文本或电子约束对方履行义务或主张权利，加大电力交易机构处置市场主体争议纠纷压力。

（3）履行公示程序时，未对市场主体信息进行脱敏处理。电力交易机构在对市场主体信息（尤其是售电公司）进行公示过程中，可能由于工作疏忽或麻痹大意未对市场主体的商业秘密或员工个人隐私信息进行脱敏处理，市场主体或员工可能要求电力交易机构承担因泄露商业秘密或个人隐私的侵权赔偿责任。

（4）市场主体退出市场时合同、结算未履行完毕或未完成转让。电力交易机构在审核市场主体退市申请过程中，未对市场主体合同、结算情况进行严格审核，将直接导致未履行完毕权利义务的市场主体提前退出电力市场，与之有交易关系的市场主体可能向电力交易机构提出争议解决要求，甚至引发诉讼纠纷。

2. 市场主体准入与退出管控措施

（1）严格审核市场主体是否符合准入条件。电力交易机构应严格审核市场主体是否符合当地电力交易规则规定的准入条件，对市场主体提交资料、填写信息是否完备、是否与资质材料一致等加强审查。必要时借助系统工具，完善系统自动审核功能，降低人工成本和出错率。如政策规定的准入条件变化，及时调整系统审核要件。

（2）规范合同管理。为了保障电力市场各市场主体的正常经济活动，维护电力交易机构和市场主体的合法权益，需要做好合同管理工作。一是应确保电子签章的有效性，市场主体办理电子签章必须是由依法设立的电子认证服务提供者提供认证服务的电子签章。二是应设立专门的合同管理机构和人员，制定有效管理制度。三是在合同签订过程中对签订对象、合同文本进行严格把关。四是合同签订后，抓好履约过程的控制。

（3）规范市场主体信息公示管理。因履行公示程序面向社会公众，电力交易机构仅能对市场主体的公众信息进行公示。在公示信息时应严格审核所公示信息为公众信息，对于市场主体及其员工的私有信息及不能对全体社会公众公开的信息做脱敏处理，如人员身份证号、联系电话、出生年月、社保账号等；市场主体公司银行账户、股权结构、企业资产证明、资产总额验资报告及审计报告等，并在公示期满后及时撤回公示附件。

（4）市场主体退出市场时，严格审查合同、结算是否履行完毕。电力交易机构在市场主体退出市场过程中，应严格审核其已签订的购售电合同及已达成交易协议是否已履行完成或转让，相关的电费、合同履行及交易费用是否结算完毕，未完成的不予退出市场，并督促市场主体及时履行合同转让及结算义务。

4.3.2.3　电力市场信息保护合规管理

1. 电力市场信息保护风险

2020 年 2 月，国家能源局出台《电力现货市场信息披露办法（暂行）（征求意见稿）》，对信息披露原则和方式、信息披露的内容等方面进行了说明，但是市场上并未形成完善的信息披露机制。

除上述市场主体准入过程中信息公示阶段可能出现的风险外，电力市场信息的收集、使用、保管均存在重大法律风险，具体包括：

（1）收集市场主体数据或者信息未取得市场主体明示同意。电力交易机构作为平台服务提供者，在未取得市场主体明示同意前，擅自收集市场主体数据或信息，或未向市场主体明示收集、使用信息的目的、方式和范围，均违反《网络安全法》的规定，可能导致承担民事赔偿责任，甚至遭受行政处罚的严重后果。

（2）市场主体信息保管不当，导致信息违规泄露或者毁损、丢失市场主体信息。电力交易机构在收集市场主体信息后，未妥善保管信息，导致市场主体信息毁损、丢失，或在市场主体争议纠纷事件通报时违规泄露信息，都可能导致电力交易机构面临民事赔偿、行政罚款、警告甚至责令暂停相关业务、停业整顿、关闭网站、吊销相关业务许可证或者吊销营业执照等法律风险。

2．电力市场信息保护管控措施

（1）收集市场主体信息应征得市场主体同意并明确信息收集、使用范围。电力交易机构可在市场主体进入电力市场前，以书面形式向拟进入市场的主体明示需要收集的信息、数据种类、范围，取得市场主体的书面明示同意后再进行收集。

（2）加强市场主体信息管理。对外，电力交易机构应当对市场信息进行分类管理，使用技术手段，密切监测市场主体信息存储、传输、使用等情况，一旦发现非授权存储、传输、使用，系统自动报警，降低信息泄露、丢失、损毁风险。

对内，电力交易机构应加强员工培训，定期组织开展电力市场信息保护培训教育，提高全员的信息保护意识。要求直接接触、使用市场信息的员工签署安全责任承诺书，履行相应的信息安全保护义务。

电力市场合规管理要求电力交易机构能够充分运用合规管理工具，结合电力市场的相关业务流程，分析各业务节点涉及的法律法规和监管强制性规定，以及不合规的后果，并提出管控要求，构建电力市场合规体系。只有构建起完善的电力市场合规体系，电力交易机构才能更好地服务于电力市场建设，为电力市场化交易提供坚实、有效的支撑。

4.3.3　我国省间、省内电力市场交易

4.3.3.1　省间、省内电力市场交易现状

自 2015 年推进新一轮电力体制改革以来，国家先后出台了电力中长期、现货市场建设的若干指导性文件。截至 2019 年年底，全国已建立 31 个省级电力市场，以国网、南网经营区域为基础建立了 2 个区域电力市场。随着电力市场改革不断深入，8 个电力现货试点先后启动试运行，网省两级交易机构融合被提上日程。2022 年 1 月，国家发展改革委、国家能源局发布《关于加快建设

全国统一电力市场体系的指导意见》（发改体改〔2022〕118号），指出："要引导各层次电力市场协同运行。有序推动国家市场、省（区、市）/区域电力市场建设，加强不同层次市场的相互耦合、有序衔接"。省间、省内市场的耦合协调发展成为全国统一电力市场规划建设的重要环节之一。目前，国网区域和南网区域内均已印发实施跨省跨区中长期交易规则，以北京电力交易中心组织的跨省跨区交易为例，省间和省内市场的协调通过"分层申报，顺序出清"的模式开展。

我国电力市场的总体发展方向为以中长期交易为主，现货交易为补充，省间与省内两级交易市场长期并存。南方区域两级交易的主要衔接原则为电能优先在省内平衡，富余电量通过省间交易，实现区域优化配置和余缺调剂，并物理执行。输电权交易等配套交易机制仍在探索中。省间输电通道仍为省级政府间的框架协议、国家指令性计划优先使用，计划外剩余的通道再用来组织开展市场化交易。对于省间交易执行产生的偏差电量，目前主要是纳入协议计划，在丰、枯水期内对其进行滚动平衡。跨省、跨区电力市场协同发展是落实国家能源战略，解决我国电力资源与市场需求分布不平衡问题的重要手段。围绕充分发挥市场在资源配置中起决定性作用这一目标，各级政府、电力运营企业等市场主体大力推进跨省、跨区电力市场建设，取得显著成效，主要包括以下几个方面：

（1）两级市场架构基本建成，省间、省内功能定位逐步清晰。随着北京、广州跨省区交易规则的逐步完善，我国省间、省内两级市场的总体框架基本建成。其中，省内市场为电力平衡型市场，保障电力供需平衡和系统安全稳定运行，主要实现省内的资源优化配置；省间市场为跨区域资源配置型市场，促进清洁能源在全国范围消纳，主要推动落实国家能源战略。省间、省内市场通过"分层申报，顺序出清"的模式协调衔接，但该模式下仍然存在省间市场壁垒、两级市场协同性较弱、对于跨省跨区输电通道利用率不足等问题。

（2）跨省区交易规模不断扩大，清洁能源消纳问题有效缓解。我国先后开展了省级和跨省区的中长期、现货、发电权交易等市场的探索和实践，交易规模不断扩大。如表4-3所示，2021年全国电力交易总量达到3.78万亿千瓦时。其中，省内交易电量达到3.08万亿千瓦时，省间电量达到7027.1亿千瓦时。

表4-3　　　　　　　　　　2021年全国电力市场交易情况

交易指标	交易量（亿千瓦时）
省内交易电量（仅中长期）	30760.3

续表

交易指标	交易量（亿千瓦时）
电力直接交易	28514.5
绿色电力交易	6.3
发电权交易	2038.8
抽水蓄能交易	117.6
其他交易	83
省间交易电量	7027.1
省间电力直接交易	1890.1
省间外送交易	5037.5
发电权交易	99.5
合计：全国市场交易电量	37787.4

数据来源：中国电力联合会规划发展部。

此外，我国积极开展清洁能源打捆和替代交易等机制，有效缓解了弃风、弃光等消纳问题。

（3）市场主体持续多元化发展，交易平台相对独立、规范运作。我国持续推动发电侧和售电侧有序竞争，初步形成多买多卖的市场格局。截至 2021 年年底，国网经营区域内注册发电企业超过 2.88 万家、售电公司超过 3700 家、电力用户超过 13.79 万家，各类主体合计已突破 14.37 万家。北京、广州电力交易中心和 31 家省级电力交易中心完成组建，通过出台独立规范运行相关政策，推动区域级交易平台和省级交易平台的股权结构进一步优化、交易规则有效衔接。

可以看出，我国跨省、跨区电力市场体系逐步完善，在扩大交易规模和促进清洁能源消纳利用等方面取得了显著成效。在新型电力系统建设和碳减排背景下，我国将面临更紧迫的资源优化配置需求和清洁能源消纳需求。

4.3.3.2　省间交易机制实现方式

（1）交易周期及品种。省间中长期交易设置年及年以上、月、周、日 4 类周期交易。在交易品种设置方面，省间交易的参与主体不多，仍以省级电网公司为主，以直接交易为补充，考虑当前改革的实施阶段，省政府间框架协议、国家指令计划等优先发购电计划，以及扶贫、支援等政策性定向交易的出清方式及偏差处理方式需在交易组织前明确。此外，省间交易中所有"网对网"的交易合约需在交割前明确具体的电厂或用户主体，即分解至"终端主体"，并以此作为市场主体直接参与省间或省内交易的边界条件。

（2）交易组织方式。电力中长期交易组织方式主要有场外双边协商、场内挂牌和竞价 3 类。对于同一级别的省间中长期交易，考虑目前省间交易的准入市场主体较少、优先计划比例高的现状，宜采用以双边协商为主的组织方式，即先双边集中的方式组织交易。若省间市场准入主体达到一定规模且优先计划逐步放开，则可在维持优先计划电量的双边协商方式外采用场内挂牌和竞价方式组织市场化交易。

（3）交易结算关口。交易结算关口即交割点，双边协商交易原则上由市场主体约定。场内集中交易的结算关口由交易中心事前设置在统一结算点，并根据省间线损率、省间输电价格等予以折算。

（4）交易价格。省间交易价格由市场主体自主协商或通过参与交易中心组织的场内集中交易自主申报出清形成。

4.3.3.3 交易组织流程

对于同一交割时段的标的，交易应按照级别依次组织。同一级别的省间交易优先于省内交易进行开展。

（1）交易准备。每个周期交易开市前，由调度机构披露最新的输电通道能力、线路及设备检修计划、负荷预测等基本信息，并预先给出交易约束条件。信息披露的颗粒度应与交易标的最小交割时段一致。

（2）交易申报。市场主体可根据自身在标的时段内的可交易电量和电力约束申报交易计划曲线。双边协商曲线由市场主体协商确定，场内交易曲线由交易中心按照历史典型曲线确定。

（3）交易出清。交易中心按照当前交易级别的最小交割时段，对每个时段的电量进行出清。在月度交易中，某一交割时段年度交易分解形成的月度电量优先于月度交易电量出清；在周交易中，某一交割时段月度交易分解形成的周电量优先于周增量交易出清。对于同一交易级别中的交易标的，政府明确的优先电量优先于市场电量出清。上述出清条件均相同时，按照申报时间先后顺序依次出清；同一时间申报的，按申报电量比例进行出清。

（4）安全校核。调度机构根据出清结果，反馈通道能力越限情况。在当前阶段，上一级别交易合约优先分配输电权，后续可考虑与输电权交易机制配合组织。安全校核优先保障高级别交易的可执行性，这是由于高级别交易为远期交易，不确定性更大，需优先保证该交易交割，调度机构预留电网的安全裕度更大。

（5）交易计划。设某一级别交易关闸时刻为 t，则汇总 t 时刻之前申报并通过校核的全部交易结果，形成该级别的交易计划。与前述一致，年度交易计划最小标的周期为月，月度计划最小标的周期为周，周计划最小标的周期为日，日计划标的周期为 1 小时。最低级中长期交易即日交易闭市后通过安全校核的交易计划即为最终提交调度执行的正式交易计划。

（6）交易执行。正式交易计划由调度机构物理刚性执行。该计划不可再调整，若出现供需形势变化、新增清洁能源需要消纳或发生电网事故等情况，则由调度机构在中短期市场另行处理，并按照偏差处理机制结算。

4.3.4 某省或区域电力市场交易规则实例

4.3.4.1 南方（以广东起步）电力现货市场系列规则

2018 年 8 月 30 日，国家能源局南方监管局会同广东省经济和信息化委员会、广东省发展改革委联合发布《关于征求南方（以广东起步）电力现货市场系列规则意见的通知》，印发《广东电力市场运营基本规则（征求意见稿）》和配套的关键实施细则，这也标志着我国首部电力现货市场交易规则正式问世。

作为首批 8 个电力现货市场试点地区之一，南方（以广东起步）电力现货市场建设走在全国前列，南方（以广东起步）电力现货市场系列规则结合南方区域和广东实际，创新性地提出电力现货市场利益平衡、风险控制、市场衔接等关键问题的解决方式，是符合我国国情、具有中国特色的电力现货市场交易规则。

同时，随着现货市场试点的稳步开展，售电行业将加速向专业化、技能化发展，真正激活电力市场，促进市场竞争，这也对市场风险防控和市场监管提出了更高要求。

1. 结合实际，编制符合国情的现货规则

南方（以广东起步）电力现货市场系列规则历经 4 次集中讨论和 2 次专家意见征集而成，包括《广东电力市场运营基本规则（征求意见稿）》及配套的市场管理、中长期交易、现货电能量市场交易、调频辅助服务市场交易等 8 个关键实施细则。其中，运营基本规则是系列规则的基础和基本原则。

根据规则，广东电力市场将形成"中长期+现货"市场体系，包含基于差价合约的日以上周期的中长期电能量市场和全电量竞价的日前、实时现货电能量市场。同时，发电侧以发电机组对应上网节点的节点电价作为现货电能量市场价格，用户侧以全市场节点的加权平均综合电价作为现货电能量市场价格。

牵头负责制定电力市场规则的南方能源监管局相关负责人表示，现货市场代表着电力市场发展的方向，但国内电力现货市场建设尚属首次，仅有国际电力市场的技术性经验供参考，而国外与我国国情不同，因此该局结合我国电力计划与市场双轨制运行的特点和国情，以及广东省和南方区域的实际情况，编制了国内首部电力现货市场交易规则。

"举个例子，为增强可操作性，现货市场现阶段按照'发电侧报量报价、用户侧报量不报价'的模式起步，再平稳发展到'发电侧报量报价、用户侧报量报价'

模式，同时设置合理的上下限。"该局相关负责人解释，从稳步起步、逐步完善的角度考虑，现货市场起步阶段利益格局调整不宜过大，且市场的成熟发展需要一定时间，该局将视市场进程适时探索完善规则，切实推动电力市场的纵深发展。

"改革从来不是一蹴而就的，从 2006 年台山发电厂与 6 家电力大用户开展直接交易试点，到 2013 年启动全省直接交易试点，再到如今的现货试点，是广东 10 多年来电力市场培育发展的成果，并不是单一割裂的。"该位负责人强调，只有结合实际的编制规则才具有生命力和可操作性，广东电力市场方可延续发展至今。为此，在现货市场规则编制过程中，该局广开言路，敞开大门编规则，邀请市场主体广泛参与，使规则得到广大市场主体的认可，更具可操作性。

2. 平衡风险，创新解决市场关键问题

广东省内电源装机容量大，电源结构复杂，不同机组间成本悬殊。若现货市场采用绝对价格竞争的市场模式，则部分高成本发电机组缺乏竞争优势，面临生存困境。

对备受市场主体关注的现货市场中不同成本机组同台竞价问题，规则提出了创新性的解决方案。考虑到社会对电价波动的承受度，南方能源监管局在测算不同机组真实运行成本和综合成本的基础上，高成本机组参照执行与常规燃煤机组的相同成本，在竞得及发出电量后，实际结算时给予其一定的补贴以保障机组收益，补贴资金由市场用户分摊。该方案得到了国家发展改革委副主任连维良的高度赞赏，他说："这个解决办法非常好，对全国电改都有重要的推动作用，我们全力支持"。此举也有利于在市场起步阶段设置交易限价。据了解，为避免市场操纵及恶性竞争，经能源监管机构和政府部门同意后，市场运营机构可根据测算，对电能量市场和辅助服务市场的申报价格和成交价格设置合理的上限及下限，以有效调整市场竞争度，及时防范过度投机行为。

除此以外，规则还充分考虑我国电力计划与市场双轨制运行的特点，创新性地解决了二者的衔接问题。其中，计划与市场的衔接方面，省内 A 类机组年度基数合约电量作为电能量市场交易开展的边界条件，由政府主管部门制定下达，落实优先发电、优先购电政策；B 类机组的分月合约电量根据市场规则以差价合约形式参与市场。跨省区交易与广东电力市场交易的衔接方面，广东是"西电东送"国家战略的重要受电端，现阶段，向广东跨省区送电不参与广东电能量市场交易，作为广东电能量市场交易的边界条件，其中长期合同分解、交易结算以及后续参与广东电能量市场交易的具体规则另行制定。

3. 加速分化，售电公司向专业化发展

现货市场的到来，如同一条鲶鱼搅动整个广东电力市场，售电公司将进入新的发展时期。

2015 年 1 月 30 日，全国首家工商注册的售电公司在深圳成立；截至 2017 年底，获得广东电力市场准入资格的售电公司达 374 家；2018 年 5 月，广东电力交易中心收到广东首例售电公司退出电力市场的自愿退出申请。数年时间，广东市场培育了售电公司，但在激烈市场竞争下，行业洗牌已然开始，部分售电公司艰难前行。

"外界不理解，认为成立售电公司没有必要，甚至认为售电公司是皮包公司，这是不对的。"南方能源监管局相关负责人强调，售电公司是电力市场发展到一定阶段的必然产物。他表示，售电公司的相对成熟，为现货市场的开展奠定了基础，这也是未来现货市场"发电侧报量报价、用户侧报量报价"模式的重要基础，若没有售电公司，用户直接参与现货市场交易将承担极大风险。"根据规则，现货交易的颗粒度是 1 个小时，对用户来说，不可能每小时跟踪电价波动，尤其是中小用户，此时由专业化、技能化的售电公司代理是必然趋势。"业内人士预测，随着现货市场的发育，售电公司将进行分化，乃至分类。现行的广东中长期电力市场交易中，售电公司可参与的交易品种较少，以电量多寡论英雄。然而在现货市场中，售电公司需凭专业技术取胜。"现货市场涉及电力、金融、经济等领域知识，售电公司对电力特性、负荷预测曲线、社会价格成本走势等专业问题的掌握缺一不可。"该业内人士预计，专业水平高的售电公司将来主要参与一级市场，而专业技能较弱的售电公司也不一定倒闭，可主营二级、三级市场代理。

4. 多方发力，加强市场监管能力建设

按照计划，今年底广东电力现货市场将启动模拟运行，运营风险不容小觑，监管力度必须加强。

为此，南方能源监管局充分发挥互联网优势，要求广东电力交易中心在现货市场技术支持系统中同步建立监控系统，并接入该局监管系统，以便该局查看交易数据，运用技术手段加大对市场运营机构的监管力度。对电网公司、大型发电企业等市场主体，该局将采用不对称监管。针对现货市场专业化水平高的特点，该局还将参考国际经验，引入第三方稽核力量协助监管。

与此同时，南方能源监管局提前预判市场形势，完善修订配套监管体系，形成了监管执法的有力抓手，如现行的《广东电力市场监管实施办法（试行）》《南方区域跨区跨省电力交易监管办法（试行）》《广东电力市场售电公司履约保函管理办法（试行）》和《广东、广西、海南售电公司监管办法（试行）》等系列监管举措，构筑了一套较为完善的监管体系，从规章制度、法治上保证了依法监管。

市场监管的核心，无疑是市场交易的公平性，防范串谋与市场力是重中之重。

"只要市场力不平衡，就会影响市场。"南方能源监管局相关负责人举例，单一售电公司及其关联企业所占市场份额不得超过 20%的明文规定，既是将监管前移至事前的体现之一，也是市场公平的重要基础。在接下来的市场监管中，该局将在人力、物力、法治和技术上下功夫，进一步加强市场监管能力建设，保障电力市场的有序运转。

南方能源监管局相关负责人表示，电力市场化改革已进入深水区，该局将积极响应"四个走在全国前列"的明确目标，积极推进电力市场化建设，并迅速启动模拟推演，力争于今年底启动南方（以广东起步）现货市场模拟运行，达到试运行条件，探索出一条符合中国特色社会主义电力市场机制的新路子。

"1+8"模式的电力现货市场规则体系：

"1"是：

《广东电力市场基本运营规则（征求意见稿)》。

"8"是：

《广东电力市场管理实施细则（准入与退出部分）（征求意见稿)》及《广东电力市场管理实施细则（信用管理部分）（征求意见稿)》；

《广东电力市场中长期交易实施细则（征求意见稿)》；

《广东现货市场电能量交易实施细则（征求意见稿)》；

《广东调频辅助服务市场交易实施细则（征求意见稿)》；

《广东电力市场结算实施细则（征求意见稿)》；

《广东电力市场信息披露实施细则（征求意见稿)》；

《广东电力市场系统运行管理实施细则（征求意见稿)》；

《南方区域并网发电厂辅助服务补偿及并网运行考核实施细则（仅限广东省）（征求意见稿)》。

三大关键问题解决方式：

利益平衡：在测算不同机组真实运行成本和综合成本的基础上，高成本机组参照执行与常规燃煤机组的同一成本，在竞得及发出电量后，实际结算时给予其一定的补贴以保障机组收益，补贴资金由市场用户分摊。

风险控制：对电能量市场和辅助服务市场的申报价格和成交价格设置合理的上限及下限，以有效调整市场竞争程度，及时防范过度投机行为。

市场衔接：计划与市场的衔接方面，省内 A 类机组年度基数合约电量作为电能量市场交易开展的边界条件，由政府主管部门制定下达，落实优先发电、优先购电政策；B 类机组的分月合约电量根据市场规则以差价合约形式参与市场；跨省区交易与广东电力市场交易的衔接方面，现阶段，向广东跨省区送电不参与广东电能量市场交易，作为广东电能量市场交易的边界条件。

广东现货电能量交易组织形式：

（1）日前电能量市场。

交易模式：现阶段，日前电能量市场采取"发电侧报量报价，用户侧报量不报价"的模式组织；市场逐步成熟后，日前电能量市场采取"发电侧报量报价，用户侧报量报价"的模式组织。

出清方式：日前电能量市场采用全电量申报、集中优化出清的方式开展。

（2）实时电能量市场。

交易模式：实时电能量市场中，发电侧采用日前电能量市场封存的申报信息进行出清；用户侧无须进行申报。

出清方式：实时电能量市场采用全电量集中优化出清的方式开展。

现货电能量市场价格形成机制：现货电能量市场通过集中竞争的方式，形成分时节点电价作为市场价格。节点电价由系统电能价格与阻塞价格两部分构成，系统电能价格反映全省的电力供需情况，阻塞价格反映不同节点的电网阻塞情况。

各方声音如下：

以广东起步的南方区域电力现货市场正式启动试运行，标志着我国电力市场化改革迈出了最关键的一步，广东省政府和南方电网公司在整个电力体制改革中作出了重要贡献。

电力现货市场投入试运行，将有利于发挥市场在资源配置中的决定作用，更好促进西电东送国家战略的有效落地。

广东省发展改革委积极推进电力现货市场相关工作，目前已经完成相关实施方案和交易规则起草工作，正在进一步征求各方意见；初步建设了现货市场技术支持系统，开展了内部模拟运行工作，具备了试运行（模拟阶段）条件。下阶段要继续推进建设公平开放的广东电力市场，逐步扩大电力市场规模，稳步推进电力现货市场建设，持续推进各项电力体制改革任务。

广东市场意识发达，电力现货市场运营规则做到了用市场机制反映价格，广东的先行先试为全国的电力市场改革发展提供了样本和经验。

4.3.4.2　华东区域内各省区市场交易规则

1. 华东区域内各省区市场交易规则对比分析

华东电网交易中心主要负责区域间跨省市场交易（江苏省、浙江省、安徽省、福建省和上海市）。跨省交易时，各发电企业申报电量由各省调度机构根据该机组最大可调输出功率、综合厂用电率以及发电计划、旋转备用量等校核确定，因此区域内各省市场交易规则不同势必影响本身及跨省、跨区市场竞争的量、价，规则上差异必然导致对市场主体的影响。

售电公司准入及监管、市场交易上限及剔除容量规定差异性较大。通过对四省市场规则对比分析发现，发电准入、用户准入、市场方式和周期差异性相对较小，其主要取决于区域内装机情况及市场规模，但售电公司准入及监管、市场交易上限及剔除容量规定差异性相对较大。

售电公司准入差异：浙江省不允许售电公司参与。江苏省注册资本 2000 万元及以上即可成立售电公司，但售电企业应根据签约用户的电量，向交易机构提供银行履约保函：签约电量（含已中标的存量合同电量，下同）低于 6 亿千瓦时的售电企业需提供不低于 200 万元人民币的银行履约保函；签约电量达到 6 亿千瓦时、低于 30 亿千瓦时的售电企业需提供不低于 500 万元人民币的银行履约保函；签约电量不低于 30 亿千瓦时的售电企业需提供不低于 2000 万元人民币的银行履约保函。安徽省和福建省注册资本 2000 万元及以上即可成立售电公司，未对其违约情况制定罚则，售电公司准入门槛相对较低。

交易上限差异：各省对不同等级机组设定的交易上限差距明显。从 100 万等级机组与 30 万等级机组交易上限对比中可以看出，安徽市场交易上限中 100 万等级是 30 万等级的 1.7 倍，浙江市场交易上限中 100 万等级是 30 万等级的 1.09 倍，江苏市场交易上限中 100 万等级是 30 万等级的 1.06 倍，福建市场交易上限中 100 万等级是 30 万等级的 1 倍，其中安徽省百万机组与 30 万等级机组交易上限倍数最大达 1.7 倍。

剔除容量差异：四省中各省对剔除容量规定并不相同。安徽省、福建省按市场电量折算剔除装机容量；浙江省、江苏省按照市场电量等量剔除计划电量，同时按比例奖励计划电量。特别是安徽省对不同等级机组制定了不同的剔除系数，与《关于有序放开发用电计划的实施意见》中对于扣除相应容量的规定不符，即直接交易电量折算发电容量时，可根据对应用户最大负荷利用小时数、本地工业用户平均利用小时数或一定上限等方式折算。

规则差异导致不同等级机组平均利用小时数差异更大。2018 年四省百万机组年度利用小时数分别为：安徽省 5700 小时、福建省 5400 小时、浙江省 4800 小时、江苏省 4650 小时。此外，由于华东四省不同等级机组市场上限规定不同，在跨省交易中百万机组借助利用小时数高、煤耗低的优势，可以申报低价获得交易电量，进一步摊薄固定成本形成新的价格优势，获取更高利用小时数。

交易规则中各类系数设定不符合电力商品价格特征。电能作为一种特殊商品，而商品经济是一种直接以交换为目的的经济形式，包括商品生产和商品交换。但电能与其他商品有着显著差异，主要表现在：一是电能目前无法经济的大规模存储；二是电力负荷随时间不断变化；三是大部分电力负荷的价格弹性很小；四是电能必须通过输电网和配电网输送到电力用户。《关于进一步深化电力体制改革的若干意见》主要是还原发电侧对商品交换职能，还原电能商品属性，针对电能与其他商品差异，通过辅助服务推进储能技术发展；通过现货交易满足负荷变化及实现产品价格；通过输配电价核定明确输送环节价格。电力市场上首先是依据用户负荷特性、电量供需平衡、电网阻塞情况等确定电价差距；其次在同一电网不同等级机组的电能品质是完全一致的，其进入市场后，市场竞争能力主要取决于单位发电成本，各发电主体应自身通过优化运行等手段降低机组能耗，提升市场竞争力。因此，由于交易规则中各类系数设定给不同发电企业在市场竞争中带来了额外价格增减，不符合商品的价格特征。

安徽省市场交易规则中不同系数设定对市场价、量影响较大。在规则约束下，假设不同等级机组成交 1 亿千瓦时市场电量，下面两种方法分别以只考虑剔除容量系数影响和考虑供电煤耗、剔除系数影响，按照成本对比法计算盈亏平衡电价得出以下结论。

第一种只考虑剔除容量系数影响，在供电煤耗（按 100 万等级机组计算）、入炉标单、环保成本、标杆电价等全部相同情况下，仅 100 万等级机组可降价幅度较 30 万等级机组可降价幅度大 8.71 元 / 兆瓦时；第二种仅考虑供电煤耗、剔除容量系数影响，在入炉标单、环保成本、标杆电价等因素相同情况下，100 万等级机组可降价幅度较 30 万等级机组可降价幅度大 22.86 元 / 兆瓦时。

对交易上限设定，若以 2018 年安徽省准入装机情况为例，采用市场份额对比分析法，分别按照交易上限市场份额与装机容量市场份额对比分析得出，按照规则规定上限系数测算市场占比，其中百万机组、60 万超临界机组占比达 46.42%，其份额占比高于装机容量占比，60 万超临界及 30 万等级机组占比为 53.38%，其份额占比低于装机容量占比，60 万超临界机组低于装机容量占比 2.77%，30 万等级机组低于装机容量占比 5.8%，其交易上限系数规则进一步扩大了大容量、高参数、低能耗机组市场份额。

由于 100 万等级机组煤耗等指标优于 30 万等级机组，在剔除容量条件相同情况下，100 等级机组较 30 万等级机组可降价幅度大，加之剔除容量系数不同，导致 100 万等级机组较 30 万等级机组可降价幅度加大，进一步削弱了 30 万等级机组市场竞争，即剔除系数设定放大了不同等级机组的市场竞争。而交易上限的设定，又扩大了高等级机组的市场份额，有利于摊低成本参与竞争。这样使得不同等级机组在市场的竞争中地位明显不等，也因不同等级机组在统一区域电网中的位置、作用不同而影响电网安全校核。售电公司特别是民营售电公司，其进入市场主要目的就是赚取中间差价，在电力市场供大于求的竞争形势下，通过在不同等级机组的发电企业间反复询价、压价，倒逼发电企业进一步降价，造成市场恶意竞争，在目前煤价高位运行阶段更增大了燃煤电厂的亏损。

2. 应对交易规则中各类系数设定的措施

优化能源结构，多途径发展项目。针对低等级煤机在市场竞争中的劣势，结合国家发展改革委办公厅印发的可再生能源发电量配额政策征求意见稿，区域发电集团要持续优化能源结构，通过对区域内发电主体进行调研，多方式、多途径发展项目，加大开发和储备风电等新能源项目的力度，增加可再生能源占比，同时密切关注国家关于煤机容量替代的相关政策，提升大容量煤机占比，以满足电力市场及绿证交易的需要。

完善市场交易规则，达到电改最终目标。深入研究国家层面电改相关文件及本省区市场交易规则，积极与政府有关部门、电网公司、各发电主体沟通联系，充分了解市场规则在试行中对各利益主体的影响及未来电力市场发展模式（集中式或分散式），积极参与规则修订工作，促使市场交易规则能使各利益主体间公平、公开、公正地展开竞争。

4.3.4.3 湖南电力市场中长期交易规则

湖南中长期电力市场自 2017 年 10 月正式启动，在全国率先全面放开工商业用户进入市场，水火风光各类型电源均参与市场交易。正式运营以来，注册市场主体迅速扩大，省内交易规模成倍增长。至 2021 年年底，注册主体数量达到 19189 个，较市场之初增长 4.9 倍；交易电量从 50.3 亿千瓦时增加到 729 亿千瓦时，增长 13.5 倍，累计成交电量 2226 亿千瓦时。

2017 年 7 月，湖南能源监管办、湖南省发展改革委、湖南省能源局印发《湖南省电力中长期交易规则（试行）》，湖南电力交易中心相应制定了全国第一个省级电力市场中长期交易实施准则《湖南省电力中长期交易实施细则（2017.01版）》，并在 2017 年 12 月与 2019 年 5 月对规则进行了第一次与第二次修编。

2020 年 12 月，基于国家发展改革委、国家能源局新版中长期交易规则，经过大范围修订，印发了《湖南省电力中长期交易规则》，交易实施细则也随着各次交易规则的修订相应进行了多次调整。

2021 年 10 月，国家发展改革委印发《关于进一步深化燃煤发电上网电价市场化改革的通知》（发改价格〔2021〕1439 号）。为适应燃煤发电上网电价改革、推动中长期交易连续运营、开展分时段交易。2022 年 6 月，湖南中长期交易规则再次修编并印发。

　　没有最好的规则，只有最适应的规则。湖南电力中长期交易规则及实施细则一直在不断调整、完善，及时地反映市场变化，并有力规范市场运行，以湖南中长期交易规则在适应性方面的主要特点解决突出问题，为湖南电力市场稳步发展奠定了基础。

　　1. 湖南中长期交易规则在适应性方面的主要特点

　　（1）不同批复电价的水火风光等类型电源同台参与市场竞争。2017 年中长期市场启动之时，湖南统调水电占统调装机容量的 34%。近年来，新能源发电装机容量不断增加。考虑到如果由于政府批复电价不一，将水电及新能源摒弃在市场之外，市场将不完整，也缺乏公平性，湖南通过价格机制设计，以申报价差交易形式，解决了不同批复电价的电源同平台参与市场竞争问题，将水火风光各类型电源均作为市场主体纳入湖南电力中长期市场范畴。

　　（2）以上下调机制解决平衡问题。电力市场供需是一个动态平衡的过程，以月度交易为主要交易形式的中长期市场如何处理市场合同与实际运行偏差尤其关键。湖南中长期市场采用了上下调预挂牌机制，初期，为保证清洁能源消纳，仅有火电参与上下调报价，即所有运行偏差由火电承担，当火电电量超过基数计划与市场合同之和时，以上调价格结算超发电量；当火电电量低于基数计划与市场合同之和时，以下调价格对少发电量予以补偿。在后期的规则修订中，水电及新能源也逐步参与了上下调的报价。

　　（3）发电侧与用电侧解耦结算，月结月清。中长期交易产生的合同数量众多，双边协商合同中，一个售电公司或用户可能对应多个发电企业，一个发电企业可能对应多个售电公司或用户。统一边际价格出清的集中竞价合同更难以一一对应，加之各类合同转让交易，使得结算时难以对每一笔合同进行清分。因此，湖南中长期市场将发电侧与用电侧分别进行结算，对于各类合同执行偏差产生的资金溢余或亏空按月进行清算，按产生偏差的原因由市场主体分享或分摊，实现月结月清。

　　（4）鼓励清洁能源参与市场开展交易。由于清洁能源波动性强，对市场产生的冲击影响大，而湖南电网火电市场主体数量少，仅有 14 家火电厂，更容易产生市场力。清洁能源参与市场既是拓展其消纳空间的需求，也是促进市场公平竞争的手段之一。在规则设计上，一是清洁能源需要参与市场的清算分摊，当清洁能源月度上网电量超过计划电量且造成火电企业产生下调时，应承担下调补偿费用和下调合同价差电费的一部分；如果月度清算出现亏空，则应与所有发电主体按上网电量占比进行分摊。二是清洁能源可以参与下调报价，如果非自身设备原因产生下调，可以得到下调补偿，以此鼓励清洁能源发电企业多获取市场合同，一方面可以减少被动清算分摊的份额，另一方面可以起到增强市场活力、促进公平竞争的作用。

（5）设置系数调节市场，相互关联、相互制约。在用电侧设置正偏差系数 K_1 和负偏差系数 K_2，设定取值范围，分别与发电侧上调、下调报价挂钩。当电力供应富余较大时，调整正偏差系数 K_1，鼓励用户多用电，降低其多用电的成本，甚至可以获取一定利益；当电力供应紧张时，调整负偏差系数 K_2，鼓励用户少用电，多用部分将以高于合同的价格进行结算。

在发电侧上调报价与市场交易合同之间设定系数，引导发电企业通过签订市场合同获得发电空间，使上调成为处理偏差的一种方式，而不是套利的手段。系数取值一般由交易机构计算并给出建议值，经电力市场管理委员会在月度交易会商会进行讨论，报政府相关部门和监管机构批准后执行。用电侧与发电侧通过上下调价格及系数实现有机联系，合理引导市场行为。

2. 社会经济形势的不确定性及修订思路

2021 年下半年，由于电煤价格大幅上涨，火电企业发电成本与上网电价出现严重倒挂现象，电网运行和市场运营受到严重影响。为缓解火电企业经营压力，湖南省发展改革委在全国率先推出与煤炭价格联动的燃煤火电市场交易价格上限浮动机制，明确了燃煤火电交易价格在上网基准价格的基础上可以上浮，一举突破了市场交易价格只能降、不能涨的限制，实现了由单边降价市场向可降可涨市场的过渡。2021 年 10 月，国家发展改革委印发《关于进一步深化燃煤发电上网电价市场化改革的通知》（发改价格〔2021〕1439 号），通知要求：一是燃煤发电电量原则上全部进入电力市场，通过市场交易在"基准价+上下浮动"范围内形成上网电价；二是扩大市场交易电价上下浮动范围；三是有序推动工商业用户全部进入电力市场，按照市场价格购电，取消工商业目录销售电价，对暂未直接从电力市场购电的用户由电网企业代理购电，同时要求保持居民、农业用电价格稳定。市场供需形势和国家相关政策的变化要求市场规则必须进行适应性调整。

（1）价格机制的调整。2017 年，湖南试行版中长期交易规则采用的是"顺价"模式，即省内发电企业交易上网电价与核定上网电价比较下降多少，则在基本电价、基金附加等维持不变的基础上，电力用户的交易电度电价与其现有执行电度电价比较下降多少，售电公司的交易电度电价与其所签约用户相对应的现有执行电度电价下降多少。发电企业在核定上网电价的基础上和用户或售电公司在用电目录电价的基础上申报价差，价格形成清晰，操作简单。

2018 年，按照国家有关输配电价改革要求，湖南中长期市场价格形成机制调整为输配电价模式，并印发了规则修改增补条款。规则规定，批发市场直接交易用户的市场购电价格包含市场交易价、输配电价（含线损）、政府性基金与附加三部分。

市场交易价格由购电基准价+市场交易价差组成。鉴于湖南省电网输配电价基于省级电网平均购电价格核定，规则创造性地提出了"购电基准价"的概念：购电基准价按"销售目录电度电价—输配电价—政府性基金与附加"确定；市场交易价差由用户（售电公司）与发电企业通过双边协商、集中竞价等方式确定；市场交易价格为市场交易价差与购电基准价之和。

大用户或售电公司参与交易时，基于购电基准价申报价差，与发电企业达成交易的价差为市场交易价差，即：用户购电价格=市场交易价格+输配电价（含线损）+政府性基金与附加，市场交易价格=市场交易价差+购电基准价。发电企业参与交易时，基于政府批复上网电价申报价差。发电企业市场交易电量的上网电价为政府批复上网电价与市场交易价差之和。"购电基准价"的提出，有效地通过输配电价将发用两侧进行关联，保持了不同批复电价的电源同平台参与竞争的关系。

国家发改委 1439 号文印发后，用电侧工商业目录电价被取消，"购电基准价"失去了基础。同时，燃煤发电电量原则上全部进入电力市场，通过市场交易在"基准价+上下浮动"范围内形成上网电价。湖南中长期规则的价格形成机制必须进行调整以适应政策及市场的变化。

根据低价电源优先用于保障居民及农业用电的政策要求，1439 号文印发后，湖南电网水电电源暂未参与市场交易。但从市场长远发展着眼，并考虑湖南水电丰枯特性，即丰水期水电等低价电源电量可能超出居民及农业用电需求，所以依然保留水电参与市场的权利。

在 2022 年修订版规则设计中，电源被定义为两类：一是燃煤发电基准价电源；二是非燃煤发电基准价电源。发电企业基于各自批复电价申报价差，用电侧基于"购电基准价"申报价差，统一修订为基于燃煤基准价申报价差。结算时，燃煤发电基准价电源结算价格=燃煤发电基准价+市场交易价差；非燃煤发电基准价电源结算价格=政府批复上网价+市场交易价差。

市场用户的用电价格=市场交易价格+新增损益单价+输配电价+辅助服务费用单价+基金及附加。其中：市场交易价格由燃煤发电基准价+市场交易价差确定；新增损益包括保障居民农业用电价格稳定及非燃煤基准价电源产生的损益等。

由于湖南市场主体中存在上网（基准/批复）电价高于及低于现行燃煤基准价（0.45 元/千瓦时）的电源，在市场结算时，用电侧统一以燃煤基准价为基准，而发电侧结算价格基准不一，之间的差价电费需要进行疏导。为解决不同上网（基准/批复）电价电源同台竞争的公平性问题及各类电源之间的价格差异问题，规则仍维持价差申报方式，发电企业之间的竞争以价差形式实现，而不是以价格形式体现。另外，现有交易平台无须进行大规模更改，也延续市场主体交易习惯。发、用两侧结算价格不对应所产生的高于或低于燃煤基准价的价差电费在用电侧市场主体中进行分摊或分享。

（2）平衡机制的调整。平衡机制的设计主要考虑两个方面，一是电量平衡，二是资金平衡。

1）电量平衡。在现货市场建立之前，电量平衡问题仍然通过上下调预挂牌解决。在湖南规则中，最初仅火电参与上下调报价，进而到可再生发电参与下调报价。2022 年，随着新能源发电不再下达优先发电计划，规则相应将所有发电侧市场主体纳入参与上下调报价。规则在不断完善、不断适应政策形势的发展变化。

2）资金平衡。按月进行资金清算。原规则发电侧与用电侧基本解耦，市场清算仅在发电侧进行。发电侧资金亏空清算的主要思路是找到造成市场亏空的最主要成因，由造成亏空者承担主要责任。

市场亏空最大原因来自下调补偿。造成下调最大的可能因素，一是可再生能源超发，二是用户少用，三是火电之间的调整。由于市场用户已进行偏差考核，因此，首先由超发的可再生能源承担亏空的一部分，再由产生上调的火电承担，最后全体发电主体分摊剩余亏空金额。实质上，发电企业部分承担了非市场用户的预测偏差或其他原因造成的下调亏空。

2022 年修订版规则将市场用户纳入清算，并对清算环节进行了简化处理。纳入发电侧清算的资金主要包括：发电企业下调电量造成的资金差额（包括下调补偿电费和未执行交易合同价差电费）、发电企业上调电量产生的价差资金差额、发电企业自身原因偏差电量（超发电量或少发电量）产生的考核资金差额、参与湖南市场交易的跨省跨区偏差电量产生的考核资金、批发交易用户偏差电量产生的偏差考核费用和价差资金差额等。

月度清算费用如有盈余或亏空，按照当月发电侧市场主体上网电量、工商业用户用网电量占比分摊或者返还给所有市场主体，月结月清。

（3）价格上下浮动的适应性调整。2021 年 10 月之前，湖南电力中长期市场是以发电侧单边降价市场、以发电企业向用户释放市场红利为主，市场规则及实施细则均按降价市场设计。随着国家发改委 1439 号文的印发，市场价格实现了可降可涨，原规则及细则对双向市场的不适应性立即显现。

其中，重大的变化出现在上下调的价格变化及资金清算方面。例如：在价格下调市场，发电企业因下调而未完成的合同产生的价差电费将造成市场资金的亏空，即用电方已按合同对用户降价，而发电方未能按合同提供降价的电量，这部分亏空需要由造成下调的发电主体承担。但是，在价格上浮市场，亏空变为盈余，造成下调的发电主体反而可以获利。

因价格上浮，导致部分公式正负方向变化或相关系数设置区间限制等，也导致了一些不合理的情形发生。如：发电企业自身原因产生的偏差未被考核，按原细则公式计算反而有收益。

对于此类问题，在市场实际运营中，应将先行以规则临时条款的方式予以规范，并纳入规则及细则统一修订之中，不断进行完善，规避市场风险。

4.3.4.4　贵州电力市场机制建设

1. 贵州电力市场机制建设核心内容

2015 年 3 月，《中共中央、国务院关于进一步深化电力体制改革的若干意见》（中发〔2015〕9 号）出台，新一轮电力体制改革正式拉开序幕，同年 11 月贵州获得国家发改委批复，成为全国首批电力体制改革综合试点省份之一。贵州电力交易中心作为贵州省唯一的电力市场交易平台，紧跟时代步伐、抢抓改革机遇，按照"逐步建立以中长期交易规避风险，以现货市场发现价格，交易品种齐全、功能完善的电力市场，逐步形成竞争充分、开放有序、健康发展的市场体系"的电力市场建设目标，以及"总体设计、分步实施、由简到繁、逐步完善"的基本思路，不断推进贵州电力市场机制建设。

国家能源局贵州监管办公室、贵州省发展和改革委员会、贵州省经济和信息化委员会、贵州省能源局联合印发《贵州省电力市场交易规则（试行）》（简称《规则》），标志着全国第一个电力市场交易规则在贵州省诞生。《规则》内容涵盖市场成员、市场交易合同、市场交易品种、市场交易周期、市场交易方式、交易价格、交易组织、安全校核与交易执行、计量与结算、交易信息披露、市场信息保密规定、市场技术支持系统、风险防控、市场干预、监督管理和争议处理等方面。《规则》明确了参与市场交易的市场主体和市场运营机构，建立了合同偏差电量结算机制，发电企业和电力用户的合同偏差分开结算。暂以滚动调整方式对偏差电量予以调整，条件成熟时通过其他方式调整电量偏差。电力交易中心主要负责对市场交易信息进行管理和发布。各类市场成员有责任有义务及时、准确、完整地向电力交易中心提供相关信息。国家能源局贵州监管办公室和省有关部门对信息的提供和披露实施监管。《规则》的出台，是贵州省电力体制改革的又一成果,对实现电力体制改革目标、强化能源资源优化配置、规范电力市场交易运行具有重要意义。

2. 建设规范创新型的电力市场交易平台

(1)率先组建全国首个多股东有限公司制的省级电力交易中心,实现交易机构组织形式创新贵州省于 2015 年 11 月成为首批电力体制改革综合试点省份后,以"相对独立"为原则积极开展贵州电力交易中心公司制组建。2016 年 3 月 28 日,贵州电力交易中心完成公司工商注册,成为我国首个多股东有限公司制的省级电力交易机构,并于 4 月 21 日正式转为公司制运营。在贵州电力交易中心的示范带动下,国内其他省份陆续开展了电力交易机构改革,截至 2017 年底,全国 33 个省级电力交易中心均进行了公司制组建,其中 6 家为多股东共同出资的股份制公司。

(2)推动成立全国第一个省级电力市场管理委员会,促进市场各方共同推进电力市场化改革来维护电力市场的公平、公正、公开,保障市场主体的合法权益,充分体现电力市场各方意愿,贵州电力交易中心积极配合政府部门,加快推进电力市场管理委员会组建,于 2016 年 4 月 13 日成立了全国第一个市场主体各方代表组成的省级电力市场管理委员会。贵州电力市场管理委员会成立以来,已组织召开 5 次全体会议,审议和通过了贵州电力市场交易规则及配套实施方案、历年电力市场化交易工作实施方案,以及交易中心收费方案和收费管理办法等电力市场运营的重要议案,为电力市场建设发挥了重要作用。贵州电力交易中心在 2017 年 2 月全国电力体制改革座谈会上提出"充分发挥电力市场管理委员会的作用,促进市场各方共同推进电力市场化改革"的建议,得到国家发改委、能源局的明确采纳,说明贵州电力市场管理委员会的建立和运作具有其创新性,在全国范围内起到了一定的示范和带动作用。

(3)牵头成立全国第一个电机工程学会电力交易专委会,打造电力交易学术交流平台为了汇集市场主体、营机构以及科研院所各方智慧,共同研究电力市场化改革中出现的新情况、新问题,提出有效解决方案,贵州电力交易中心牵头组建并于 2017 年 6 月 28 日成立了全国第一个电机工程学会电力交易专委会。电力交易专委会成立后,组织召开了多次学术交流会,就集中竞价交易出清方式、电力市场交易平台关键技术、贵州能源工业运行新机制等问题进行学术研讨,为贵州电力市场建设发展提供了很好的思路。通过电力交易专委会搭建电力交易学术交流平台的做法,不仅可为贵州电力市场建设营造良好学术氛围和培养优秀人才,而且也可为复制到国内其他电力市场。

(4)在全国首家向市场主体收取交易手续费,为交易中心公司化运营奠定基础贵州电力交易中心是我国首家多股东有限公司制的省级电力交易机构，为确保向市场主体提供公平公正、优质高效的电力交易服务，贵州电力交易中心根据电力市场管理委员会审议通过的收费管理办法和年度收费方案，从 2017 年 1 月开始向电力市场交易主体收取交易手续费，这也是全国首家电力交易机构向市场主体收取交易费。向市场主体收取交易手续费，为交易中心建立了稳定的收入来源，维持了公司化的正常运营，与中发 9 号文及其配套文件中要求电力交易机构"相对独立"的精神一脉相承，这一举措也成为国内其他交易机构实现公司化运营的范例。

3. 不断完善创新电力市场交易机制

（1）编制电力体制改革综合试点省区第一个市场交易规则，保证电力市场的规范建设和运行。

为了有效规范电力市场的建设和运行，贵州电力交易中心大力推动电力市场交易规则的编制，并积极配合电力监管部门，于 2016 年 6 月 7 日出台了电力体制改革综合试点省区第一个市场交易规则——《贵州省电力市场交易规则》。与 2014 年《贵州省电力用户与发电企业直接交易及监管规则》相比，《贵州省电力市场交易规则》首次界定了电力市场管理委员会在市场运营中的职责，并具有交易品种更丰富、交易组织更规范、结算机制更完善、交易规则更全面等亮点。作为电改综合试点省区首个市场交易规则，《贵州电力市场交易规则》对在贵州电力市场中所发挥的积极作用，凸显了交易规则对于市场规范建设和运营的重要性，对国内其他电力市场尽快出台和完善交易规则也起到了很好的促进作用。

国家发改委、能源局出台《电力中长期交易基本规则》后，贵州电力交易中心积极配合电力监管部门对《贵州省电力市场交易规则》进行修编，于 2017 年 9 月出台了《贵州省电力中长期交易规则》，并还结合电力市场实际情况，编制印发了合同电量偏差处理、电量互保交易、合同电量转让等一系列实施办法，有力推动了交易规则的落地实施。

（2）构建涵盖多个交易品种、多种交易方式和周期的电力市场交易体系，满足市场主体的差异化交易需求。

贵州电力交易中心基于电力市场交易规则，构建了"以年度双边协商交易为主，月度临时交易为补充"的市场模式，形成了涵盖电力直接交易、跨省跨区交易、合同电量转让交易、电量互保交易、水火发电权交易等多个交易品种，双边协商、集中竞价、挂牌等多种交易方式，年、季、月等多种交易周期的电力市场交易体系，并通过不同交易品种、方式和周期的组合，满足市场主体差异化的交易需求。2017 年以来，面对煤价上涨、发电企业交易电价降价空间收窄的严峻市场环境，贵州电力交易中心鼓励市场主体建立与电煤价格、重点产品价格关联的电力交易价格联动机制，倡导利益共享、风险共担，取得了实效。多品种、多方式、多周期的电力市场交易体系的建设，是贵州电力市场体制改革的关键，也是电力市场由简单粗放逐步走向规范完善的标志。今后，贵州电力交易中心还将在此基础上，积极研究探索现货交易和辅助服务交易机制，建立以中长期交易为主，现货交易为辅的电力市场交易体系。

（3）建立合同电量调整和偏差电量处理的交易平衡机制，提高交易合同履约率。

为了在电力市场化交易中给市场主体提供多渠道、多方式的避险手段，减少偏差电量考核，贵州电力交易中心建立了贯穿交易全过程的偏差电量处理机制。一是在保证年度合同总量不变的情况下，允许调整次月电量计划，提供交易前预先处理偏差的手段；二是通过合同电量转让交易，提供交易中及时处理偏差的手段；三是通过电量互保交易，提供交易后补充处理偏差的手段。同时，贵州电力交易中心大力推进精益管理，充分运用精益管理 DMAIC 方法，将合同电量转让交易时间从25个工作日可缩短至最低3个工作日，效率提升达88%。通过上述方式，大幅降低了市场主体偏差电量，合同履约率得到进一步提高，更加激活市场主体参与交易的积极性，有效提升了市场活跃度。

（4）通过基于能源资源互济的水火发电权交易机制，建立煤炭、水电、火电利益共同体。

贵州电力交易中心基于贵州省《能源工业运行新机制实施方案》，建立了省内水火发电权交易机制，通过在汛期组织开展省内水火发电权交易，同时积极协调并统筹安排云贵水火置换交易，初步建立了煤炭、火电、水电利益共同体。该机制鼓励水电企业和火电企业采用"水火置换"的发电权交易形式，实行水火互济，在丰水期，水电企业通过向火电购买发电权，确保汛期充足发电，火电利用发电权收益，向煤矿购买电煤，增加电煤库存，既确保了汛期水电的充分吸纳，也为枯期火电发电做好准备。

4.4 电力需求响应现状

20 世纪 70 年代，几乎波及全球的能源危机愈演愈烈，许多国家为了满足电力需求开始尝试有效的市场机制，而非单纯地增加发电装机和建设电网基础设施，能源管理的概念被提出并在实践中取得显著效果。20 世纪 80 年代，由美国电力科学研究院提出了电力需求侧管理（Demand Side Management，DSM）概念，

随着电力市场化改革的深入,DSM 在向更能反映市场竞争和需求弹性的需求响应
(Demand Response,DR)发展,电力 DR 强调电网中供应侧和需求侧的双向互动,
需求侧根据电力市场价格和电网要求改变其负荷需求以获取一定的利益回报。通
过各个国家的相关探索和试验表明电力 DR 可以在协助维持电力系统的稳定性、
提高电网对可再生能源的消纳能力,降低电力系统峰谷差、延缓电网的建设投资。

需求响应是需求侧参与电网灵活互动的重要途径,其在能源互联网中的衍
生为综合需求响应(Integrated Demand Response,IDR),利用气、电、冷、热
等不同形式能源间的耦合互补关系,在需求侧进行包含可调负荷、储能和分布
式产能/能源转换设备的协同优化,激发综合能源网络的灵活性,有利于提升能
源利用效率,降低供能和用能成本。

需求响应是电力用户针对市场价格信号或激励机制做出响应,并主动改变
原有电力消费模式的市场参与行为,其本质是通过电价激励鼓励用户改变传统
用电方式,积极参与电网运行的能量互动。需求响应作为供需互动的重要手段
有助于实现发电侧和需求侧资源的协调优化,与"节能环保""绿色低碳""提
高效率效益"的发展要求高度契合。

4.4.1　我国电力需求响应具体现状分析

我国电力需求响应起步于 20 世纪 90 年代。1992 年,关于需求侧管理的概
念被引入中国。1993 年,国家部委和地方能源公司在深圳试点需求侧管理。2004
年,国家发改委、国家电监会发布《加强电力需求侧管理工作的指导意见》,这
是我国电力需求响应发展的里程碑。2010 年国家发改委颁布了《电力需求侧管
理办法》,进一步完善了电力需求响应规范。2012 年北京、苏州、唐山、佛山
四个城市被设立为首批电力需求侧管理城市综合试点,上海作为需求侧响应试
点。从 2014 年开始,北京、上海、江苏、佛山、山东、河南与天津等地分别开
始实施需求响应项目试点工作,需求响应在我国开始迅速发展起来。"十三五"
时期,我国电力需求响应总体呈现快速发展趋势,从局部试点摸索逐步转向省
级范围大规模示范应用,为我国能源结构转型、清洁能源消纳、电网安全运行、
电力供需平衡、用户能效提升提供了有力支撑。不同于有序用电"一刀切"的
调节方式,需求响应作为用户侧参与电网调节的弹性手段,用户可根据激励政
策或电价信号自主进行负荷调节,在保证电力用户用电满意度的基础上引入了
市场化的电网调节方式,有助于新一轮电力体制改革落实。

4.4.1.1　电力需求响应相关政策

"十三五"时期,国家和地方出台多项相关政策,提出了需求响应建设的相
关目标,初步形成了支持需求响应发展的国家、省两级政策体系。2016—2020

年，为推动需求侧建设，国家层面陆续出台了相关指导意见、宏观规划以及管理办法。2017年，《电力需求侧管理办法（修订版）》中明确提出"支持、激励各类电力市场参与方开发和利用需求响应资源，提供有偿调峰、调频服务，逐步形成占年度最大用电负荷 3%左右的需求侧机动调峰能力，保障非严重缺电情况下电力供需平衡"。

地方层面也积极响应国家需求侧建设相关要求，全国共有 10 个省（市）出台需求响应相关支持政策，从市场准入条件、补偿原则、补偿对象、需求响应资源类型、考核评价等方面对需求响应开展进行规范引导。山东省发展和改革委员会发布《2020 年全省电力需求响应工作方案》，推动建立"系统导向+价格导向"的需求响应参与模式、"容量市场+电能量市场"的价格补偿机制并与现货市场有效衔接，山东省紧急型需求响应补贴资金列入供电成本；广东省能源局编制了《广东省 2019 年电力需求响应方案》（征求意见稿），该方案规定了形成一般地区 3%峰时负荷调节能力，重点地区 5%峰时负荷调节能力的目标。

国家电网有限公司在《电力需求响应工作两年行动计划（2020—2021 年）》文件中，提出了形成占年度最大用电负荷 5%的可调节负荷资源库的目标，在最新的《国家电网有限公司构建以新能源为主体的新型电力系统行动方案（2021—2030 年）》文件中，明确了到 2025、2030 年可调节负荷容量分别达到5900 万千瓦、7000 万千瓦的目标。

4.4.1.2　标准体系建设及示范试点

国内电力需求响应标准体系已涵盖系统软件、硬件终端、互操作接口、检验检测、业务管理 5 类要素，并成立了专门的标准委员会进行相关标准的修订工作。2014 年，SAC/TC 549 全国智能电网用户接口标准化技术委员会（以下简称标委会）成立。标委会设有电力需求响应工作组，围绕需求响应标准体系2 层架构开展相关标准化工作，已完成《电力需求响应系统通用技术规范》等 5项国家标准的编制。为了进一步加快需求响应标准体系的完善进度，弥补国家标准无法对需求响应系统软件、硬件终端功能细化规定的不足，专门编制了相关电力行业标准、中电联团体标准、电网公司企业标准数十项，进一步规范了需求响应业务发展，推动需求响应技术在不同场景下的应用。

在各级力量的支持下，"十三五"时期，我国需求响应在配合电网削峰填谷、促进新能源消纳、助力电力市场发展 3 方面取得了较好的成效。

需求响应配合电网削峰填谷有助于实现供需平衡调节。2016—2020 年，国家电网有限公司经营区累计实施需求响应 125 次，其中削峰响应 86 次，填谷响应 39 次，实现削峰响应量 1853 万千瓦，填谷响应量 1925 万千瓦，极大缓解了用电高峰时段电网供电压力。2019 年夏季高温天气下，江苏省实施需求响应削减尖峰负荷 402 万千瓦，刷新了单次需求响应最大削减负荷量的记录。南方电网经营区，广东省通过电力需求响应实现持续稳定削峰 80 万千瓦，通过市场化的方式解决电力紧平衡问题。据统计，2019 年华北、华中、华东地区各省最大负荷 95%以上尖峰持续时间仅为 7~60 小时，单纯通过增加调峰机组和电网配套措施来满足尖峰负荷需求资源致其利用率低且经济性差，亟须创新调节机制，从负荷侧采用需求响应等灵活措施来解决电网调峰问题。

需求响应是促进新能源消纳的有力手段。需求响应能够缓解新能源发电与用电需求时域不匹配的矛盾，促进新能源消纳已成为需求响应的重要应用场景。2017 年 3 月，新疆电网通过需求响应平台邀约电力客户，响应负荷 18 兆瓦，响应电量 30 千瓦时，是国内首次将需求响应与风力发电协同互补，为探索需求响应促进新能源消纳提供了良好的应用实例。

需求响应需要良好市场机制来支持其可持续发展，同时也促进了我国电力市场建设与完善。山东省作为最早将市场机制引入需求响应的省份，建立了需求侧资源参与容量竞价与电能量竞价的市场机制。2020 年 11 月，山东电网分别实施了首次经济型填谷需求响应和紧急型填谷需求响应，累计响应负荷达 688 兆瓦，其中主动参与经济型填谷需求响应的负荷达 88 兆瓦，这充分体现了采用市场机制引导需求侧和发电侧协同配合的成效。广东省在最新的市场化需求响应实施方案中，需求响应费用由所有参与市场化交易的用户分摊。冀北和上海在虚拟电厂实践方面走在我国前列，将大量分布式的电源和负荷资源进行聚合，为负荷侧资源参与电网调度提供了新的实现路径。

4.4.2 电力需求响应市场运营规则

从 2012 年国家确定了北京、苏州、唐山、佛山四个城市设立为首批电力需求侧管理城市综合试点以后，需求响应已在全国多地开展试点示范和应用。从规模、类型、参与用户和需求响应效果多方面都在不断拓展。2014 年，上海首次实施需求响应，实现降低峰负荷 5.5 万千瓦，初步展现了需求响应削峰效果。随后，需求响应规模不断扩大，目前江苏电网已具备邀约削峰响应能力 600 万千瓦、邀约填谷响应能力 320 万千瓦和自动削峰响应能力 100 万千瓦。需求响应的应用地也从当初的 4 个试点城市拓展到包括北京、上海、江苏、浙江、河南、天津、新疆等 10 余个省市。

在"十三五"时期，我国需求响应发展形势良好，华北、华东、华中等区域需求响应工作均取得较好效果。截至 2020 年 12 月，全国共有 11 个省（市）开展需求响应相关试点工作，单次响应容量最高达 402 万千瓦，有效缓解了电网供需平衡压力。天津、山东、江苏、浙江、上海、江西、河南、重庆、陕西、广东等地均出台了需求响应支持政策，建立了需求响应实施机制，在迎峰度夏（冬）、节假日和夜间低谷期开展了需求响应，成效明显。然而，需求响应仍存在地区发展不平衡的问题，部分省市仍在起步阶段。此外，需求响应发展仍然受到政策机制、实施模式、潜力分析等因素制约。从响应方式来看，目前国内须求响应开展以基于激励的需求响应为主，通过相应的补贴政策，引导用户参与需求响应。但是此种方式补贴资金来源有限，无法形成长效的激励作用，亟须通过健全完善市场交易机制来保障需求响应可持续发展。"十四五"时期，"碳达峰、碳中和"的"双碳"目标的提出，以新能源为主体的新型电力系统建设战略的落实，给需求响应工作带来了巨大机遇，也提出了更高要求。

4.4.2.1 电力需求响应基本概念

需求响应：指电力用户、负荷聚合商根据本规则确定的经济激励机制，按照电力供应对负荷调整的需求，通过改变原有用电方式，自愿调整用电负荷，并按规则获得经济奖励的一种行为。

负荷聚合商：服务需求响应电力用户的机构，提供专业的技术和政策咨询服务，通过聚合需求响应资源并代理参与需求响应市场而获得收益。

市场参与主体：通过供电企业需求响应准入资格审查，完成响应协议签订与平台账号注册的电力用户、负荷聚合商。河北市场成员主要包括市场运营机构与市场参与主体。市场运营机构为省电力有限公司。市场参与主体包括电力用户、负荷聚合商。

中标主体：参与电网企业需求响应竞价申报，成功出清的市场参与主体。

响应主体：参与电网企业需求响应邀约的中标主体。

申报响应负荷：市场参与主体在需求响应竞价申报中申报的压减负荷。

应约负荷：中标主体在电网企业需求响应邀约中确认的响应负荷。

4.4.2.2 电力需求市场运营规则详细情况

电力需求响应市场（以下简称河北市场）按照分类推进、自愿参与、公平承担、以支定收的原则建设运营。

（1）分类推进。因优先保障用户、市场化用户政策环境、社会责任承担方式不同，需求响应参与主体适合分类推进。现阶段首先由高压工商业用户实施需求响应，待市场成熟后逐步扩大至全部用户。

（2）自愿参与。电力用户根据自身负荷调节成本、生产任务安排等多种因素，自愿参与削峰需求响应，在电力供应紧张时，短时间让渡用能权，并获得经济激励。

（3）公平承担。对于参与削减负荷的用户给予经济激励，补贴资金由全部高压工商业用户分担。

（4）以支定收。按照"以支定收"的原则，面向全部高压工商业用户（含市场化交易用户、电网企业代理购电用户）当月高峰时段（含尖峰）用电量征收需求响应补贴费用。电网企业按月对费用进行收支，不设账户、不形成余额，补贴的费用在用户之间实现收支平衡。

河北市场从日前市场起步，按照"月度申报、提前邀约"的模式组织开展，随着用户互动条件的完善，逐步启动日内、实时市场。河北市场采取"单边报量报价、边际价格出清"的方式开展报价和出清。

1. 市场参与主体的职责及参与条件

（1）电网企业职责。

1）负责市场运营，建设、维护市场技术支持系统。

2）组织市场参与主体开展注册，协助用户办理相关手续。

3）对市场参与主体进行入市校验，对申报结果进行审核。

4）依据本规则组织市场出清，公示出清结果。

5）根据电力供应形势发布邀约，对负荷压减进展在线监控，按需采取远程负荷控制措施。

6）根据本规则分摊、收取、发放需求响应补贴费用。

7）评估市场运行状态，提出规则修改建议。

8）在电网故障等紧急情况下干预或中止市场，并及时将有关情况上报省发展改革委。

9）按照市场监管需要，向省发展改革委定期报送相关运行情况报告，接受监管。

10）法律法规规定的其他权利和义务。

（2）电力用户职责及参与条件。

1）电力用户职责。

①自愿选择参与市场，进行用户注册与响应能力的申报。可独立参与市场或通过负荷聚合商代理参与市场。

②自主决策报量报价策略参与市场竞争，自行承担市场风险，严格执行市场出清结果。

③主动响应需求响应邀约，按时按量压减负荷，获得需求响应补贴。

④承担参与需求响应期间安全责任。

⑤按照本规则承担需求响应补贴费用。

⑥严格遵守市场规则，维护市场秩序。

2）电力用户参与条件。

①具有独立法人资格、独立财务核算、信用良好、能够独立承担民事责任的经济实体。

②具有电网企业用户编号的 10 千伏及以上工商业用户。

③接入新型电力负荷管理系统、用电信息采集系统（调度电能量计量系统），入市前完成远程跳闸传动试验。

④配合供电企业核实削峰能力，与供电企业签订《需求响应合作协议》，如图 4-5 所示。

电力需求响应合作协议模板

（甲乙双方经协商一致可结合实际调整相关条款）

甲方：国网＿＿＿电力有限公司＿＿＿＿＿公司

乙方：＿＿＿＿＿＿＿＿＿＿＿＿（户号：＿＿＿＿＿＿＿＿＿＿＿）

甲乙双方根据河北省开展电力需求响应相关工作要求，在平等、自愿的原则下，经过充分友好协商，就双方合作开展电力需求响应工作取得了一致意见，在甲乙双方已签署供用电合同（合同编号：＿＿＿＿＿＿＿＿＿＿）的基础上，补充签订本协议。

一、乙方自愿参与甲方组织的电力需求响应工作，同意甲方向相关单位或机构合规提供乙方有关资料，如电网企业。响应实施时，乙方应在保证电网、人身、设备安全前提下，根据约定响应能力执行到位。如执行不到位，甲方将采取相应远程负荷控制措施，乙方承担负控执行期间本企业的安全用电责任。

二、在甲方组织实施需求响应期间，乙方通过需求响应临时性减少高峰电力负荷，根据河北省电力需求响应市场运营规则有关规定和测算依据给予补贴。

三、在履行本协议时，如发生分歧，甲乙双方通过友好协商解决。经协商仍无法达成一致的，向仲裁机构提出申诉。

四、本协议一式叁份，由双方签订盖章后生效，甲乙双方各执一份，交国网河北省电力有限公司（国网冀北电力有限公司）备案一份，具有同等法律效力。

甲方：	乙方：
（盖章）	（盖章）
法定代表人或授	法定代表人或授
权代表（签字）：	权代表（签字）：
签订日期：	签订日期：
联系人：	联系人：
联系电话：	联系电话：

图 4-5　电力需求响应合作协议模板

（3）负荷聚合商职责及参与条件。

1）要熟悉本规则，具备向代理的用户提供需求响应政策咨询、技术支持服务的业务能力。

2）负荷聚合商与代理用户之间的服务费用，由双方自行协商确定。

3）具有售电资质或工业领域电力需求侧管理服务机构资质。

4）代理用户均符合电力用户参与条件，聚合削峰能力不低于 3000 千瓦。

2.　市场参与主体准入与注册、变更与退出

（1）市场参与主体准入与注册。

1）准入资格审查。供电企业根据本规则核查市场参与主体档案信息，完成计量、采集装置核对和远程负控能力验证。

2）响应协议签订。供电企业与符合条件的电力用户或负荷聚合商签订《电力需求响应合作协议》；负荷聚合商与电力用户签订《电力需求响应代理协议》，如图 4-6 所示。

3）平台账号注册。市场参与主体注册网上国网 APP 账号，填报用户基础信息相关数据。注册人应为企业法人或代理人。代理人注册时，需提供《需求响应业务授权委托书》，如图 4-7 所示。注册人变更预留手机号码时，应重新履行注册流程。

（2）市场参与主体变更与退出。

1）市场参与主体注册信息发生变更时，应当及时在网上国网 APP 发起变更申请，经供电企业审核后完成变更。

2）电力用户或者负荷聚合商代理的用户发生并户、销户、过户、改名，或者用电类别、电压等级等档案信息变化时，应当在网上国网 APP、电力营业厅办理档案信息变更手续。

3）退出市场的市场参与主体，应当及时在网上国网 APP 提出注销申请，履行需求响应合作协议规定的有关事项后予以注销。

3.　报价与出清

需求响应采取"月度申报、提前邀约"的模式组织开展，具体实施时间以公告为准。

电网企业按月度在省级智慧能源服务平台、网上国网 APP 发布需求响应申报公告，公告内容包含需求响应时段、削峰负荷需求、最高限价、竞价截止时间等信息。市场参与主体通过省级智慧能源服务平台、网上国网 APP 查看需求响应公告信息、用户历史基线负荷参考值，填写申报响应信息，包括申报响应负荷（千瓦）、响应补贴价格（元/千瓦时）。申报响应负荷最小单位为 1 千瓦，

响应补贴价格最小单位为 0.1 元/千瓦时。申报响应负荷原则上不得高于供电企业确认的最大响应能力。负荷聚合商应为代理用户逐户申报。

电力需求响应代理协议模板

（甲乙双方经协商一致可结合实际调整相关条款）

甲方（电力用户）： _____ （户号：_____）

乙方（负荷聚合商）： _____

甲乙双方根据河北省开展电力需求响应相关工作要求，在平等、自愿的原则下，经过充分友好协商，就代理参与电力需求响应工作取得了一致意见，特签定本协议。

一、甲乙双方已知悉《河北省电力需求响应市场运营规则》规定的市场参与主体申请条件。

二、在本协议有效期内，甲方同意委托乙方作为甲方参与河北省需求响应业务的唯一代理商，并为甲方提供专业的技术指导和政策咨询服务。

三、甲方同意乙方向相关单位或机构提供甲方有关资料，如供电公司。响应实施时，甲方应在保证电网、人身、设备安全前提下，根据约定能力执行到位。如执行不到位，由供电企业采取相应远程负荷控制措施，甲方承担负控执行期间本企业的安全用电责任。

四、甲乙双方在充分协商的基础上，自行约定需求响应奖励费用分配方案。

五、本合同自签字盖章之日起生效，有效期至___年___月___日，如双方均无异议，可自动续约。

六、在履行本协议时，如发生分歧，甲乙双方通过友好协商解决。经协商仍无法达成一致的，向相关委托机构提出申诉。

七、本协议一式叁份，由双方签订盖章后生效，甲乙双方各执一份，国网河北省电力有限公司（国网冀北电力有限公司）备案一份，具有同等法律效力。

甲方：	乙方：
（盖章）	（盖章）
法定代表人或授	法定代表人或授
权代表（签字）：	权代表（签字）：
签订日期：	签订日期：
联系人：	联系人：
联系电话：	联系电话：

图 4-6 电力需求响应代理模板

需求响应业务授权委托书模板

本人_____（姓名）系_____（电力用户或负荷聚合商）的法定代表人，现委托_____（姓名）为我方代理人。代理人根据授权，以我方名义负责参与河北省需求响应市场的注册、申报、应约、变更、退出等有关事宜，其法律后果由我方承担。

委托期限：_____年_____月_____日至_____年_____月_____日。代理人无转委托权。

电力用户：_____（盖单位章）

法定代表人：_____（签字或盖章）

身份证号：_____

联系电话：_____

委托代理人：_____（签字）

身份证号：_____

联系电话：_____（需在网上国网与企业绑定）

附：法定代表人及委托代理人身份证彩色扫描件。

签订日期：　　年　月　日

注：

1.代理人必须签字确认，否则授权委托书无效；

2.后附代理人身份证彩色扫描件；

3.若为法定代表人负责参与河北省需求响应市场的所有事宜，可不填写本授权委托书。

法定代表人身份证彩色扫描件：

委托代理人身份证彩色扫描件：

图 4-7　需求响应业务授权委托书模板

电网企业根据申报信息，对市场参与主体申报的响应能力进行审核验证，并通过短信、网上国网 APP 反馈审核结果。电网企业根据市场参与主体申报的响应负荷和补贴价格，按照"价格优先、容量优先、时间优先"的原则，形成需求响应序位表。按需求响应序位表，对序位表内市场参与主体申报响应负荷依次成交，直至达到序位表末位；成交响应负荷最后 1 千瓦的响应补贴价格（边际价格）为市场统一出清价格。

出清后，电网企业通过省级智慧能源服务平台、网上国网 APP 进行出清结果公示，公示期 7 天。公示结束后，通过短信、网上国网 APP 通知中标的市场参与主体（以下简称中标主体）。

4. 市场组织流程

在预测发生电力供应紧张或存在缺口时，按照需求响应优先、有序用电保底、节约用电助力的策略，电网企业向省发展改革委提出实施需求侧管理措施申请，经同意后执行。电网企业提前按照缺口规模和需求响应序位表顺序，通过省级智慧能源服务平台、网上国网 APP 向中标主体发出邀约，并通过短信进行邀约提醒。邀约内容包括响应规模、响应日期、响应时段、邀约反馈截止时间、用户基线负荷等信息。

中标主体通过省级智慧能源服务平台、网上国网 APP 查询邀约内容，在规定时间内反馈是否参与本次需求响应，参与的中标主体确定应约负荷，应约负荷原则上应不低于申报负荷的 50%、不高于供电企业确认的最大响应能力。若应约负荷总量未达到计划邀约总量，电网企业根据需求响应序位表扩大邀约范围进行二次邀约，已应约的中标主体不再参与二次邀约。

电网企业统计应约信息，确认参与响应的中标主体（以下简称响应主体）、应约负荷，同时通过网上国网 APP 向响应主体发送确认信息，并短信提醒做好执行准备。确认信息包含响应日期、响应时段、应约负荷。若应约负荷总量不能填补电力供应缺口时，通过实施有序用电等措施补足。

执行与评价。响应主体在收到电网企业确认信息后，应提前做好用电安排，按时按量压降用电负荷。负荷聚合商按照应约响应量分别通知用户实施需求响应。负荷聚合商代理的用户，需求响应过程中以单个用户作为评价单元。

供电企业在响应开始后，对削峰响应负荷未达到应约负荷 80% 的用户（含负荷聚合商代理的用户），进行电话、短信提醒，仍不整改的，采取远程负荷控制等多种措施，确保响应执行到位。电网企业按照负荷压降判定响应是否合格，以削减电量作为结算依据。

响应结束后，电网企业开展需求响应效果评估与执行评价，以用户基线电量与用户实际参与响应时段电量的差值计算有效响应电量。

市场参与主体频繁、严重违约，月内累计 2 次不参与应约的中标用户、负荷聚合商，取消其当年申报资格；年内累计 3 次不参与应约的中标用户、负荷聚合商，取消其次年申报资格。因参与需求响应引起的市场化电量偏差免于电力市场交易考核。

5. 费用结算、分摊与发放

河北市场结算工作按照"按次统计、按月结算"的原则开展。采用"基于响应负荷的阶梯式"补贴方案，根据用户响应负荷与应约负荷的比值（负荷响应率），按照出清价格和有效响应电量进行核算。

（1）当负荷响应率低于 80%时，响应无效，不予补贴；

（2）当负荷响应率在 80%～120%时，按有效响应电量乘以出清价格进行补贴；

（3）当负荷响应率高于 120%时，120%～150%部分按有效响应电量乘以出清价格的 0.5 倍进行补贴；150%以上部分，不予补贴。

需求响应分摊费用、奖励费用在 $M+2$ 月（M 为需求响应执行月）进行结算。参与需求响应的用户，在获得需求响应奖励费用的同时，也承担需求响应奖励资金的分摊。

6. 市场监督与保障措施

省发展改革委负责对河北市场运营情况实施监管。

每次响应结束后 3 个工作日内，电网企业完成实际响应结果的统计，通过省级智慧能源服务平台、网上国网 APP 进行公示，公示期 7 天。经公示后的用户补贴，由电网企业按月汇总报送省发展改革委，经审核后发放。

发生以下情况时，电网企业可以对市场进行干预，或中止市场：

（1）市场参与主体发生严重违约行为，严重扰乱河北市场秩序。

（2）市场技术支持系统发生故障，导致市场无法正常进行。

（3）电网发生重大事故导致市场无法正常进行。

（4）重大活动对电网安全稳定有特殊要求。

（5）电力行业重大政策调整需市场进行衔接。

（6）因不可抗力等其他因素导致市场无法正常进行。

市场干预的主要手段包括但不限于：

（1）调整市场的开展时间；

（2）调整市场限价；

（3）调整市场准入和退出；

（4）暂停市场，待解决问题后重新启动。

各市发展改革委、供电企业要加强政策宣传，引导符合条件的用户积极参与市场，并向不参与的用户做好政策告知。电网企业要加强技术支撑平台建设，保障需求响应执行过程在线监测、精准控制，以最低成本实现负荷控制效果最优化。鼓励各市场参与主体建设本地化能量管理系统，提升负荷响应精准度。

7. 信息发布

电网企业应严格按照本规则约定公示数据，对相关市场主体的数据需求，应严格按照《供电企业信息公开实施办法》提供查询服务，确保公开透明。市场成员应当遵循及时、真实、准确、完整的原则，按照规定报送，并在技术支撑平台披露相关市场信息。市场参与主体如对披露的相关信息有异议，可向电网企业提出，由电网企业负责解释。

4.5 电力需求侧管理

电力需求侧管理由美国电力研究所的 Clark Gellings 最先提出，指：电力部门采取行政、经济及技术等综合措施，影响消费者用电行为，实现低成本电力服务所进行的用电管理活动。电力需求侧管理经历了几十年的发展过程其意义与内涵也在不断深化：1970—1990 年电力需求侧管理在全球主要体现为：紧急需求响应与简单的能效管理；1991—2008 年随着各国法律制度与市场模式的不断完善，市场机制逐渐被引入到需求侧管理中来；2009 年至今随着分布式电源、智能电表及相关技术规范的成熟，电力需求侧管理正向电力供需耦合发展过渡。电力需求响应（Demand Response，DR）与能源效率管理是电力需求侧管理的主要内容。本节主要通过以主要发达国家（美国、英国为例）电力需求侧管理的实践经验作为参考，对我国电力需求侧管理带来的启示；重点介绍"十三五"以来我国电力需求侧的发展状况、新时代下能源发展对电力需求侧管理提出的高质量发展要求以及"十四五"时期要继续系统推进电力需求侧管理高质量发展；进一步深入探究在"双碳"目标下电力需求侧管理的进阶与变革。

4.5.1 主要发达国家电力需求侧管理的实践及启示

自 1990 年代初引入电力需求侧管理后，由于电力市场与相关制度的不完善，中国电力需求侧管理发展缓慢，一直处于紧急响应的初级阶段。直到 2010 年以后，我国生态环境恶化和新能源消纳不足问题的凸显，使得电力需求侧管理逐渐成为政策焦点，为了提高系统运行效率，促进供需协调优化，我国于 2013 年开始进行电力需求侧管理试点建设。但是由于中国电力需求侧管理的发展较晚，相关体系及技术规范还比较落后，为了少走弯路，需要广泛借鉴国外发展经验。本节研究了美国、英国这两个具代表性国家电力需求侧管理的发展动因、政策体系及相关运作模式，以期为我国电力需求侧管理的发展提供借鉴。

4.5.1.1　电力需求侧管理在美国的实践

1. 美国发展电力需求侧管理的动因

20 世纪七十年代两次石油危机的爆发导致能源短缺问题成为困扰美国经济发展的一大难题，因此美国首先提出了电力需求侧管理的概念，即：不再一味追求增加装机容量来满足需求，而是通过削减需求侧负荷来解决电力供需矛盾。随后发生的 2001 年加州电力危机以及 2003 年美国东北部大停电等事件更加深了美国对其电网稳定性的思考。伴随新能源发电容量的增长，新能源并网问题日益突出，在环保主义者的推动下，美国越来越认识到，仅从供给侧进行电力改革是不够的，需要从需求侧入手，大力发展电力需求侧管理。

2. 美国电力需求侧管理的法律与政策体系

经过近 40 年的立法进程，美国逐渐形成了一套相对完备的电力需求侧管理法律体系，1978—2018 年美国颁布的主要电力需求侧管理法律及其意义如表 4-4 所示。

表 4-4　　　　　　　　　美国电力需求侧管理法令主要内容及其意义

年份	法令	主要内容及意义
1978	国家能源及公共事业监管法案	第一例涉及电力需求侧管理及能源安全的法律
1992	能源政策法	开放电力批发市场，使美国电力进入管制放宽时代
1996	FERC 888 号法令	形成竞争性电力市场为电力需求响应进入电力批发市场做了铺垫
2005	能源政策法	明确支持电力需求响应，并将电力需求响应视作国策
2007	能源独立及安全法案	对全国电力需求响应潜力进行评估
2009	美国复苏及再投资法案	投资 45 亿美元用以整合电力需求响应与智能电网设备，极大地推动了电力需求响应的发展
2010	FERC 719 号法令	允许电力需求响应直接参与电力批发市场竞价
2011	FERC 745 号法令 FERC 755 号法令	电力企业及零售市场运营商需支付电力需求响应公平的出清价格
2018	FERC 841 号法令	促进了电力需求侧管理的发展，消除了储能进入电力及辅助服务市场的障碍

表 4-3 显示，1978 年美国颁布了第一例电力需求侧管理法律，但是直到 2018 年美国电力需求侧管理体系才比较完善。电力需求侧管理在美国经过了整 40 年的发展历程。电力需求侧管理政策最初是聚焦于能源安全以及电力市场的建设，在电力市场成型后，美国才将电力需求响应作为一项国策进而全力推动电力需求响应的发展，并为电力需求响应进入电力市场不断扫除体制机制障碍。

参考美国政策发布规律，可知电力需求侧管理的发展既需要良好的市场环境也需要政府的补贴支持。

3. 美国需求侧响应运作模式

美国需求响应运作模式主要分为：电力公司直接主导的运作模式，电力公司与负荷集成商合作主导的运作模式，以及市场主导的运作模式这三类。在市场主导的运作模式中电力需求响应的买方与卖方分别在电力批发市场与零售市场进行电力需求响应的竞价与交易。

在电力批发市场中，电力需求响应的卖方包括：拥有电力需求响应资源的电力公司（公用事业单位）、负荷集成供应商（CSPs）、新型的售电公司以及具备独立提供电力需求响应能力的大型工厂（拥有电力需求响应资源的消费者）。在电力批发市场中这些卖方可以凭借电力需求响应资源与其他能源商以相同竞价方式公平竞价。在零售市场，这些卖方则成为相应的买方，与终端的工业、商业以及家庭客户签订不同的电力需求响应合同，获取容量，具体而言包括价格响应型（分时电价 TOU、峰谷电价 CPP 等）与奖金激励型两种不同类型的能源购买合同。

电力需求响应在电力批发市场上的主要参与形式则主要有以下两类：①为了维持电网稳定而设计的可靠型产品。②为应对市场高成本异常事件的经济型产品。可靠性产品又可具体分为：容量市场产品、辅助市场产品以及紧急情况产品三类。容量市场产品：电力需求响应可作为容量资源以保障电力系统的最大供给能力，在电网系统运营商有要求时，客户、电力公司或提供需求响应的第三方按具体说明的条件和参数远程、手动断电或周期性运转其电气设备以削减负荷，从而取代传统发电资源。辅助市场产品则是将电力需求响应用以提供辅助服务，从而保障电力系统的供需瞬时平衡能力。电力需求响应客户直接在 ISO/RTO 参与竞价，如果他们的竞价被接受，他们承诺处于待命状态。当区域输电组织通知这些备用需要启动需求响应时，电力需求响应会根据要求启动。紧急情况产品则是在储备短缺的时刻，用户自发、自愿地进行电力需求响应，区域输电组织并不提供任何补助。经济型产品则主要以电力竞价为主，电力需求响应集成公司将电力需求响应视作电力资源参与电力市场投标，与传统资源竞争从而赚取利润。

在电力零售市场上，电力需求响应的参与形式则由出售转变为收购，电力公司、电力需求响应集成供应商由电力需求响应卖方转为电力需求响应买方，采用多种收购策略以向终端用户收购零散的电力需求响应资源，并加以整合。主要的收购策略包括：尖峰电价、高峰时段节电补贴、分时电价、系统峰值响应输电费以及实时电价等，由此电力需求响应的供需达到了平衡。

4. 美国能效管理措施

美国电力需求侧管理体系的完善不仅在于其电力需求响应的高度市场化，更体现在对能效管理的重视。美国能效管理措施主要：购买节能产品的折让激励、免费安装激励、智能电表补助以及节电特别奖励、能源之星等。其中，免费安装激励是指电力公司为了激励电力用户参与节电项目投资为用户提供安装节电设备的价格优惠。数字化与智能化已成为电力需求侧管理的未来发展趋势，智能电表是美国能效政策的主要聚焦点，美国于 2009 年便推出了《复苏与再投资法案》以及总额达 45 亿美元的"智能电表投资补助计划"用以促进 AMI（Advanced Metering Infrastructure）的发展。

除了政府补助之外，为了提升 AMI 的安装率，美国正实施一项名为 Bring Your Own Thermostat（BYOT）的新型商业运作模式，即 BYOT 电力需求响应项目。与以往的免费安装激励相比，该项目给予经销商与用户相对较少补贴，但给予用户更多自主权，不但提高了 AMI 安装率且大大减少了补贴费用。此外，AMI 配套的相关用电软件也有长足的发展。以家庭能源软件公司 Opower 为例，该公司以智能恒温器控制软件与分析软件为主，通过对公用事业企业的能源数据，以及其他各类第三方数据进行深入分析和挖掘，进而为用户提供一整套适合其生活方式的节能建议，2010—2016 年间其服务的用户数已由 100 万户猛增 6000 万户。相关数据显示，2016 年美国公用事业单位在能效管理项目上共支出了 63 亿美元，比 2006 年增长了 4 倍，预计美国在能效管理方面的投资将持续增加。

4.5.1.2　电力需求侧管理在英国的实践

1. 英国发展电力需求侧管理的动因

英国自 1992 年起，为了缓解尖峰需求，保障电力系统的平衡与稳定，削弱发电商对市场的垄断，便开始推动电力需求侧管理的发展。2008 年英国颁布的《气候变化法案》指出，英国要逐步淘汰碳排放密集型发电厂、普及电热，实现交通出行电气化，并加大低碳能源的利用。然而，这些低碳措施会增加电力的尖峰需求，并降低电力供给侧的灵活性与稳定性。为了解决这些问题，电力需求侧管理已成为英国能源政策的主要聚焦点。

2. 英国需求侧响应运作模式

英国自 1992 年便开始进行电力需求侧的市场改革，1998 年后所有用户均可自主选择供电商，且需求侧可与供给侧在同一供电平台竞争，进而电力需求响应资源集成商可在零售市场整合用户的电力需求响应资源到电力批发市场，通过每天以半小时为周期的交易执行过程，参与英国国家电网的用电平衡机制。在该平衡机制中，由单台机组或者负荷集成体构成的平衡单元，作为参加报价和受调度控制的基本单元，在其最终物理发用电计划的基础上，向系统调度机构提交卖电报价（增加发电输出功率或降低负荷需求）和买电报价进行交易。

其他非电能量交易的平衡手段则可以纳入辅助服务范畴。这些辅助服务连同平衡机制一起，在英国被称为平衡服务。英国的辅助服务类型具体有22种，常见的有：短期运行备用（STOR）、快速备用（旋转备用）、固定频率响应、频率控制、平衡机制启动、基荷调整、无功服务、强制频率响应和需求侧频率控制等。英国电力需求响应参与平衡机制具体过程，如图4-8所示。

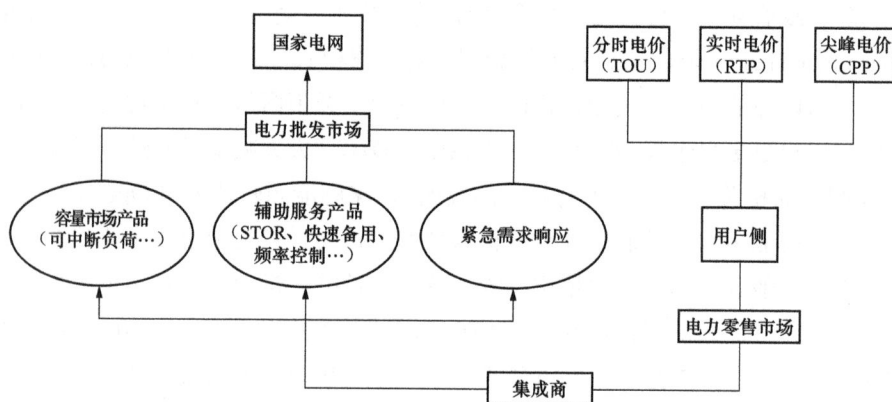

图4-8　英国电力需求响应参与平衡的模式

3. 英国能效管理政策

自20世纪90年代中期至今，为提高居民和小商业用户的能效，英国实施了多种能效政策，按照政策性质又可分为：监管性、市场性、金融性与自愿性四类。其中，绿色交易政策（the Green Deal）与能源公司义务（ECO, Energy Company Obligation）最具代表性。绿色交易政策是英国2013年推出的一项能效政策。该政策的亮点在于，其以创新的财政机制消除了用户的设备安装费：用户以第三方贷款及相关补贴来支付能效装置的前期安装费用，通过设备节能所得偿还后续费用，且这些费用与能效装置一一对应，消费者不用承担任何费用。此项措施大大提高了用户节能的热情。

除了绿色交易政策，为了提高能效，英国ECO系列政策要求能源公司在居民住宅内安装保温材料，替换破损取暖设施等基础设施建设。该系列措施自1994年起至今已实施了九期，极大地提升了家庭能效，取得了巨大成功。2018

年最新颁布的 ECO3 指出：每年相关公用事业单位至少需为客户家庭安装 17，000 个保温实心墙体、替换 35，000 个破损的加热系统等。表 4-5 展示了 ECO 政策的具体发布进程。

表 4-5　　　　　　　　　英国 ECO 政策发布进程

年　份	法　令
1994—1998	能源效率绩效标准（EESOP）
1998—2000	能源效率绩效标准（EESOP）
2000—2002	能源效率绩效标准（EESOP）
2002—2005	能源效率供应商义务（EEC1）
2005—2008	能源效率供应商义务（EEC2）
2008—2012	碳减排目标（CCRT）
2013—2015	能源公司义务（ECO）
2016—2017	能源公司义务（ECO2）
2018—2022	能源公司义务（ECO3）

4.5.1.3　对我国电力需求侧管理发展的启示

自 20 世纪 90 年代初电力需求侧管理理念引入我国以来，我国电力需求侧管理工作越来越受到重视，国家、省级及试点城市的电力需求侧管理激励政策，促进了我国电力需求侧管理的发展。但是，与上述发达国家相比，我国电力需求侧管理还处在初级发展阶段。2014 年以来，国家推动能源革命，能源互联网兴起，分布式能源发展以及新电改启动等新形势，为我国电力需求侧管理工作带来了机遇与挑战。新形势下，如何借鉴主要发达国家的经验，推动我国电力需求侧管理工作，是一个非常值得研究的问题。上述发达国家电力需求侧管理实践对我国的启示主要有如下五个方面。

1. 高度重视电力需求侧管理的重要作用

在节能减排需求日益提升、可再生能源并网问题日益凸显的今天，仅从供给侧进行能源革命是缺乏效率的。我国电力系统在积极推动供给侧改革的同时，也应高度重视电力需求侧管理在提升电网灵活性和稳定性方面的作用。无论是从资源配置、能源安全还是能源转型角度来看，需求侧管理对我国电力系统的发展都是至关重要的。

2. 抓紧完善法律政策体系与设备标准并加大资金支持力度

尽管我国陆续颁布了以《电力需求侧管理办法》《电力需求侧管理办法（修订版）》《关于深入推进供给侧结构性改革做好新形势下电力需求侧管理工作的

通知》(发改运行规〔2017〕1690 号)等 20 余项国家级政策,且在北京、苏州、唐山、佛山实行了电力需求响应试点项目,但与上述国家相比无论是法律体系还是支持力度都有不小差距,主要体现在:

(1)我国电力市场化改革仍在路上,法律基础明显缺失。相关发达国家的电力市场化法规体系已基本成型,政府仍在陆续颁布新法规用以构建以电力需求侧管理为重要组成部分的新型电力系统。以美国为例,为了完成电力市场化改革,其陆续颁布了包括《能源政策法(1992)》《能源政策法(2005)》《能源独立与安全法案(2007)》在内的多项法规。在这之后为了进一步推动电力需求侧管理其又颁布了多项政策用以不断完善电力需求响应的价格机制,消除电力需求响应进入市场的后续障碍。而我国电力市场还没有完全放开,电力需求响应进入电力市场交易还存在较大障碍。

(2)缺乏电力需求侧管理发展所必需的基础设施与标准。发达国家将电力需求侧管理视作其未来电力系统不可或缺的组成部分,因此给予了大量资金与政策支持。中国目前则主要将电力需求侧管理视作临时性的工业节能手段,不管是补贴还是基础设施都与发达国家有较大差距。

(3)电力需求侧管理缺乏法律地位。中国现今关于电力需求侧管理的法规大多以部门规章和规范性文件的形式存在,缺乏足够的法律强制力,且内容单一,包容性不足。具体到业务操作层面的法规则少之又少。与之相比上述国家均已出台了专门的法律,从整体发展战略到具体实施程序,制定了缜密的发展计划,个别国家甚至将发展电力需求侧管理作为其基本国策。

3. 加快电力市场化改革步伐

电力市场化改革即比量齐观地放开电力市场的发电、配电、售电等环节,引入竞争机制,建立电力竞争市场。由于电力市场自然垄断的特性,其准入门槛较高具有较强排外性,供给侧的新兴发电资源进入尚且步履维艰,何况需求侧资源。因此,为了将电力需求侧管理更好地融入电力系统中降低电力市场的进入壁垒,各国均将电力市场化改革作为首要目标。随着新电改的进行,我国发电商与售电商终于可以直接竞价交易,2019 年以广东、山东、江苏、山西为代表的 11 个省份已进一步着手构建省级电力市场。甘肃、山西的电力现货市场试点已试运行,其余省份的电力现货市场预计也将于 2019 年全面放开,由此可见我国电力市场化程度正逐步提高。尽管如此但与上述国家相比,目前我国电力市场化程度仍然不足,电力批发市场与零售市场仍未全部放开,政府应有计划地加快电力批发市场与零售市场的放开步伐,争取早日实现电力市场化改革,为电力需求响应的进入构建良好的市场环境。

4. 加大对能源效率管理的支持力度

我国虽然也推出了许多与能效管理相关的规制性措施，但与发达国家相比我国能效管理政策仍存在较大缺陷。首先，这些措施普遍处于政策层面并没有达到法律层面，以我国提出的"淘汰落后产能""千家企业节能行动"等政策为例，其因与国家政策目标挂钩而初始强度巨大但政策的后期持续性不足；其次，相对而言我国的能效激励措施种类较为单一，主要依赖政府的直接补贴，缺乏在信贷、信息以及技术等方面的能效支持；最后，我国能效政策的实施大多依靠政府强制力保障，缺乏自愿性的能效政策，企业的能效管理缺乏足够的内生动力。为了解决上述问题，首先，应尽快完善相关法律体系，保障能效政策的一贯执行力度，避免一鼓作气，再而衰，三而竭的困境；其次，可以借鉴发达国家的政策经验，推出以税收优惠、贴息贷款、低息贷款、能效咨询服务、专家集群交流等各项政策，摆脱政府在能效政策方面"独木难支"的困境；最后，应加大能效教育力度，并出台相应的自愿性政策，潜移默化地影响个体与企业的行为，逐步将能效管理从企业发展的外生推力转变为内生动力。

5. 创新电力需求侧管理商业运作模式

在分布式电源、高新储能、自动电力需求响应、VPP、互联网技术及其他高新技术飞速发展的今天，将上述成果有机地结合起来形成的全自动、智能能源互联网将成为未来电力需求响应发展的主要趋势。我国应加快对上述高新技术的研发。在能效管理方面，借鉴国外具有前瞻性的财政机制，消除交易成本，同时提升居民参与度，走出具有中国特色的电力需求侧管理商业模式。

4.5.2　承前继后推动需求侧管理高质量发展

"十三五"以来，我国用电量保持一定速度增长，电力供应能力总体充足，电力供需由总体偏紧、局部地区供需紧张转变为总体宽松、局部地区供应富余与局部地区高峰时段偏紧并存，供需形势发生了深刻变化。同时，生态文明建设、能源消费革命、新一轮电力体制改革、保障能源安全、新的碳达峰目标与碳中和愿景等，都为电力需求侧管理工作带来了新的机遇和严峻挑战。2020 年 12 月 11 日中央政治局会议提出注重需求侧改革；12 月 16 日至 18 日中央经济工作会议强调注重需求侧管理，形成需求牵引供给、供给创造需求的更高水平动态平衡，这为新形势下稳步推进电力需求侧管理工作指明了方向。"十四五"时期，我国将开启全面建设社会主义现代化国家新征程，电力需求侧管理工作要准确把握新形势、新任务、新要求，深入贯彻新发展理念，助力构建新发展格局；要坚持系统观念，坚持统筹发展和安全，积极做好各项相关工作。

4.5.2.1 "十三五"以来电力需求侧管理工作成效

"十三五"时期,电力需求侧管理政策体系逐渐完善。国家层面,《能源生产和消费革命战略(2016—2030)》明确提出要实施能源革命重大战略行动,推进重点领域率先突破,电力需求侧管理行动是其中的一项重要内容。《"十三五"节能减排综合工作方案》《电力发展"十三五"规划》等专项政策都提出要加强电力需求侧管理,并明确了电力需求侧管理的具体工作。国家发展和改革委员会等部门陆续发布《电力需求侧管理办法(修订版)》等政策文件,推进电力需求侧管理工作深入开展;地方层面,各省市自治区结合自身情况,从有序用电、需求响应、市场化交易等方面持续丰富本地的电力需求侧管理政策体系,积极推动电力需求侧管理工作落地。"十三五"以来,我国电力需求侧管理工作成效明显,表现为以下方面:

一是落实主体责任,强化考核力度。电网企业作为电力需求侧管理工作的考核责任主体,充分发挥联系电力用户的优势,积极落实电力需求侧管理考核目标指标,不断提升终端能效水平。根据国家发展和改革委员会发布的电网企业实施电力需求侧管理目标责任完成情况年度公告,2016—2019 年,国家电网公司、南方电网公司均完成了电力需求侧管理目标任务,累计实现节约电力1627.3 万千瓦,节约电量 640.3 亿千瓦时。

二是推动试点示范,扩大主体范围。近年来,各地不断扩大需求响应试点,上海、江苏、广东、北京、天津、浙江、山东等地纷纷开展了需求响应实践,迎峰度夏期间可有效削减尖峰用电负荷约 1000 万千瓦。同时,针对电力需求响应,市场主体准入条件不断降低,允许包括居民负荷在内的电力用户参与,鼓励售电公司、负荷聚合商、储能、充电桩等新兴市场主体参与,极大挖掘了需求侧资源的响应潜力,不断提高响应成功率。工业领域电力需求侧管理示范企业共计 141 家,电力需求侧管理示范园区共计 12 个,基本覆盖了传统和新兴产业领域。

三是探索工作模式,深挖需求侧资源潜力。各省市自治区因地制宜,不断探索创新工作模式,积极促进需求响应在保障电力系统安全运行、促进可再生能源消纳中发挥更大作用。例如,江苏实现单次最大削峰负荷 402 万千瓦,单次最大填谷负荷 359.4 万千瓦,规模均创全国第一;山东、浙江、上海、重庆等省市利用跨区可再生能源电力市场化购售价差,拓宽激励资金来源;天津引入"城镇型虚拟电厂"实施模式,扩大参与用户类型范围,积极推动夏季削峰和冬季填谷响应实施。

四是加强平台建设,发挥大数据优势。结合电力市场建设的推进,依托电力需求侧管理平台建设，各地积极扩大平台的电力用户接入规模，发挥平台的用能大数据优势，助力企业用电行为优化。例如，上海成功实践国内首个负荷型虚拟电厂运营平台，聚合 200 多栋楼宇形成 10 万千瓦可控容量；宁夏不断完善电力需求侧管理公共服务平台，实现可监测容量 2014 万千伏安，覆盖 1039户企业，形成信息化、智能化管理网络。

4.5.2.2　新时代能源高质量发展对电力需求侧管理提出新要求

党的十八大以来，党中央、国务院围绕供给侧结构性改革、高质量发展、建设现代化经济体系、生态文明建设、能源安全等作出了一系列重大决策部署，2020 年 12 月 11 日中央政治局会议提出注重需求侧改革；12 月 16 日至 18 日中央经济工作会议提出，要紧紧扭住供给侧结构性改革这条主线，注重需求侧管理，形成需求牵引供给、供给创造需求的更高水平动态平衡，这为新形势下稳步推进电力需求侧管理工作指明了方向。"十四五"时期是我国开启全面建设社会主义现代化国家新征程、向第二个百年奋斗目标进军的第一个"五年"，电力需求侧管理在新时期将面临新形势、新任务和新要求。

1. 高质量发展与供给侧结构性改革对电力需求侧管理提出总体要求

"十四五"时期经济社会发展要以推动高质量发展为主题，以深化供给侧结构性改革为主线，以改革创新为根本动力，这就要求"十四五"时期电力需求侧管理工作要紧扣高质量发展的新任务和新目标，通过创新提升宏观、中观、微观 3 个层面的理念和做法，更好地与供给侧相互配合、协调推进。"十四五"时期经济社会发展要贯彻新发展理念，实现高质量发展，这就要求电力需求侧管理工作要统筹好发展与安全，一方面在把"创新、协调、绿色、开放、共享"的新发展理念贯穿于电力需求侧管理的实际工作，另一方面要坚持系统观念，通过电力需求侧管理来防范化解电力系统与电力经济中存在的风险挑战，从而为经济运行提供安全稳定的电力保障。

2. 电力供需形势与特征深刻变化，要求电力需求侧管理拓展工作内涵

一方面，从供需形势看，当前我国电力供需总体宽松、局部地区供应富余，与局部地区高峰时段偏紧的情况并存；在生态文明建设和新的碳达峰目标与碳中和愿景下，节能减排更为必要和关键，这就要求"十四五"时期电力需求侧管理必须继续大力做好电力电量节约，尤其在高峰时段偏紧的局部地区要更好地发挥电力需求侧管理的作用。另一方面，我国电力系统的新特征也越来越明显，"十四五"时期，在能源绿色低碳化的发展方向下，电气化率将继续提升，可再生能源装机与电量的比重也将加快提高；随着经济社会的发展和用电方式的改变，最大用电负荷持续升高、负荷峰谷差不断扩大的趋势仍将持续。2017

年《电力需求侧管理办法（修订版）》已明确提出环保用电、绿色用电、智能用电等新内涵。"十四五"时期，电力需求侧管理需要以这3个方面为新的工作重点，适应电力供需形势和电力系统发展的新特征，使电力需求侧管理成为促进电能替代、可再生能源消纳以及电力系统智能化发展的关键手段，从需求侧大幅提升电力系统的安全性、灵活性及绿色低碳发展水平。

3. 新一轮科技革命、产业变革和体制改革，要求电力需求侧管理创新升级

第一，新一轮科技革命和数字经济的飞速发展，要求电力需求侧管理要与新一代信息技术、与数字经济相融合，积极探索数字化发展。一方面，在新基建的背景下，全社会智慧用电不断发展，新型融合基础设施、信息基础设施和创新基础设施等逐步建设，为电力需求侧管理提供了数字化发展的硬件基础；另一方面，以新一代信息技术为依托，数据平台建设和大数据技术在电力需求侧的应用，有助于更好地挖掘电力需求侧的数据资源，更好地服务电力用户生产生活的效率提升、成本节约与智能互联。

第二，在加快构建以国内大循环为主体、国内国际双循环相互促进的新发展格局背景下，电力需求侧管理要积极探索产业化发展。党的十九届五中全会提出，要加快发展现代产业体系，推动经济体系优化升级。这就要求"十四五"时期的电力需求管理要朝着提升产业链现代化水平、发展战略性新兴产业、加快发展现代服务业等方向综合发力。具体而言，一是依托电力需求侧管理，促进产业链上下游企业高端化、智能化、高效化、绿色化发展；二是积极培育电力需求侧管理相关的新技术、新产品、新业态、新模式；三是推动电能服务产业向专业化和价值链高端延伸，着力推进综合用电服务升级。

第三，新一轮电力体制改革不断推进，要求电力需求侧管理要积极探索市场化发展。电力市场的建立和电力市场化改革的推进，将为电力需求侧管理构建市场化的激励机制创造条件，推动其从之前以行政推动和补贴奖励的激励方式为主，转变为以价格激励、市场化交易等方式为主。此外，加强电力需求侧管理也是推进"放管服"改革的要求。通过电力需求侧管理，不断强化居民等重点用户的供电服务，促进电网企业保障电力供应、提高电能可靠性、优化电能服务，也是落实"放管服"改革、优化营商环境的工作抓手。所以，"十四五"时期电力需求侧管理要积极探索市场化发展，推动有效市场和有为政府更好结合。

4.5.2.3 "十四五"时期需系统推进电力需求侧管理高质量发展

"十四五"时期，电力需求侧管理工作面临新形势、新任务、新要求，必须坚持习近平新时代中国特色社会主义思想，深入贯彻党的十九大和十九届二中、

三中、四中、五中全会精神，以推动高质量发展为主题，以深化供给侧结构性改革为主线，以改革创新为根本动力，统筹发展和安全，在更高起点、更高层次、更高目标上，系统推进电力需求侧管理创新、深化和升级，实现节约用电、环保用电、绿色用电、智能用电、有序用电，促进电力系统安全稳定运行与高质量发展。具体来说，应做好以下 4 个方面的工作。

1. 坚持能源安全，积极推广需求响应，增强电力需求侧应急保障能力

党的十九届五中全会提出，要把安全发展贯穿国家发展各领域和全过程，防范和化解影响我国现代化进程的各种风险。"十四五"时期电力需求侧管理工作，要把维护供用电秩序平稳、保障电力系统安全稳定运行放在突出位置。一是要加强风险预警、应急管理机制和能力建设，制定多种情形下的电力需求侧应急保障预案，健全工作体系和多部门协同的工作机制。二是要鼓励和扩大需求响应实施范围，引导和激励电力用户积极开发和利用需求响应资源，提高需求响应能力，保障非严重缺电情况下的电力供需平衡。三是要精细化、规范化开展有序用电工作，根据供需情况组织制定有序用电方案，开展必要演练，提升快速反应和应急处理能力。通过以上措施，从需求侧增强电力系统在电力供应不足、突发和紧急情况下的抗冲击能力，确保电力系统安全稳定运行。

2. 坚持效率优先，持续引导节约用电，推动电力电量节约工作优化完善

节约用电一直以来是电力需求侧管理工作的核心之一，"十四五"时期仍要将其作为工作重点持续推进。在能源高质量发展新形势以及能源新技术、新模式、新业态不断涌现的背景下，节约用电也要有新的调整。一是结合先进节电技术，拓展综合服务模式，系统提高终端用电效率。对于工业园区、建筑楼宇、居民用户等存量用电环节，鼓励各类型能源服务公司开展综合能源服务项目，通过"互联网+"智能用电、综合节能管理等新型节电技术和手段，持续深入推进全社会节约用电；对于大数据中心、5G 基站等增量用电环节和能耗大户，要挖掘节能潜力，加强用电管理。二是及时修订完善电网企业电力需求侧管理目标责任考核评价制度。基于电力需求侧管理新内涵，统筹将环保用电、绿色用电、智能用电等工作纳入考核评价范围，优化调整电力电量节约目标。三是引导增量配电网、地方电网等积极主动开展电力需求侧管理工作，齐心协力促进节能减排和能效升级。

3. 坚持绿色低碳，提高电气化水平，推动电力供需协同互动

在新的碳达峰目标与碳中和愿景下，我国将加速推动能源绿色低碳转型的步伐，这要求"十四五"时期电力需求侧管理工作朝着绿色低碳化方向重点发力。一是从需求侧促进可再生能源电力消纳利用，引导电力用户优化用电方式，

推动形成可再生能源与需求侧资源双向互动。二是加强电力系统调节能力建设，将需求响应作为重要调度资源统筹纳入电力电量平衡，挖掘需求侧灵活负荷资源，提高电网灵活性。三是进一步提升终端用能电气化水平，在传统工业、交通、农业、居民等领域，推广电能替代技术应用，拓展电能替代范围和规模；在增量用电市场，促进 5G 基站、大数据中心、电动汽车、轨道交通、港口岸电等领域的发展，持续扩大电力消费空间。

4. 坚持市场化改革，促进智能用电升级，探索电力需求侧管理新方向

随着电力市场化改革的深入推进，需求侧资源参与电力市场的条件日渐成熟，电能服务产业的市场也将更加开阔，需统筹加以推进。一是稳步推动电力需求响应市场化发展。适应电力市场建设需要，着力构建"谁受益谁承担"的权责机制，结合当前电力需求响应的市场化实践，探索和推动实现需求响应与电力市场联合出清，研究探索需求响应与可再生能源电力直接交易方案，形成与可再生能源动态平衡的响应机制。多渠道拓宽需求响应激励补偿资金来源，形成以市场主导的价格激励机制，有效调动市场主体的参与意愿。二是加大电能服务产业培育力度。推动电能服务企业向综合用能服务商提升发展，协力发展节能环保等绿色产业，培育壮大新的绿色增长点和增长极。鼓励能源企业、制造企业、互联网企业开展跨界融合，搭建智慧能源服务平台，为市场主体提供创新型电能服务，打造电能服务新模式、新业态。加强示范企业的行业标杆作用，带动引领行业技术突破与模式创新，探索电能服务新的商业模式和产业发展路径。三是大力提升电力需求侧管理数字化、智能化水平。结合新型基础设施建设和数字经济发展，推动信息通信技术和设施与能源领域深度融合，优化完善电力需求侧管理平台，在确保信息安全的前提下，推动各层级、各类型用电数据互联互通，挖掘电力大数据价值，为电力需求侧管理决策提供数据支持。

"十三五"以来，各地政府主管部门和电力企业深入推进电力需求侧管理工作，探索了一系列宝贵经验。"十四五"时期，面对新形势、新任务、新要求，必须坚持习近平新时代中国特色社会主义思想，深入贯彻党的十九大和十九届二中、三中、四中、五中全会精神，紧扣发展和安全、清洁和低碳，系统推进电力需求侧管理创新、深化和升级，更好地持续促进电力系统安全稳定运行与高质量发展。

4.5.3 "双碳"目标下的电力需求侧管理进阶与变革

2021 年 3 月 15 日，中央财经委员会第九次会议强调，"十四五"是碳达峰的关键期、窗口期，要构建清洁低碳安全高效的能源体系，控制化石能源总量，

着力提高利用效能，实施可再生能源替代行动，深化电力体制改革，构建以新能源为主体的新型电力系统。电力系统发展面临新的形势，一方面，以新能源为主体的新型电力系统正在加快形成，能源主体由化石能源向非化石能源更替；另一方面，在我国电力供需总体平衡的大形势下，部分省份电力供需矛盾将长期存在。

4.5.3.1　新形势下电力需求侧管理变革的必要性

电力行业发展面临的新形势要求电力需求侧管理在提升电力系统发展质量、保障电力系统供需平衡、促进可再生能源消纳、促进节能减排等方面发挥作用，推动"双碳"目标的实现。

1. 提升电力系统发展质量

电力是经济发展的重要动力源泉之一，随着我国经济进入高质量发展阶段，构建新型电力系统，实现电力系统高质量发展势在必行。清洁低碳、安全高效是电力系统高质量发展的重要特点，源网荷储一体化和多能互补是电力系统高质量发展的重要举措。为此，应当着力加强电力需求侧管理，抑制不合理的电力消费，引导用户优化用电方式，提高电能利用效率，充分挖掘需求侧资源与电网的互动响应能力，助力电力系统的高质量发展。

2. 保障电力系统供需平衡

"双碳"目标下，"十四五"期间，我国用电需求、新能源装机将持续增长，电力系统的运行特性和电源结构面临更深刻的变化。一方面，第三产业和居民用电负荷占比持续提高，电力需求对气温变化日益敏感，极端气候导致部分地区夏季、冬季短期尖峰负荷屡创新高，电力系统呈现"双峰"特征；另一方面，随着可再生能源的大规模接入，电力系统将呈现高比例可再生能源、高比例电力电子设备的"双高"特征，电力系统"双侧随机性"特征将进一步凸显。为此，应当加强对需求侧资源的管理，使其逐步成为与电网广泛互动的重要资源，实现供需双侧资源的协调优化，助力保障电力系统供需平衡。

3. 促进可再生能源消纳

随着新型电力系统的建设，风电和光伏等具有间歇性和波动性的可再生能源发电装机将快速增长。一方面，可再生能源的大规模接入对电力系统灵活性和安全稳定性提出了挑战。另一方面，电力系统为消纳高比例可再生能源将付出更高的成本，对电力系统的经济性提出了挑战。为此，应当加强电力需求侧与电力生产和供应侧的协同互动，以互联网技术为支撑，推广多方共赢的需求响应与可再生能源电力消纳协同模式，从需求侧促进可再生能源电力的消纳，推进电力清洁低碳转型发展。

4. 促进节能减排

据统计，2020 年我国能源消费总量为 49.8 亿吨标准煤左右，单位 GDP 能耗是世界平均水平的 1.5 倍，因此，在能源消费总量控制、单位 GDP 二氧化碳排放和单位 GDP 能耗下降要求约束下，节能减排领域面临更严峻的挑战。为此，应在需求侧继续加强用电管理、推动电力电量节约，开展能效电厂、需求响应等项目，提高电能利用效率，从而在降低用户用能成本的同时促进节能减排和经济社会健康发展。

4.5.3.2 新形势下电力需求侧管理变革的方向与路径

新形势下，电力需求侧管理的作用愈加凸显，电力需求侧管理的重要性得到各行各业的广泛关注，因此，亟须推动电力需求侧管理变革，助力"双碳"目标的实现。

1. 需求侧管理变革方向

综合化。"双碳"目标下，能源电力系统的横向多能互补和纵向"源网荷储"协调发展，为电力需求侧管理向综合需求侧管理转变提供了条件。电力需求侧管理的综合化发展以改善能源供给失衡、提升用户用能经济性、促进可再生能源消纳、参与系统灵活性调节为目标，基于多种能源系统在产能特性、供求特性以及用能特性等的差异性，利用冷、热、电、气等多能流时空上的耦合机制，通过激励的方式刺激或诱导综合能源用户改变某一种或多种能源的需求，对另一种能源的供求关系产生影响，实现多能互补，达到削峰填谷、缓解用能紧张等目的。

智能化。"云大物移智链"等现代化信息技术在能源电力系统的应用，对能源电力的生产、供应和消费模式带来了改变。电力系统内广泛布置的感知装置与边缘控制装置将实现电力系统的状态全面感知与智能化运行。在此趋势下，电力需求侧管理逐步向实时化、智能化、自动化方向演进，通过智能设备、智能采集、智能分析和智能操控，自动完成响应计划制定、用能优化策略生成，实现节约用电、环保用电、绿色用电、智能用电、有序用电。

市场化。我国电力需求侧资源参与响应的方式主要以约定时间、约定容量的邀约型削峰填谷响应为主，现行价格和激励机制存在峰谷价差小、峰谷时段划分不合理、补贴方式单一等问题，对用户参与需求侧响应的积极性的调动以及用户优化用电方式的引导作用欠佳。因此，未来随着电力市场建设的推进，将需求侧资源纳入辅助服务市场和现货市场，使得需求侧资源成为与供给侧资源对等的灵活性资源参与电力市场竞争，更加凸显需求侧资源的价值。

2. 需求侧管理变革路径

展望未来信息技术与基础设施的发展对电力需求侧管理的影响，接下来围绕需求侧资源库、市场机制、基础设施和关键技术四个方面，提出新形势下电力需求侧管理变革的路径。

（1）构建综合需求侧资源库。一是建立需求侧资源分类库。各省份和各地区根据行业用电特性、负荷特性、响应速度、响应规模、响应时长等的分析，建立不同级别、不同规模、不同能源种类的综合需求侧资源库，并滚动更新；二是加强电网与工业企业、园区和商业楼宇之间的互动。关注工业企业、园区和办公楼宇的柔性负荷，分析主要用电设备及其负荷特性，实现柔性负荷设备通过错峰用电、启停或调节运行状态等方式参与需求响应；三是调动居民用户参与需求响应的积极性。通过加大需求响应宣传推广力度，培养居民用户的节电意识，推动各级政府和电力主管部门出台支持政策及电价折扣、奖励补贴等激励政策，提高居民参与需求响应的积极性，将居民需求响应纳入常态化工作。

（2）完善需求响应市场机制。一是完善电价机制和激励补贴机制。加快完善尖峰电价、分时电价和可中断负荷电价机制，合理划分峰、尖、谷、平时段，适当拉大峰谷价差，引导用户优化用电模式。根据不同响应时段、响应速度、响应时长、响应成本和响应规模，制定差异化的动态补贴机制；二是加快多元化需求侧资源参与市场化交易。明确需求侧资源的市场主体地位，降低市场准入门槛，鼓励负荷聚合商和虚拟电厂通过聚合用户侧的储能、分布式电源、UPS电源、制冷制热等多元化可调节负荷资源和可中断负荷资源参与需求响应。鼓励储能和充电桩运营商以及电动汽车用户参与需求响应；三是制定分区分级分场景响应机制。综合考虑不同地区的行业分布特点、负荷规模、负荷特性等，梳理分区需求响应资源，制定分区响应机制。根据响应速度，制定秒级、分钟级和小时级等不同级别的分级响应机制。基于紧急需求响应、削峰填谷、可再生能源消纳等不同应用场景，制定分场景响应机制。

（3）建设需求侧管理基础设施。一是完善用采系统负荷分类统计功能。对参与需求响应的用电线路和设备在线监测，开展分行业的负荷数据治理与维护，提高电能管理水平，实现负荷科学化、精细化管理；二是构建全覆盖的需求侧资源综合监测与管理平台。通过电网与分布式电源、储能、电动汽车等用户侧设备的广泛互联，以及与燃气、供热等多类型能源的协调运行，实现能源供给、消耗的统一监测，能效分析、梯次利用和协调管控的一体化管理；三是完善需求侧管理业务平台。在保障用户隐私安全的前提下，整合现有的需求侧管理业务平台和需求侧资源综合监测与管理平台，实现需求响应用户申报、用户审核、线上签约、需求发起、用户反馈、效果评估、补贴核算等需求响应全过程管理。

（4）加快需求侧管理关键技术攻关。一是加强自动需求响应技术的应用与推广。提高需求响应的自动化和实时化水平，为需求侧资源参与紧急需求响应和电力系统提供灵活性调节等辅助服务场景提供基础；二是研究需求响应资源双向互动技术。以新型电力系统建设为着力点，推动"云大物移智链"和5G等先进通信技术在系统运行控制、终端用户用能服务方面的应用，促进能源信息双向流动和开放共享，实现各类需求侧资源灵活汇聚。

4.5.3.3 新形势下电力需求侧管理发展政策建议

结合对新形势下电力需求侧管理变革的方向与路径的分析，在此提出"十四五"期间电力需求侧管理发展政策建议，保障电力需求侧管理的健康可持续发展，助推"双碳"目标的实现。

将电力需求侧管理纳入政府工作计划将电力需求响应纳入国家电力发展规划、新型电力系统安全应急体系和"双碳"目标实施路径的全局进行统筹谋划和顶层设计。国家层面明确各省政府需求响应工作任务部署，提出强制性的工作量化指标，构建常态化需求响应实施流程，制定省市县分级落实方案上报国家发改委备案。制定统一的需求响应标准规范推动政府制定统一的需求响应标准规范，完善电力需求响应标准体系框架，确定需求响应业务流程、基线负荷计算、效果评估等标准，制定相关设备接口标准及负荷分类标准，实现相关设备无缝对接接入需求响应系统和用能优化系统。

1. 建立电力需求侧管理长效机制

完善季节性峰谷电价、季节性尖峰电价、可靠性电价、可中断负荷电价等价格机制，出台多样化的电力需求侧响应补贴机制，提高补贴金额，制定需求侧响应成本分摊机制，出台需求侧响应资金保障和财政、税收、信贷等金融支持政策机制，明确和保障补贴资金来源。

2. 完善市场化交易机制

明确电网公司、电力交易中心、用户等需求响应交易主体的职能，确定各类用户参与电力现货市场、辅助服务市场等不同市场交易的准入门槛。基于可中断负荷、可转移负荷、可削减负荷、可替代负荷等多样化需求侧资源，明确参与不同类型市场的交易品种。完善不同交易品种和参与不同市场类型的交易价格和补贴机制。建立完善的需求侧管理体系，构建政府、市场、电网公司、用户等多方主体参与的需求响应监管机制，以保障市场化交易的常态化开展。

"十四五"时期，面对能源电力发展新形势，电力需求侧管理应坚持综合化、智能化、市场化的发展方向，遵循需求侧资源库构建、市场机制完善、基础设施建设和关键技术研究的路径，系统推进电力需求侧管理的进阶与变革。为保障电力需求侧的发展，应从顶层设计、标准规范、价格与补贴机制和市场化交易机制等方面制定政策机制。

4.6　本　章　小　结

本章主要介绍了我国电力市场化交易的理论基础。第一节首先介绍了电力市场交易基本概念，包括电力市场交易分类、交易方式等。第二节重点介绍了电力市场交易类型中的中长期合约交易市场、期货交易市场、期权交易市场、实时交易（平衡）市场、辅助服务交易市场等的详细情况。第三节主要介绍了电力市场交易规则确定方式，简单阐述了集中竞价交易规则的详细情况、电力市场合规管理探索方面及我国省间省内电力市场交易的内容，再以某省或区域电力市场交易规则为实例，包括南方（以广东起步）电力现货市场系列规则、华东区域内各省区市场交易规则、湖南电力市场中长期交易规则及贵州电力市场机制建设，研究电力市场具体交易规则的确定方式。第四节首先分析了我国电力需求响应现状，电力需求响应相关政策、标准体系建设及示范试点，接着主要以某省为例，介绍了电力需求响应市场运营规则的相关理论知识，包括电力需求响应基本概念，市场参与主体准入条件、报价与出清规则等。第五节主要介绍了电力需求侧管理的相关内容，首先研究了主要发达国家电力需求侧管理的实践及对我国电力需求侧管理的启示，接着阐述了"十三五"以来电力需求侧管理工作成效，新时代能源高质量发展对电力需求侧管理提出新要求，以及接下来"十四五"时期需要系统推进电力需求侧管理高质量发展的需要，最后阐述了在"双碳"目标下探究电力需求侧管理的进阶与变革。

第5章 我国电力市场化交易现状

5.1 电力市场化交易情况

2015 年 3 月 31 日，中共中央、国务院发布了《关于进一步深化电力体制改革的若干意见》（中发〔2015〕9 号），新一轮电力改革正式拉开序幕。为加快推动电力现货市场建设，国家发改委与能源局于 2017 年 8 月 28 日发布《关于开展电力现货市场建设试点工作的通知》，选择南方（以广东起步）、蒙西、浙江、山西、山东、福建、四川、甘肃等 8 个地区作为第一批电力现货市场建设先行试点。随着新一轮电力改革的全面展开，电力交易机构充足、市场化交易比例以及电力现货试点建设在若干省（区）已有了突破性进展。此次电力市场改革以顶层设计为主，关键在于充分调动多方积极性参与市场建设，与上次电力体制改革不同的是，新一轮电改以建立省级电力市场起步，各省在借鉴参考国外成熟电力市场机制与运行管理经验后，结合地区电力供需情况、网源结构和市场化程度，因地制宜探索出适宜本省电力供需平衡与新能源消纳的电力市场，形成了百家争鸣、百花齐放的中长期市场和现货市场，推动了本轮电力体制改革的落地。当前，电力行业以一系列电力体制改革配套文件的发布开始了建设电力市场的工作，建立市场条件下的供给侧机制，放开属于竞争环节的发电侧，引入多元化社会资本，降低相关电价特别是新能源电价，为促进新能源参与深度市场竞争奠定了基础。至今，交易机构的组建工作已全部完成，能够支撑我国电力市场开展公平规范、竞争有序的市场化交易，其中电力现货试点正逐步有序推进。

5.1.1 全国统一电力市场体系

2022 年 4 月 10 日，《中共中央 国务院关于加快建设全国统一大市场的意见》发布。《意见》明确，加快建设国家电力市场。充分发挥北京、广州电力交易中心作用，完善电力交易平台运营管理和跨省跨区市场交易机制。根据电力基础设施建设布局和互联互通情况，研究推动适时组建全国电力交易中心，引入发电企业、售电公司、用户等市场主体和有关战略投资者，建立依法规范、权责分明的公司法人治理体系和运营机制；成立相应的市场管理委员会，完善议事协调和监督机制。

到 2025 年，全国统一电力市场体系初步建成，国家市场与省（区、市）/区域市场协同运行，电力中长期、现货、辅助服务市场一体化设计、联合运营，跨省跨区资源市场化配置和绿色电力交易规模显著提高，有利于新能源、储能等发展的市场交易和价格机制初步形成。

到 2030 年，全国统一电力市场体系基本建成，适应新型电力系统要求，国家市场与省（区、市）/区域市场联合运行，新能源全面参与市场交易，市场主体平等竞争、自主选择，电力资源在全国范围内得到进一步优化配置。

5.1.1.1　健全多层次统一电力市场体系

（1）加快建设国家电力市场。充分发挥北京、广州电力交易中心作用，完善电力交易平台运营管理和跨省跨区市场交易机制。根据电力基础设施建设布局和互联互通情况，研究推动适时组建全国电力交易中心，引入发电企业、售电公司、用户等市场主体和有关战略投资者，建立依法规范、权责分明的公司法人治理体系和运营机制；成立相应的市场管理委员会，完善议事协调和监督机制。

（2）稳步推进省（区、市）/区域电力市场建设。充分发挥省（区、市）市场在全国统一电力市场体系的基础作用，提高省域内电力资源配置效率，保障地方电力基本平衡。贯彻京津冀协同发展、长三角一体化、粤港澳大湾区建设等国家区域重大战略，鼓励建设相应的区域电力市场，开展跨省跨区电力中长期交易和调频、备用等辅助服务交易，优化区域电力资源配置。

（3）引导各层次电力市场协同运行。有序推动国家市场、省（区、市）/区域电力市场建设，加强不同层次市场的相互耦合、有序衔接。条件成熟时支持省（区、市）市场与国家市场融合发展，或多省（区、市）联合形成区域市场后再与国家市场融合发展。推动探索组建电力交易中心联营体，并建立完善的协同运行机制。

（4）有序推进跨省跨区市场间开放合作。在落实电网安全保供支撑电源电量的基础上，按照先增量、后存量原则，分类放开跨省跨区优先发电计划，推动将国家送电计划、地方政府送电协议转化为政府授权的中长期合同。建立多元市场主体参与跨省跨区交易的机制，鼓励支持发电企业与售电公司、用户等开展直接交易。加强跨省跨区与省内市场在经济责任、价格形成机制等方面的动态衔接。加快建立市场化的跨省跨区输电权分配和交易机制，最大程度利用跨省跨区富裕通道优化电力资源配置。

5.1.1.2 完善统一电力市场体系的功能

（1）持续推动电力中长期市场建设。进一步发挥中长期市场在平衡长期供需、稳定市场预期的基础作用。完善中长期合同市场化调整机制，缩短交易周期，提升交易频次，丰富交易品种，鼓励开展较长期限的中长期交易，规范中长期交易组织、合同签订等流程。推动市场主体通过市场交易方式在各层次市场形成分时段电量电价，更好拉大峰谷价差，引导用户削峰填谷。

（2）积极稳妥推进电力现货市场建设。引导现货市场更好发现电力实时价格，准确反映电能供需关系。组织实施好电力现货市场试点，支持具备条件的试点不间断运行，逐渐形成长期稳定运行的电力现货市场。推动各类优先发电主体、用户侧共同参与现货市场，加强现货交易与放开优先发用电计划、中长期交易的衔接，建立合理的费用疏导机制。

（3）持续完善电力辅助服务市场。推动电力辅助服务市场更好体现灵活调节性资源的市场价值，建立健全调频、备用等辅助服务市场，探索用户可调节负荷参与辅助服务交易，推动源网荷储一体化建设和多能互补协调运营，完善成本分摊和收益共享机制。统筹推进电力中长期、现货、辅助服务市场建设，加强市场间有序协调，在交易时序、市场准入、价格形成机制等方面做好衔接。

（4）培育多元竞争的市场主体。有序放开发用电计划，分类推动燃气、热电联产、新能源、核电等优先发电主体参与市场，分批次推动经营性用户全面参与市场，推动将优先发电、优先购电计划转化为政府授权的中长期合同。严格售电公司准入标准和条件，引导社会资本有序参与售电业务，发挥好电网企业和国有售电公司重要作用，健全确保供电可靠性的保底供电制度，鼓励售电公司创新商业模式，提供综合能源管理、负荷集成等增值服务。引导用户侧可调负荷资源、储能、分布式能源、新能源汽车等新型市场主体参与市场交易，充分激发和释放用户侧灵活调节能力。

5.1.1.3 健全统一电力市场体系的交易机制

（1）规范统一市场基本交易规则和技术标准。发展改革委、能源局组织有关方面制定市场准入退出、交易品种、交易时序、交易执行结算等基本交易规则，以及统一的交易技术标准和数据接口标准。各地组织省（区、市）电力交易中心依照基本交易规则制定本地交易细则。推动交易中心之间在技术和数据标准方面有效衔接、总体一致。

（2）完善电力价格形成机制。改革完善煤电价格市场化形成机制，完善电价传导机制，统一规范各地电力市场价格规则，有效平衡电力供需。有序推动工商业用户全部进入电力市场，确保居民、农业、公益性事业等用电价格相对稳定。鼓励清洁取暖用户通过参与电力市场降低采暖成本。强化电网输配电准许收入监管，推动电网企业输配电业务和购售电业务分开核算，妥善处理政策性交叉补贴。提升跨省跨区输电价格机制灵活性，探索跨省跨区交易按最优路径组合等方式收取输电费用。

（3）做好市场化交易与调度运行的高效衔接。在保障电网安全运行和电力可靠供应的前提下，统筹优化电力市场运行与电网调度运行，健全完善电网企业相关业务流程和制度标准。加强电力交易中心与电网企业业务协同，推动规划、营销、计量、财务、调度等信息的互通共享。提升电网智能化水平，加强电力运行调度和安全管理，依法依规落实电力市场交易结果。

（4）加强信息共享和披露。推动全国电力市场主体注册信息共享。落实信息披露制度要求，规范披露流程，依法依规披露电网安全约束条件、跨省跨区可用输电能力等关键信息。建设统一信息披露平台，健全信息安全保障机制，确保电力运行信息安全可控。

5.1.1.4　加强电力统筹规划和科学监管

（1）健全适应市场化环境的电力规划体系。统筹可再生能源和常规电源规划布局，加强全国电力规划与地方电力规划、电源规划与电网规划、电力规划与市场建设之间的衔接，注重发挥市场价格信号对电力规划建设的引导作用。

（2）完善现代电力市场监管体制。提升对电力市场科学监管能力，加强监测预警，强化电力交易机构和调度机构的运营监控和风险防控责任，做好对电力市场信息披露情况的监督和评价。加强对电网企业自然垄断性业务的监管，健全电网公平开放监管制度，强化运行安全和服务质量评价。

（3）健全电力市场信用体系。健全市场主体自律和社会监督机制，完善电力市场信用评价体系，开展市场主体信用评价工作，推动分级分类监管，实现市场主体信用信息共享，健全守信激励和失信惩戒机制，构建以信用为基础的新型监管机制。

（4）完善电力应急保供机制。加快应急备用和调峰电源能力建设，建立健全成本回收机制，通过容量成本回收机制、辅助服务市场等实现合理经济补偿。健全市场应急处置机制，优先保障民生用电供应，确保电力供应安全。

5.1.1.5　构建适应新型电力系统的市场机制

（1）提升电力市场对高比例新能源的适应性。严格落实支持新能源发展的法律法规和政策措施，完善适应高比例新能源的市场机制，有序推动新能源参与电力市场交易，以市场化收益吸引社会资本，促进新能源可持续投资。建立与新能源特性相适应的中长期电力交易机制，引导新能源签订较长期限的中长期合同。鼓励新能源报量报价参与现货市场，对报价未中标电量不纳入弃风弃光电量考核。在现货市场内推动调峰服务，新能源比例较高的地区可探索引入爬坡等新型辅助服务。

（2）因地制宜建立发电容量成本回收机制。引导各地区根据实际情况，建立市场化的发电容量成本回收机制，探索容量补偿机制、容量市场、稀缺电价等多种方式，保障电源固定成本回收和长期电力供应安全。鼓励抽水蓄能、储能、虚拟电厂等调节电源的投资建设。

（3）探索开展绿色电力交易。创新体制机制，开展绿色电力交易试点，以市场化方式发现绿色电力的环境价值，体现绿色电力在交易组织、电网调度等方面的优先地位。引导有需求的用户直接购买绿色电力，推动电网企业优先执行绿色电力的直接交易结果。做好绿色电力交易与绿证交易、碳排放权交易的有效衔接。

（4）健全分布式发电市场化交易机制。鼓励分布式光伏、分散式风电等主体与周边用户直接交易，完善微电网、存量小电网、增量配电网与大电网间的交易结算、运行调度等机制，增强就近消纳新能源和安全运行能力。

5.1.1.6 加强组织实施

（1）强化组织落实。要始终坚持和加强党的领导，把党的领导贯穿全国统一电力市场体系建设全过程。要加强电力统筹规划、政策法规、科学监测等工作，科学指导电力规划和有效投资。发展改革委、能源局要加强对统一电力市场体系建设的总体指导，统筹考虑能源资源禀赋、电价水平、电网安全运行等条件，加强系统研究、协调推进，健全应急调控预案和保障供应机制，完善相关配套政策，强化组织协调、监督管理和风险防范。各省（区、市）政府要明确牵头部门和任务分工，按照总体部署扎实做好本地电力市场建设，推进综合协同监管。

（2）营造改革氛围。组织开展电力市场建设的专项研究培训，鼓励引导相关市场主体发挥各自优势，主动适应新型电力系统建设和市场化方向，积极参与电力市场建设。通过新闻发布会等形式，加强对全国统一电力市场体系建设的宣传引导和政策解读，凝聚电力市场发展共识，营造良好改革氛围。

（3）及时跟踪评估。电力交易机构和调度机构按照职责分工做好市场运行信息的记录、汇总、分析和披露等工作，及时准确反映电力市场运行状况。发展改革委、能源局对电力市场运行状况开展定期评估，及时总结经验，加强对各地电力市场建设的督促指导。

5.1.2　区域电力市场交易情况

2016 年，《北京电力交易中心组建方案》和《广州电力交易中心组建方案》由经济体制改革工作部际联席会议（电力专题）审议并通过。

3 月 1 日，北京电力交易中心和广州电力交易中心分别在京、穗两地挂牌成立，两大交易中心的组建是新一轮电力体制改革进程中具有里程碑意义的重要事件，既标志着组建相对独立交易机构的改革部署落地实施，又预示着我国区域电力市场建设开始进入加快推进的新阶段，电力体制改革将进入全面试点、有序推进的新阶段。

建立相对独立的电力交易机构，形成公平规范的市场交易平台，是 9 号文明确提出的深化电力体制改革重点任务之一。北京、广州电力交易中心成立后，在业务上与电网企业其他业务分开，在财务上独立核算、自负盈亏，在运营上按照政府批准的章程和市场规则提供交易服务，符合电力体制改革文件精神，将有力促进电力市场化改革进程，有效释放改革红利。

电力交易中心的成立也为今后售电公司业务开展铺平道路。电力交易中心负责数据平台硬件和软件的维护，并定期从电网公司收集并维护各项数据和信息，经过必要的处理后（例如分类整合等），无条件、无差别地提供给相应的售电商。售电公司还可根据电力交易中心或第三方咨询机构的数据信息对售电侧市场发展状况进行分析评估，并定期形成和向社会公布售电侧市场分析报告。一方面便于电力监管部门监管市场发展进程，修正市场运行中出现的各种问题；另一方面便于利益相关主体（售电商、大用户等）了解市场整体信息，据此改进售电服务或优化用电方式。应电改而生的 200 余家售电服务公司将借交易中心成立的契机而真正开展其售电后市场服务，这将对需求侧管理和电能测量仪表生产公司的业务推动明显。

北京电力交易中心和广州电力交易中心的组建有诸多共同点。两大交易中心组建均坚持市场化改革方向，依托电网公司组建，强调交易业务与其他业务的相对独立，重在落实国家计划和政府间协议，促进资源在更大范围内优化配置。两大交易中心组建均坚持确保安全、遵循规律，统筹兼顾、平稳起步，规范运行、相对独立等原则。作为市场交易的组织者，交易机构的公益属性是各方市场主体的共同关切，也是市场公平、公正、公开运行的前提。"相对独立"的体制条件下，两大交易中心的公益属性通过政府批准交易中心章程和市场规则；交易中心不以营利为目的；交易业务与电网企业其他业务分开等途径实现和保障。两个交易中心的主要职能均是落实国家计划和地方政府间协议，为跨区跨省市场交易提供服务，促进省间余缺调剂和清洁能源消纳，逐步推进全国范围的市场融合。两个交易中心的业务覆盖面均涉及市场研究、交易平台建设与运维、市场成员注册管理、市场分析预测、交易组织、交易合同管理、交易计划管理、交易结算、市场评估与风险防控、信息发布、市场服务等方面。在上述业务范围内开展主要交易业务时，需要明确交易业务与电网企业其他业务的界面及信息交互情况。两个组建方案均在市场成员注册管理、市场分析预测等方面对此做出了明确设计，各自体现了方案制定者对交易中心"相对性"和"独立性"的把握分寸。

挂牌成立仅是开局起步的标志，规范运行才是交易中心稳定运行和发展的关键。按照两大交易中心组建方案确立的组建思路和体制机制架构，实现两大交易中心规范运行有三个关键支点。

一是强化监督与监管。一方面，要切实强化对交易机构执行规则情况的监督，主要来自三个方面，即电网企业、发电企业、电力用户、售电企业等市场主体对交易机构的广泛监督，市场管理委员会的日常监督以及社会相关方的外部监督。另一方面，要进一步完善电力监管组织体系，创新监管措施和手段，制定专门的交易机构监管办法，由政府有关部门对两大电力交易中心的运行实行专项监管。

二是有效发挥市场管理委员会的作用。设立市场管理委员会是电力交易机构组建工作的一大亮点。作为一项议事机制，市场管理委员会在研究讨论交易机构章程、交易规则，听取相关主体诉求，监督市场运营和交易规则执行情况，及时反映问题，协调相关事项，维护市场公平、公正、公开，保障市场主体合法权益方面均可以发挥重要作用。而相对广泛的代表性、较强的自治性和权威性是市场管理委员会发挥作用的必要前提。下一步，应加快出台两大交易中心市场管理委员会组建方案，从制度和机制上做好设计，保障市场管理委员会作用的有效发挥。

三是发挥第三方机构的作用。在电力交易中心的组建和规范运行中，第三方机构可以从以下几个方面发挥作用：首先，在广州电力交易中心的组建中，第三方机构可以参股；其次，在北京和广州市场管理委员会组建方案中，均可考虑引入中立的第三方专业机构的代表参加市场管理委员会；再次，可考虑按年度组织具有证券、期货相关业务资格的会计师事务所对两大交易中心进行外部财务审计；此外，还可根据实际需要，聘请具有相应技术与业务专长的第三方机构对交易开展情况进行业务稽核，并提出完善规则等方面的相关建议。

北京和广州两大电力交易机构组建成立，只是我国电力体制改革及区域电力市场建设的一个新起点，而深化电力体制改革是一项紧迫而艰巨的任务，考虑我国电力网络的复杂程度以及改革覆盖面的庞大，再对比国外电力改革过程的普遍长期性，我国电力体制改革进程才刚刚开始。

5.1.2.1　北京电力交易中心

2016 年 3 月 1 日，北京电力交易中心有限公司正式挂牌成立。这是我国首家取得工商注册的电力交易机构，搭建了我国大范围能源资源优化配置的重要平台，标志着新一轮电力体制改革迈入实质性实施阶段。

2022 年 4 月 26 日，北京电力交易中心市场管理委员会召开 2022 年第一次全体会议。北京电力交易中心汇报了省间中长期连续运营工作方案及试运行情况。会议审议表决通过了《北京电力交易中心跨区跨省电力中长期交易实施细则》《北京电力交易中心绿色电力交易实施细则》《售电公司市场注册与运营服务规范指引》等三项规则修订稿。北京电力交易中心向北京冬奥组委颁发了绿色电力消费凭证。

会议肯定了管委会和各成员在进一步完善电力市场机制、服务电力保供和新能源消纳中发挥的重要作用。2021 年，国家电网经营区域内市场化交易电量完成 2.87 万亿千瓦时，同比增长 22%；累计消纳新能源 7459 亿千瓦时，同比增长 39.2%，新能源利用率超过 97%，其中市场化电量占比达 30.5%，同比增长 4 个百分点，省间新能源交易电量达 1300 亿千瓦时；累计组织绿电交易 95.6 亿千瓦时。管委会建立了月度协商例会等常态化协商机制和发电企业电力市场信息披露两级协调机制，完善电力市场主体信用评价指标体系和管理制度，推动电力市场主体信用评价工作规范有序开展。

会议强调，要充分考虑我国能源禀赋以及电力市场建设的基础条件，积极研究应对电力市场建设关键问题，促进市场建设不断深化。要继续发挥好管委会平台作用，针对我国电力市场建设面临的实际情况，开展联合攻关研究，提出具有中国特色的市场机制设计。电力行业要共同做好电力保障工作，为经济社会发展保驾护航。要继续完善管委会议事工作机制，坚持"开门建市场"的原则，凝聚行业共识，促进电力市场健康发展。

2022 年 8 月 2 日，北京电力交易中心在京召开 2022 年上半年电力市场交易信息发布会。本次会议主要发布交易信息，并介绍电力供需形势预测、省间中长期市场连续运营、《北京电力交易中心跨区跨省电力中长期交易实施细则》修订等情况。

市场化交易电量继续保持较快增长。2022 年上半年，国家电网有限公司经营区域各电力交易中心总交易电量累计完成 26360 亿千瓦时，同比增长 3.2%。其中，市场交易电量 19295 亿千瓦时，同比增长 48.3%。电力直接交易电量 15285 亿千瓦时，同比增长 46.3%。

北京电力交易中心积极落实能源安全新战略，组织西北、东北、西南大型能源基地优质能源通过特高压交直流大电网送至华北、华东、华中等负荷中心，促进能源资源大范围优化配置。2022 年上半年，省间交易电量完成 5769 亿千瓦时，同比增长 4.5%。其中，清洁能源交易电量 2421 亿千瓦时，同比增长 15.2%。

北京电力交易中心发布《北京电力交易中心跨区跨省电力中长期交易实施细则（修订稿）》，修订主要围绕省间中长期市场连续运营，支撑省间中长期市场按工作日连续开市，同时落实近期电力市场相关政策的新要求。

北京电力交易中心发布《北京电力交易中心绿色电力交易实施细则》，实施细则在试点交易的基础上，对交易组织、交易价格、交易结算、绿证划转等方式及流程进行了细化，将支撑绿色电力交易常态化开展。

绿色电力产品是指符合国家有关政策要求的风电、光伏等可再生能源发电企业上网电量。市场初期，主要指风电和光伏发电企业上网电量，根据国家有关要求可逐步扩大至符合条件的其他电源上网电量。

绿色电力交易是指以绿色电力产品为标的物的电力中长期交易，用以满足发电企业、售电公司、电力用户等市场主体出售、购买绿色电力产品的需求，并为购买绿色电力产品的电力用户提供绿色电力证书。

绿色电力证书（以下简称"绿证"）是国家对发电企业每兆瓦时非水可再生能源上网电量颁发的具有唯一代码标识的电子凭证，作为绿色环境权益的唯一凭证。

参与市场成员：发电企业、电力用户、售电公司等市场主体，以及电网企业、电力交易机构、电力调度机构、国家可再生能源信息管理中心等。

参与绿色电力交易的发电企业初期主要为风电和光伏等新能源企业。绿色电力交易优先组织未纳入国家可再生能源电价附加补助政策范围内的风电和光伏电量（以下简称"无补贴新能源"）参与交易；已纳入国家可再生能源电价附加补助政策范围内的风电和光伏电量（以下简称"带补贴新能源"）可自愿参与绿色电力交易，其绿色电力交易电量不计入合理利用小时数，不领取补贴；分布式新能源可通过聚合的方式参与绿色电力交易。

绿色电力交易主要包括省内绿色电力交易和省间绿色电力交易。其中：

（1）省内绿色电力交易是指由电力用户或售电公司通过电力直接交易的

方式向本省发电企业购买绿色电力产品。

（2）省间绿色电力交易是指电力用户或售电公司向其他省发电企业购买符合条件的绿色电力产品，初期由电网企业汇总省内绿色电力交易需求，跨区跨省购买绿色电力产品，结合电力市场建设进展和发用电计划放开程度，建立多元市场主体参与跨省跨区交易机制，有序推动发电企业与售电公司、用户参与省间绿电交易。

绿色电力交易的组织方式主要包括双边协商、挂牌等，可根据市场需要进一步拓展，应实现绿色电力产品可追踪溯源。其中：

（1）双边协商交易，市场主体自主协商交易电量（电力）、价格，通过绿色电力交易平台申报、确认、出清。

（2）挂牌交易，市场主体一方通过绿色电力交易平台申报交易电量（电力）、价格等挂牌信息，另一方市场主体摘牌、确认、出清。

价格方面，绿色电力交易价格由市场主体通过双边协商、挂牌交易等方式形成。绿色电力交易价格应充分体现绿色电力的电能价值和环境价值，原则上市场主体应分别明确电能量价格与绿色环境权益价格。

参与绿色电力交易的电力用户、售电公司，其购电价格由绿色电力交易价格、输配电价、辅助服务费用、政府性基金及附加等构成。输配电价、辅助服务费用、政府性基金及附加按照国家有关规定执行。参与绿色电力交易的电力用户应公平承担为保障居民农业等优购用户电价稳定产生的新增损益分摊费用。

绿色电力交易试点初期，按照平稳起步的原则，可参考绿色电力产品供需情况合理设置交易价格上、下限，待市场成熟后逐步取消。

北京电力交易中心发布《售电公司市场注册与运营服务规范指引》，《售电公司市场注册与运营服务规范指引》的修订落实国家发展改革委、国家能源局印发的新版《售电公司管理办法》要求，细化了注册有关要求，增加了开展持续满足注册条件管理等方面的要求。

1. 绿电交易试点

随着落实"双碳"目标和新型电力系统建设持续推进，新能源市场地位越来越突出，新能源装机比例大幅增长，这使得现有的保障性收购方式难以为继，需要新能源更大比例的市场化消纳。与此同时，"双碳"目标的落实，消费侧绿色消费理念不断增长，用户对购买绿色电能的需求不断增强。在国家发展改革委、国家能源局的指导下，2021年北京电力交易中心创新组织开展了绿色电力交易试点，为新能源兑现绿色价值提供了新途径，满足了市场主体购买绿色电力的实际需求。下面简要介绍试点开展以来的进展情况，绿电交易主体及如何交易，绿电交易价格形成机制，绿电交易为何要"证电合一"以及交易过程中出现问题的解决。

（1）绿电交易试点工作开展以来的情况。2021 年，在国家发展改革委的统一组织和大力指导下，国家电网公司创新建立绿色电力交易机制，于 9 月 7 日组织开展首次绿色电力试点交易，取得了良好的示范效应和社会影响。

绿色电力交易由北京电力交易中心（国网公司经营区）和广州电力交易中心（南方电网公司经营区）分别开展。截至 2022 年 4 月 1 日，北京电力交易中心在国家电网公司经营范围内累计组织开展绿电交易 94.83 亿千瓦时，其中首次试点交易 68.98 亿千瓦时，后续新增交易 25.85 亿千瓦时；省内绿电市场完成 74.4 亿千瓦时，省间绿电市场完成 20.43 亿千瓦时。从交易价格来看，首次试点交易成交电价较当地中长期市场均价高 3～5 分/千瓦时；1439 号文件印发后，随着燃煤电量市场化交易价格上涨，绿电交易价格也有所增长，较当地原燃煤基准价平均上涨 6 分/千瓦时（3 月浙江绿电交易溢价最高达到 10.2 分/千瓦时）。分省份来看，国网公司经营范围内 17 个省份参与绿电交易，辽宁交易电量最大，达到 27.84 亿千瓦时，占总成交电量的 29%；其次为上海（19.72 亿千瓦时、占比 21%）、江苏（13.84 亿千瓦时、占比 15%）等省份。总体来看，华东地区绿电交易较为活跃。从发电侧来看，成交电量中光伏占比 91%、风电占比 9%。国家电投成交电量最大，达到 42.54 亿千瓦时，占总成交电量的 45%；其次为中广核（12.6 亿千瓦时、占比 13%）、中国大唐（6.75 亿千瓦时、占比 7%）等发电集团；此外，京能、河北建投等地方能源企业和浙江正泰等民营企业也积极参与了绿电交易。从用户侧来看，呈现高度集中的特点，成交电量排名前五的企业电量占比达 63%，分别为华晨宝马（汽车制造）29%、巴斯夫（化工）11%、海澜电力（售电）9%、科思创聚合物（化工）8%、万国数据（数据中心）6%。整体来看，跨国企业、外向型企业购买绿电需求较为强烈。

（2）绿电交易主体及如何进行交易。北京电力交易中心依据国家发展改革委和国家能源局《关于开展绿色电力交易试点的复函》和批复的《北京电力交易中心绿色电力交易试点工作方案》《绿色电力交易实施细则》组织开展绿色电力交易。

关于市场主体。参与绿色电力交易的市场主体初期需经地方政府主管部门准入，主要包括电网企业、风电和光伏发电企业、电力用户和售电公司。2021 年 10 月《国家发展改革委关于进一步深化燃煤发电上网电价市场化改革的通知》（发改价格〔2021〕1439 号）、《国家发展改革委办公厅关于组织开展电网企业代理购电工作有关事项的通知》（发改办价格〔2021〕809 号）文件印发后，工商业用户全部进入市场，市场主体依据规则均可参与绿色电力交易，通过市场化方式采购绿色电力。初期，电力用户主要为具有绿色电力消费需求的用电企业。随着全社会绿色电力消费意识的形成，电力用户范围可逐步扩大，并且逐步引导电动汽车、储能等新兴市场主体参与绿色电力交易，并支持售电公司推出绿色电力套餐，满足广大用户绿色电力消费需求。发电侧主要为风电和光伏发电企业，条件成熟时，可逐步扩大至符合条件的水电。

关于交易方式。绿色电力交易初期优先组织未纳入国家可再生能源电价附加补助政策范围内的风电和光伏电量参与交易。鼓励电力用户通过直接交易方式向绿色电力企业购买绿电，如无法满足绿色电力消费需求，电力用户可向电网企业购买其保障收购的绿色电力产品。市场初期，考虑到部分省份无补贴新能源项目装机规模有限，可由本省电网企业通过代理的方式跨区跨省购买符合条件的绿色电力；或由部分带补贴的新能源项目参与绿电交易，交易电量不再领取补贴或注册申请自愿认购绿证，不计入其合理利用小时。随着新能源发展及绿电市场不断成熟，可根据国家有关规定动态调整发电侧入市范围。

绿色电力交易市场分为省内市场和省间市场。省内市场，由电力用户或售电公司与发电企业等市场主体直接参与，通过双边协商、集中撮合、挂牌等方式达成交易，发电企业和电力用户、售电公司自主协商或通过市场竞争达成交易电量、电价，签订双边交易合同。省间市场初期以"点对网"方式组织。省级电力交易中心先期摸底本省电力用户绿电交易需求电量、意向价格，通过挂牌交易等方式，组织相关用户参与省内绿电招标，达成省内绿电需求电量、电价，并汇总至省级电网企业。省级电网企业代理本省用户与送端省新能源发电企业开展交易。

（3）绿电交易价格形成机制。绿电交易价格应包括绿电的电能价值、绿电的环境价值、绿电应承担的调节成本，在购售方双边协商或集中交易的价格申报中统筹考虑。绿电的环境价值，为绿电交易价格比交易组织时本省燃煤发电等其他中长期电能量市场化交易均价的溢价部分。绿电的调节成本，当新能源装机和电量占比较小、绿电交易规模不大时，该成本不明显；随着绿电交易规模进一步扩大，相应的容量补偿和调节性市场建立后，该成本将凸显，其中新能源企业分摊的部分应由购买绿电的用户承担。

对于通过电力直接交易方式购买的绿色电力产品，交易价格由发电企业与电力用户、售电公司通过双边协商、集中撮合等方式形成。交易价格高于基准电价的收益分配给对应发电企业。电力用户结算价格=交易价格+所在省对应类别输配电价格+辅助服务费用+政府性基金及附加。

绿色电力试点交易初期，考虑市场主体对于绿电的价格构成理解不充分，可对交易价格采取引导或限价等措施，例如参照碳市场价格设置绿电环境价值下限，待市场成熟后逐步取消。

（4）绿电交易为何要"证电合一"。"证电合一"的绿电交易更有利于促进新能源消纳，推动我国"双碳"目标实现。从我国推动"双碳"目标实现的初衷，以及近期出台的新增可再生能源用能不计入能源消费总量政策的要求来看，都是为了促进企业从物理上增加新能源消费、推进全社会能源清洁低碳转型。绿电交易即为物理电量的交易，使生产和消费直接匹配，更有利于从物理上提升绿色消费水平，推动"双碳"目标实现。同时，交易平台依托区块链技术全面记录绿电生产、交易、输送、消费、结算等各环节信息，出具权威可信的绿色电力使用证明，可直接用于可再生能源消纳责任权重、能源消费总量、碳排放等核查统计，便于政策落地实施。

"证电合一"的绿电交易能够更好地满足企业消费绿色电力的诉求。随着绿色发展逐渐成为全球共识，越来越多的国内外企业提出购买绿电的需求，并且希望直接与新能源企业签订合同、使用绿电，提升绿电消费的真实性，同时获得权威可信的绿电消费认证。在"证电合一"的绿电交易模式下，绿色电力的生产者（新能源企业）与消费者（用电企业）直接签订交易合同、履约执行、完成结算，实现了绿电生产、传输、消费全流程闭环，保障了用户从物理上消费绿电，绿电交易的价格同时体现电能价值和环境价值，用户在执行交易、使用电能的同时，获得绿色环境权益，通俗易懂。此外，绿电交易平台依托区块链技术为用户出具权威可信的绿色电力使用证明，有效满足用户诉求。

（5）交易过程中出现的问题及解决。试点交易过程中遇到的问题主要体现在供求矛盾和绿电认证权威性问题。

一是全社会主动消费绿电的意识尚未形成，初期仍需政策激励。目前，关注绿电交易的用电企业较多，但对消费绿电与碳核查、能源双控之间的关系尚不清楚，对参与绿电交易持观望态度，缺乏实质性的激励政策，促进用户积极参与绿色电力交易。建议政府主管部门进一步出台具体的政策，例如推动将非水可再生能源责任权重落实到用户和售电公司，落实其购买新能源的义务。鼓励高耗能行业使用绿电，并在能耗双控、有序用电等环节给予一定激励。做好绿电交易与碳市场的衔接，在政府部门将发电以外的行业纳入全国碳市场的过程中，推动在碳核查计算中全额扣减购买绿电带来的碳减排量，促进用户主动参与绿电交易。

二是绿电供给能力不足，影响交易规模持续扩大。尽管总体上平价新能源电量可以满足目前自愿申报的绿电交易需求，但地区间供需不平衡现象严重，绿电需求旺盛的东中部地区供给能力不足。若考虑高耗能企业购买绿电等场景，则平价新能源电量远无法满足市场需求，需引入带补贴机组参与。

三是绿电交易作为促进绿色消费的"中国方案"，需要获得国际认可，形成国际影响力。近期，欧盟理事会通过碳边境调节机制，将给我国外向型企业带来了新的挑战和压力，有必要开展绿电交易，并主导制定绿电交易和绿色认证的国际标准，帮助我国企业突破国际贸易壁垒，提升国际市场竞争力；此外，通过制定标准的方式提升我国在国际绿电消费领域的话语权和影响力。

前期，北京电力交易中心已启动了绿电交易相关国际标准立项工作，牵头组织成立 IEC（国际电工委员会）和 ITU（国际电信联盟）两个专项工作组，IEC 侧重绿电交易体系、绿电产品获取方面，ITU 侧重绿电认证技术方面。2022年 1 月，在 IEC 8C（互联电力系统网络管理分委会）工作会议上，《绿电获取-国际通用标准》提案获得 PWI（预工作开展）许可，取得重要立项工作进展；拟申报 ITU 的《基于区块链的绿电消费信息溯源技术框架》国际标准已通过工信部国内审查。

下一步，北京电力交易中心将有序推进新能源参与电力市场，为加快推动我国能源清洁转型贡献智慧和力量。

5.1.2.2　广州电力交易中心

2016 年 3 月 1 日，全国首家股份制模式电力交易机构——广州电力交易中心挂牌成立四周年。数据显示，2016 年至 2019 年年底，广州电力交易中心累计完成西电东送交易电量 8421 亿千瓦时，其中清洁能源电量占比 85.3%。跨区跨省市场化交易电量 1024 亿千瓦时，总用电费用降低超过 50 亿元。省内市场化交易电量 11809 亿千瓦时，客户平均每度电降幅 8.3 分/千瓦时，为用电客户节约用电成本 979 亿元。四年来，广州电力交易中心累计释放改革红利逾千亿元。

作为新一轮电力体制改革的产物，广州电力交易中心开辟了相对独立、规范运行电力交易机构的改革新路，构建起南方区域跨区跨省电力市场体系，搭建了公开透明、功能完善的电力交易平台。四年来，该中心稳步推进南方区域统一电力市场建设，充分发挥市场机制作用，持续促进改革红利释放，资源优化配置和清洁能源消纳成效显著。

2016 年 5 月 11 日，广州电力交易中心完成工商注册，南方电网控股，持股比例为 66.7%，其余股份由 5 家地方能源国企持有。而由国家电网独资成立的北京电力交易中心已经挂牌运营两个多月。至此，主要负责国家指令性计划、地方政府间协议、开展跨区跨省交易的"一南一北"两大国家级电力市场都进入了实质开业运营阶段。不仅如此，进入 5 月以来，陕西、安徽、四川、内蒙古等十多家省级电力交易中心也都宣布挂牌成立，全国电力交易机构体系框架基本明朗。

2022 年 8 月 11 日，广州电力交易中心组织召开南方区域电力交易机构 2022 年二季度工作例会，各电力交易中心主要负责人及有关人员参加会议。会议传达了近期上级有关文件及会议精神，研究部署了南方区域电力市场建设运营、交易机构融合发展、统一电力交易平台建设等专项工作。

2022 年以来，南方区域电力交易机构坚持以习近平新时代中国特色社会主义思想为指导，深入贯彻落实党中央、国务院决策部署，全力推进电力市场建设工作。

一是各项改革重点任务取得突破性进展。落实国家关于深化燃煤发电上网电价改革工作部署，建立起了"能涨能跌"的市场化电价机制。南方（以广东起步）电力现货市场连续稳定运行。南方区域电力市场启动试运行。绿色电力交易试点机制进一步完善，全国首创绿色电力认购交易，举办首批绿色"双证"颁发仪式。

二是全力保障电力有序供应。科学研判电力供需形势，大力促进清洁能源消纳，资源优化配置大平台作用有效发挥，上半年西电东送电量 962.7 亿千瓦时，同比增长 9.5%。

三是市场建设成效进一步扩大。上半年南方区域注册市场主体突破 12 万家，省内中长期市场化交易电量达到 3620 亿千瓦时（含电网代购电交易 799 亿千瓦时），同比增长 28.7%，市场化电量占比 61.8%。

会议强调，各单位要深刻认识南方区域电力市场建设的重大政治意义，力争成为市场规划设计的标杆典范、体制机制创新的标杆典范、各方合作共赢的标杆典范，用市场的积极成效凝聚各方共识。在市场建设过程中要把握好关键环节和重要原则：

（1）认真学习实施方案内容，准确把握市场建设要求，坚持小市场服从大市场、短期目标服从长期目标，做好打"持久战"的准备。

（2）以统一交易规则和技术标准为切入点，以统一交易平台建设为重要抓手，做好一体化设计与建设。同时，要优化人力资源配置，做好人员保障工作。

（3）系统考虑市场建设面临形势及问题，加强沟通协调，广泛争取理解与支持，为南方区域电力市场建设营造良好环境。

创新不停息，改革不止步。广州电力交易中心（见图 5-1）自 2016 年成立以来，因势而谋、应势而动、顺势而为，充分发挥南方电网公司落实电力市场化改革的"窗口"作用。

图 5-1　广州电力交易中心成立

作为全国首家多元股权结构的电力交易机构，广州电力交易中心坚持市场化改革方向，完善公司治理和经营机制，打造规范公开透明的电力交易市场，以市场机制引导、调节电力供给和需求，在促进能源高效利用和新能源开发，实现更大范围、更高效率的电力资源优化配置方面发挥重要作用。完善公司治理和市场运营机制；建立以公司章程为核心的治理制度规则体系；建立市场化经营收费模式……近年来，广州电力交易中心不断探索、不断改革，大力推进电力市场建设。

交易是市场体系建设的重要环节，广州电力交易中心立足电力市场资源优化配置平台的定位，通过建立多元化股权结构、"三会一层"治理架构、市场管理委员会等措施，实现了交易机构所有权、运营权、交易权的分离和全方位监督。通过成立党委，将党的领导融入公司治理和决策，为交易机构高效治理和规范运行提供了组织保障，形成党建引领公司高质量发展的新格局。

在全国率先完成股权调整、治理结构优化、交易机构交叉持股，电网公司持股占比降至 39%，股东由 6 家增至 13 家。在成功引入"牵引力量"的同时，针对外部股东多元化新情况，广州电力交易中心创新董事监事席位定期轮换制，开辟了独立规范运行交易机构的改革新路，交易机构独立规范运行走在全国前列。

如何有效服务国家战略和市场需求？广州电力交易中心同样交出了一张出色的"答卷"。

广州电力交易中心结合东西部资源分布与负荷特性，积极构建"两级市场、协同运作"南方区域电力市场体系。其中，省间市场定位于资源配置型市场，形成了"协议+市场"的交易模式，作为全局性的资源优化配置平台，优先保障电力有序供应、促进清洁能源大范围消纳、落实国家西电东送战略。而省内市场则是定位于电力平衡型市场，形成了"年度交易为主，月度交易为辅"交易模式，实现局部资源优化配置，服务当地经济发展。

以市场机制促进清洁能源更大范围消纳。广州电力交易中心通过水电增送、水火置换等各类可再生能源市场交易，清洁能源利用率大幅提高，连续四年创西电东送电量新高，由 2016 年 1953 亿千瓦时增长到 2020 年的 2305 亿千瓦时。2020 年西电东送的清洁能源电量 1939 亿千瓦时，占比达 84.1%，累计增加清洁能源电量 1911 亿千瓦时，折合节约标煤约 6115 万吨，减少二氧化碳排放约 1.9 亿吨，减少二氧化硫排放 573 万吨。

近年来，广州电力交易中心重点从交易规则、交易体系等方面出新招、出实招，激发创新发展活力。

广州电力交易中心推动出台了国内首个跨省区交易规则，通过建立跨省区电力中长期交易市场机制，引入了广东、云南、贵州等省内市场主体进入跨区跨省市场。

在交易体系方面，构建了多品种、多周期的中长期电力交易体系。同时，开发完成交易技术平台，并实现与营销系统、省级交易系统的互联互通。

在市场服务体系方面，规范了市场注册、信息披露和市场主体信用体系；创新线上、线下多样化服务渠道。截至 2020 年年底，在南方五省区注册的市场主体达 66180 家，同比增加 49.9%，市场开放程度全国领先，多元竞争市场格局基本形成。

"十三五"期间，广州电力交易中心组织省间市场化交易电量 1375 亿千瓦时，并落实扶贫电量超 300 亿千瓦时，累计释放改革红利 42 亿元。另外，省内市场化交易电量 16800 亿千瓦时，年均增速 27%，节约用户电费支出约 1400 亿元，市场化电量占售电量比重 45.8%，超过全国平均水平约 4 个百分点，社会效益和经济效益显著。

作为电力体制改革的前沿阵地，广州电力交易中心将进一步发挥市场交易平台优化资源配置的作用，增强服务能源绿色低碳发展的本领，打造开放共享交易体系，为营造公平竞争市场环境作出更大贡献。

5.1.3　地区电力市场交易情况

随着我国电力市场化改革的不断深入，南方（以广东起步）、蒙西、浙江、山西、山东、福建、四川、甘肃等 8 个地区作为第一批现货交易试点开展模拟运行，我国正逐步建立起中长期交易与现货交易相结合的电能量交易市场体系，并凭借中长期交易规避风险、现货交易发现价格，充分反映电力商品价值和供求关系，对引导市场主体参与需求响应，促进电力资源的优化配置具有重要意义。

5.1.3.1　南方（以广东为起点）电网市场交易情况

广东省是中国经济领先的省份，也是用电需求大省，2018 年广东省全社会用电量达 6012 亿千瓦时，用电量位居全国第一，约占全国总用电量的 10%，人均用电量比肩发达国家。广东省内的电源结构绿色化程度较低，主要以燃煤机组为主，新增机组以海上风电、核电、热电联产机组较多，电源的调节灵活性不足，广东省电力系统调峰压力较大。且广东省电源及负荷分布不均，输电阻塞严重，系统运行风险高。广东省现行电力市场交易规则有双边协商和集中竞价两种模式，以双边协商为主，广东省电力现货市场已开展按日试结算，在现有基数计划和年度合同继续执行、月度集中交易正常开展和零售结算不变的基础上，每月选择 1~2 个工作日，按照日前申报、日前及实时出清、调度计划执行的全流程开展试结算工作。2018 年广东省实现工业用电量 100% 放开，电力市场总成交量 1572 亿千瓦时，约为全社会用电量的 28.5%。广东省采取“发电侧报量报价、用户侧报量不报价”的方式组织日前电能量市场申报，采用全电量申报、集中优化出清的方式开展。现货市场采用节点电价机制定价，日前市场与实时市场通过集中优化竞争的方式，采用分时节点电价作为市场电能量价格。

现阶段，南方（以广东起步）电力批发市场采用“电能量市场+辅助服务市场”的市场架构。电能量市场包含基于差价合约的中长期电能量市场和全电量竞价的现货电能量市场，其中现货电能量市场包括日前市场和实时市场，南方（以广东起步）电力批发市场结构如图 5-2 所示。

日前市场采用全电量申报、集中优化出清的方式开展，发电侧报量报价、用户侧报量不报价，电力调度机构以社会福利最大化为优化目标采用安全约束机组组合（Security Constrained Unit Commitment，SCUC）和安全约束经济调度（Security Constrained Economic Dispatch，SCED）算法集中优化，出清得到运行日的机组开机组合、分时输出功率曲线和分时节点电价。

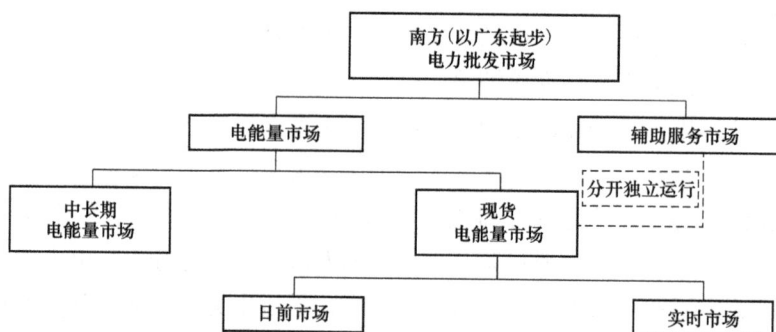

图 5-2　南方（以广东起步）电力批发市场结构

实时运行时电力调度机构基于日前市场封存的发电侧报价，根据超短期负荷预测对日内机组组合进行决策，并将其作为实时市场出清的边界条件。实时市场在系统实际运行前 15 分钟，以发电成本最小化为优化目标采用 SCED 集中优化，出清得到实际物理执行的发电计划和实时节点电价。

1. 2021 年市场建设情况

2021 年，是广东电力市场爬坡过坎，砥砺前行实现质变的一年，也是交易机构推动独立规范运行取得显著成效的一年，全年常态化开展中长期、现货、需求响应、可再生等多层次市场交易，累计开展 15 个交易品种、177 批次交易，实现交易"零差错"，获得广大市场主体的高度认可。

（1）实现南方（以广东起步）电力现货市场连续不间断运行的重大突破。

2021 年 5 月结算试运行，面对气温持续攀升、电力供应紧张、燃料成本大幅上涨等多种因素的严峻考验，通过积极配合政府、协调各市场主体，做好市场监控和问题处置，成功应对批发价格难以向终端用户疏导、市场管控措施不足等不利挑战，市场总体保持平稳有序运行，为再次重启试运行积累了宝贵经验。首次应用市场化需求响应机制，激励引导用户参与削峰、避峰，效果显著。

2021 年 11 月重启现货试运行，把握 1439 号文政策窗口机遇，推动所有工商业用户全部进入市场，建立市场价格直接向终端用户临时疏导机制；取消市场化燃煤、燃气电厂基数电量，建立机组报价与一次能源价格联动机制，实现 11 月起现货市场连续运行的重大突破。配合政府完成现货市场实施方案、"1+5"规则体系的编制，推动现货规则体系和关键机制更加成熟定型。

通过持续优化现货关键机制，在 2021 年不断拉长结算周期，顺利实现试运行年内由"月度"向"连续"的过渡，南方（以广东起步）电力现货市场作为电力市场化改革的"广东样板"，相关研究成果获中国电力科学技术奖，成为国内首个获得电力行业最高级别技术奖励的电力市场类项目。

（2）积极运用市场化交易方式保障电力可靠供应和电网稳定运行。

一是用好国家关于燃煤价格上浮机制的政策要求，及时调整月度中长期交易单边降价让利机制，允许市场交易价格较燃煤基准价上浮最高20%，实现了市场价格"能升能降"的重要突破。二是建立市场价格向终端用户动态疏导机制，将超出燃煤基准价部分的费用直接传导至终端用户，有效疏导发电成本，提高发电积极性。三是推动2021年11月重启现货试运行，通过现货全电量优化，最大程度提升了系统供给能力，发电侧非计划减少输出功率由现货启动前约1100万千瓦下降至300万千瓦以下，保供稳价成效显著。

（3）"中长期+现货+辅助服务"的电力市场交易体系初具雏形。

作为首批售电侧改革和现货试点省份，广东已初步建立起以中长期为主、现货市场为补充、辅助服务市场相衔接的电力市场体系。目前，中长期市场 9个交易品种，为市场主体提供了丰富避险交易工具，发挥中长期压舱石的作用；现货市场通过形成连续精准的价格信号，充分发挥市场决定资源配置的作用；辅助服务市场更是以市场化方式实现更细时间尺度内的电力供需平衡。以此为基础和平台，在2021年对有关市场和机制进行优化完善，包括：首次引入风电、光伏等可再生能源参与市场化交易，推动可再生能源新机制落地实施；落实国家1439号文件要求，建立电网企业代理购电制度；新增用户侧峰谷平衡机制，加强与分时电价政策衔接。

（4）全方位提升市场保障能力，健全市场服务体系。

一是探索研究建立保底售电公司机制，编制发布《售电公司退出管理办法》《保底售电实施方案》。二是强化准入注册信息核验能力，建立企业管理员授权书、入市承诺线上签订新模式，依托"日核日固"，确保档案数据及时准确。三是依托"交易 Wink"打造专属培训品牌，全年共开展11场次规则培训、累计培训市场主体5万人次。四是认真做好信息披露，提高市场运行透明度，加强微信公众号运营，全年累计推文362余篇，阅读量达112万次，推出电力市场小程序客户端，满足市场主体实时同步查看市场信息的需求。五是发布批发和零售合同模板，实现合同标准化、电子化签订，实现零售结算模式100%固化。六是推进服务热线升级改造，建立"一主一备"业务专线，全年累计接听热线2.3万宗，实现咨询快速应答。

（5）积极推进电力交易机构独立规范运行。

一是全面承接234号文件要求，引入广州电力交易中心作为新股东，完成新一届董事、监事的选举，编制《公司章程》《董事会议事规则》。二是持续优化制度管理体系。在没有成熟经验可借鉴的情况下，创新性地编制了交易品种策划、交易组织、分析结算、交易系统管理等业务指导书修编 26 份，编制印发标准化交易规程，实现交易全流程规范化管理。三是加强风险管控，实现交易系统"三分离两独立"，新设立合规与风险控制部。

2021 年，广东电力市场累计交易电量 2951.7 亿千瓦时，同比增长 18%，累计节约用户用电成本 100.5 亿元，节省发电耗煤 258.4 万吨，减少二氧化碳排放 687.2 万吨，减少二氧化硫排放 5 吨，降低社会发电成本 20.7 亿元。2021 年，广东省中长期电力市场总成交电量 2937.2 亿千瓦时。其中，一级市场 2788.4 亿千瓦时，平均成交价差–46.3 厘/千瓦时；二级市场 148.8 亿千瓦时。一级市场中，煤机交易电量占比 77.1%，气机交易电量占比 22.2%，核电交易电量占比 0.7%。

2. 2021 年 5 月南方（以广东起步）电力现货市场结算试运行情况

（1）试运行参与主体。售电公司 159 家，大用户 2 家，发电企业 85 家，发电机组 209 台，其中煤机 130 台，气机 77 台，核电 2 台。

（2）中长期交易情况。中长期总成交电量 245.3 亿千瓦时（不含价差用电合同转让），均价 0.414 元/千瓦时，其中：价差中长期成交电量 241 亿千瓦时，平均价差–0.049 元/千瓦时（均价 0.414 元/千瓦时），占全月市场电量 88.8%，覆盖发用双方绝大部分电量。其中，年度双边协商成交 191 亿千瓦时，平均价差–0.053 元/千瓦时；月度竞价成交 50 亿千瓦时，价差–0.04 元/千瓦时。

绝对价格中长期成交电量 4.3 亿千瓦时，均价 0.388 元/千瓦时，满足市场主体对原有合同和曲线的灵活调整需求。

（3）现货交易情况。现货申报方面，发电机组平均申报价格 0.508 元/千瓦时，其中煤机 0.456 元/千瓦时，气机 0.718 元/千瓦时。

现货出清方面，发电侧日前均价 0.51 元/千瓦时，实时均价 0.567 元/千瓦时，其中，现货日前均价比去年 8 月现货价格高出 0.313 元/千瓦时。

（4）交易结算情况。发电侧共结算电量 431.4 亿千瓦时，其中，基数电量占比 37.2%，中长期电量占比 56.3%，现货电量占比 6.5%。市场机组总电量均价 0.472 元/千瓦时，其中不含基数和变动成本补偿费用的均价为 0.438 元/千瓦时。

用户侧共结算电量 271.5 亿千瓦时，其中，中长期电量占比 89.4%，现货电量占比 10.6%。市场用户均价 0.438 元/千瓦时，比基准价降低 0.025 元/千瓦时。

（5）售电公司盈亏情况。受 5 月电力供应形势紧张影响，现货价格较高，全月 161 家售电公司（含 2 家参与批发市场的大用户）累计亏损约 5.09 亿元，具体以实际月结数据为准，其中 25 家售电公司盈利，总盈利金额约 0.07 亿元；136 家售电公司亏损，总亏损金额约 5.16 亿元。在去年 8 月现货结算试运行中，由于电力供应形势相对缓和，现货价格较低，售电公司全月累计盈利 9.2 亿元。

总体来看，5 月现货试运行成功经受住了供需紧张、能源价格上涨等多种不利因素的严峻考验，释放出精细化的时空价格信号，市场主体风险意识和市场成熟度得到全面提升，为后续连续试运行积累了宝贵经验。在此基础上，配合首次启动市场化需求响应，有力保障了电力可靠供应。与此同时，5 月现货均价达 0.51 元/千瓦时，比基准价高 0.047 元/千瓦时，一方面，较高的现货价格有利于发电企业平抑燃料价格上涨，增加发电积极性，但另一方面，现货价格的抬升也造成售电公司风险敞口，导致较大范围亏损。

3. 2022 年广东电力市场年度交易情况

在政府主管部门的坚强领导和广大市场主体的大力支持下，广东电力市场于 2021 年 12 月 25 日圆满完成 2022 年年度交易工作，市场运行整体平稳，充分发挥了中长期合同压舱石、稳定器的作用。年度交易方面，成交电量 2616 亿千瓦时，占年度交易规模上限 83.1%；成交均价 0.497 元/千瓦时，较基准价上浮 0.034 元/千瓦时。零售交易方面，截至目前成交电量约 3173 亿千瓦时，其中平段签订均价 0.506 元/千瓦时。绿电交易方面，成交电量 6.8 亿千瓦时，成交均价 0.514 元/千瓦时。

总体来看，在 2022 年年度交易中，市场主体积极踊跃参与，主动签订高比例年度中长期合同，签约电量达前三年市场用户用电量平均值的 131%，实现中长期合同高比例覆盖。在此基础上，年度交易通过推进中长期合同电子化签订，完善"基准价+上下浮动"的分时段价格形成机制，鼓励合同双方设定交易电价随煤炭、天然气市场价格变化合理浮动的条款，建立健全涵盖年、多月等时间周期的中长期合同灵活调整机制，以及采取有效方法拉大合同峰谷价差至 1.7:0.38 以上等一系列措施要求，有力落实了《国家发展改革委办公厅关于做好 2022 年能源中长期合同签订履约工作的通知》（发改电〔2021〕365 号）文件要求及国家有关会议精神，为保障明年全年电力安全可靠供应和促进电力市场平稳运行奠定良好基础。

4. 广东电力市场 2022 年半年交易情况

（1）广东电网概况及电力供需情况。

1）输电网规模。广东电网以珠江三角洲地区 500 千伏主干环网为中心，向东西两翼及粤北延伸。截至 2022 年 6 月底，共有 220 千伏及以上输电线路 50472 千米（含电缆）、变电站 624 座、主变容量 41401 万千伏安（含深圳电网）。

2）外部联网情况。截至 2022 年 6 月底，广东电网通过"八交十直"高压输电线路与中西部电网联网。其中，通过 6 回直流与云南电网联网，通过 8 回交流、3 回直流与贵州、广西电网联网，北部通过 1 回直流与国家电网联网。

截至 2022 年 6 月底，广东电网通过 2 回 500 千伏交流海缆与海南电网相联；通过 4 回 400 千伏线路与中国香港电网相联；通过 6 回 220 千伏线路与中国澳门电网相联。

3）电力供需情况。截至 2022 年 6 月底，广东电网统调装机容量 1.64 亿千瓦，其中中调装机容量 1.30 亿千瓦，地调装机容量 0.34 亿千瓦；全省发受电量合计 3442 亿千瓦时。

2022 年 1—6 月广东省全社会用电量 3556 亿千瓦时。

（2）市场运行情况。自 2022 年 1 月起，广东正式开启全年现货连续结算试运行，"中长期+现货"市场全面转入绝对价格模式；印发 2022 年市场化需求响应实施方案和细则，以市场化机制引导用户侧主动"削峰填谷"；常态化开展可再生能源电力交易，助力"双碳"目标实现。上半年，广东电力市场交易电量达 1408.1 亿千瓦时［包含年度交易分解至 1—6 月电量 1267.0 亿千瓦时、月度交易电量 105.6 亿千瓦时、周交易净合约交易电量–6.5 亿千瓦时（可买入卖出）、现货偏差电量 38.2 亿千瓦时、可再生绿电结算电量 3.8 亿千瓦时］。

1）市场主体。上半年，累计新增 7507 家市场主体进入市场目录。截至 6 月底，共有 44345 家市场主体进入市场目录。从售电公司的地市分布来看，共有售电公司仍以广州、深圳两地数量居多，共占全省总数的 61.6%。

2）中长期市场交易。1—6 月，广东省中长期电力市场一级市场总成交电量 1366.1 亿千瓦时（统计值包含年度交易分解至 1—6 月电量 1267.0 亿千瓦时，月度交易电量 105.6 亿千瓦时、周交易净合约交易电量–6.5 亿千瓦时），成交均价 500 厘/千瓦时，其中煤机交易电量占比 74.8%，气机交易电量占比 20.2%，核电交易电量占比 5%。

1—6 月，广东省中长期电力市场二级市场成交电量 46.5 亿千瓦时，其中发电侧合同转让成交电量 32.9 亿千瓦时，成交均价 494 厘/千瓦时；用电侧合同转让成交电量 13.6 亿千瓦时，成交均价 524 厘/千瓦时。

①年度交易。2022 年年度交易共成交 2656.7 亿千瓦时（含年内新增年度交

易），成交均价 497 厘/千瓦时。其中年度双边协商成交电量 2532 亿千瓦时，成交均价 496 厘/千瓦时，年度挂牌成交电量 74.5 亿千瓦时，成交均价 502 厘/千瓦时，年内新增年度交易 50.2 亿千瓦时，成交均价 519 厘/千瓦时。年度交易分解至 1—6 月电量共 1267.0 亿千瓦时，成交均价 497 厘/千瓦时。

②月度交易。1—6 月，月度交易累计成交电量 105.6 亿千瓦时，成交均价 532 厘/千瓦时；其中，煤机成交 77 亿千瓦时，成交均价 538 厘/千瓦时；气机成交 16.1 亿千瓦时，成交均价 514 厘/千瓦时；核电成交 12.6 亿千瓦时，成交均价 517 厘/千瓦时。

月度交易中，月度集中竞争交易共组织 6 次，累计成交电量 11.2 亿千瓦时，成交均价 534 厘 1 千瓦时；月度双边协商交易共组织 6 次，累计成交电量 77.2 亿千瓦时，成交均价 533 厘/千瓦时；月度挂牌交易共组织 6 次，累计成交电量 17.2 亿千瓦时，成交均价 525 厘/千瓦时。

③市场合同转让交易。1—6 月，共组织月度发电侧市场合同转让交易 6 次，累计成交电量 32.9 亿千瓦时，成交均价 494 厘/千瓦时。其中，煤机受让电量 27.5 亿千瓦时，成交均价 497 厘/千瓦时；气机受让电量 5.4 亿千瓦时，成交均价 480 厘/千瓦时。

④周交易。1—6 月，累计开展周双边协商 22 次、周集中竞争 18 次、周挂牌交易 19 次，净合约成交电量 -6.5 亿千瓦时，均价 509 厘/千瓦时，其中周双边协商交易电量 -7.9 亿千瓦时，平均价格 537 厘/千瓦时；周集中竞争交易电量 2.4 亿千瓦时，平均价格 560 厘/千瓦时；周挂牌交易电量 -1 亿千瓦时，平均价格 403 厘 1 千瓦时。周交易累计合约成交电量 29.5 亿千瓦时，均价 529 厘/千瓦时。

3）现货市场交易。1—6 月，现货偏差电量 38.2 亿千瓦时，占全市场用户总用电量的 2.7%。

①市场申报。1—6 月，共有 222 台机组、145 家售电公司和 2 家大用户参与现货申报，平均报价 600 厘/千瓦时。其中煤机 556 厘/千瓦时，气机 788 厘/千瓦时。

②市场出清。1—6 月，发电侧日前总成交电量 1651.3 亿千瓦时。日前均价 484 厘/千瓦时，每日的现货日前均价最高 811 厘/千瓦时，最低 69 厘/千瓦时；实时市场加权均价 485 厘/千瓦时，每日的现货实时均价最高 939 厘/千瓦时，最低 48 厘/千瓦时。从价格水平分布来看，日前和实时价格主要集中在 300 厘/千瓦时至 600 厘/千瓦时。

4）可再生绿电交易。2022 年，可再生绿电年度双边协商总成交电量 6.8

亿千瓦时，其中分解至1—6月电量3.0亿千瓦时，电能量均价484厘/千瓦时，环境溢价均价32.1厘/千瓦时。

1—6月，可再生绿电月度双边协商总成交电量6.1亿千瓦时（含年内多月），其中分解至1—6月电量1.8亿千瓦时，电能量均价487厘/千瓦时，环境溢价均价27.3厘/千瓦时。

5）需求响应交易情况。上半年，正式印发《广东省市场化需求响应交易实施方案（试行）》及《广东省市场化需求响应实施细则（试行）》，围绕方案和规则开展多轮次市场培训和座谈，累计培训人员约1.4万人次，有序做好增量需求响应资源的注册工作，截至6月底，全省注册需求响应资源数56089户，其中市场化用户资源55581个，占市场化用户比例80%以上；电网代购用户资源507个。需求响应资源对应电力用户企业31133家，其中17917家已完成代理合同签订，剩余用户均以自主申报的方式参与需求响应交易。

6）代理购电交易情况。1—6月，共组织完成市场化机组代购电年度挂牌交易与6次代购电月度挂牌交易，总成交电量793.4亿千瓦时。代购电年度交易成交电量495.4亿千瓦时；1—6月代购市场电量共543.3亿千瓦时，其中年度交易分月代购市场电量245.4亿千瓦时，月度交易代购市场电量298亿千瓦时。

1—6月，共组织完成4次关停机组代购电双边协商转让交易与6次代购电双边协商转让交易，其中关停机组代购电双边协商转让交易累计成交电量3.9亿千瓦时，成交均价306.4厘/千瓦时，代购电双边协商转让交易累计成交电量17.5亿千瓦时，成交均价490.7厘/千瓦时。

7）市场结算。

①结算电量。1—6月，用电侧累计结算市场电量1408.1亿千瓦时，电量完成率102.8%，其中电能量结算电量1404.3亿千瓦时，可再生绿电结算电量3.8亿千瓦时。

②电能量结算电费与电价。

a. 发电侧结算情况。1—6月，发电侧市场机组全月总上网电量2001.0亿千瓦时，其中代购电量（含核电基数电量）占比30%；中长期电量占比68%，现货偏差电量占比2%。

发电侧总电费1057.5亿元，其中代购电量电费占比26%，中长期合约电费占比64%，现货偏差电量电费占比3%，分摊考核补偿电费占比7%。市场机组总电量均价528厘/千瓦时。

b. 用电侧结算情况。1—6月，用电侧总用电量1404.3亿千瓦时，其中中长期电量占比 97%，现货偏差电量占比 3%。

用电侧总电费 707.4 亿元，其中中长期合约电费占比 97%，现货偏差电量电费占比 2%，分摊考核补偿电费占比 1%。用电侧结算平均电价 504 厘/千瓦时。

③可再生绿电结算情况。一季度，可再生绿电结算电量 1.2 亿千瓦时，均价 505 厘/千瓦时。二季度，可再生绿电电能量结算电量 2.6 亿千瓦时，均价 477 厘/千瓦时；环境溢价结算电量 2.7 亿千瓦时，均价 35 厘/千瓦时。

8）零售市场交易情况。1—6 月，共有 33602 家电力用户参与交易，其中 2 家直接参与批发市场交易，剩余 33600 家参与零售市场交易；共有 145 家售电公司参与交易，零售交易电量 1408.0 亿千瓦时（含可再生），占全市场交易电量的 99.99%。市场用户零售合同均价为 549.0 厘/千瓦时（含度电分摊 35.6 厘/千瓦时），较基准价上涨 18.6%。各类售电公司零售交易情况如表 5-1 所示。

表 5-1　2022 年 1—6 月零售交易情况（单位：亿千瓦时、厘/千瓦时）

售电公司类型	参与交易家数	1—6 月零售总电量	零售电量占比（%）	总零售用户数	零售用户数占比（%）	零售用户度电分摊	零售用户度电单价（含分摊）	售电公司度电获利
发电背景	28	808.58	57.43	11461	33.67	35.6	532.2	2.4
独立售电	111	531.99	37.78	20368	59.84	35.6	572.1	22.3
电网背景	6	67.43	4.79	2211	6.50	35.6	568.9	-0.9
合计	145	1408.01	100.00	34040	100.00	35.6	549.0	9.7

注　1. 零售电量为零售用户实际用电量；

2. 用户度电单价、度电分摊中的正数表示支出；售电企业度电获利中正数表示获利，负数表示亏损；

3. 零售用户度电分摊包含电能量峰谷平衡分摊、输配电价峰谷平衡分摊、变动成本补偿分摊、保障居民农业损益分摊、抽蓄等辅助服务分摊；

4. 零售用户度电单价不含输配电价、政府性基金及附加和功率因素调整电费等；

5. 有 439 家用户更换售电公司，零售户数统计略有重复。

1—6 月，共有 124 家售电公司累计收益盈利，21 家亏损，整体亏损面为 14.5%。售电公司总体获利，平均度电获利 9.7 厘/千瓦时。

9）风险控制情况。

①履约风险管控情况。为保障市场平稳有序运行，防范售电公司欠费风险，交易中心持续开展售电公司履约风险动态评估、预警和处置，上半年，共 7 家出现红色预警、2 家出现橙色预警，均通过补充履约担保、及时结清费用等措施，

解除或降低预警级别，实现履约风险的有限管控。截至 6 月底，147 家售电公司合计信用额度 18.61 亿元，其中履约担保覆盖的担保信用额度 17.72 亿元，无担保信用额度 0.88 亿元，合计履约风险 0.18 亿元。售电公司信用占用度和预警情况如表 5-2 所示。

表 5-2　　　截至 6 月底售电公司信用占用度和预警情况（单位：家）

信用占用度	60%以下	60%～80%	80%～100%	100%以上
预警情况	状况良好	黄色预警	橙色预警	红色预警
售电公司数量	146	1	0	0

②零售市场风险管控情况。

a. 建立市场主体投诉通报机制。2022 年上半年，通过书面函件、电子邮件、服务热线及政府转送等方式收到的实名投诉 66 宗，共涉及 19 家售电公司。针对上述情况，交易中心将被投诉售电公司清单、被投诉次数及反映的主要问题等向全市场通报，督促相关售电公司按要求妥善处理好投诉事项，进一步提高服务水平。

b. 结合市场变化开展风险提示警示。一是针对零售市场风险和典型问题，向全市场发布《关于广东电力市场签订 2022 年零售合同的风险提示》《关于 2022 年零售合同签订有关情况的通报》及《关于广东电力市场若干"交易风险"典型案例的警示通报》等多篇通报，提醒市场主体加强市场风险意识，维护自身合法权益。二是持续开展零售市场风险监控，针对多家售电公司频繁变更零售合同、零售用户价格超出市场均价过多等问题，组织对其开展问询、约谈等市场管理措施，并对相关售电公司作出警示。

截至 2022 年 8 月 21 日，广东电力交易中心市场主体包括 2 家电网企业，219 家发电企业，524 家售电公司，779 家大用户，44968 家一般用户。

5.1.3.2　蒙西电力市场交易情况

蒙西地区风电和太阳能资源丰富，是我国新能源富集的省级电网。随着新能源装机规模的不断增长，弃风弃光现象逐渐凸显，成为制约新能源发展的问题，因此蒙西亟须依托新一轮电力市场改革构建适应新能源发展的新的市场机制。蒙西电网东西狭长，网架结构约束程度较高，电源结构较为复杂，蒙西西部资源密集，新能源装机主要集中在西部，资源与负荷逆向分布。蒙西的新能源消纳问题较为严峻，新能源装机总量增长过快；电网约束复杂，新能源送出能力受到限制；电源结构不合理，火电机组主要以热电联产机组为主，灵活可调节资源比例较低，电网调节能力较差。

蒙西电力市场是全国第一个正式运营的交易市场，蒙西自 2015 年起启动以新能源消纳为主要目的的中长期交易市场，2017 年试运行了新能源日前现货市场，在保障性收购的基础上，以市场为依托累计消纳新能源 172.28 亿千瓦时。蒙西地区新能源占比较高，供热期与新能源大发期重叠，需要有效的市场机制激励非供热机组让出空间，蒙西电力多边市场以中长期交易为主，现货交易为补充，中长期交易合同物理执行的基础上，采用集中申报、统一出清方式开展现货电能量交易，其中现货电能量交易包括日前、日内和实时电能量交易。

日前市场采用分段报价、集中出清模式，在中长期电量日分解曲线的基础上市场主体报量报价参与日前现货交易，以系统运行综合效益最大化为目标函数进行日前优化出清。日内市场沿用市场主体的日前报价信息，滚动调整未来 4 小时的计划运行曲线。实时市场以日内出清的计划曲线为基础，以全网计划运行曲线调整成本最小为目标组织实时电能量交易。

内蒙古电力多边交易市场 2021 年 12 月交易情况：

（1）市场成员情况。截至 2021 年 12 月底，内蒙古电力多边市场主体数量达到 2289 家，其中发电企业 436 家，电力用户 1719 家，售电公司 134 家。发电企业中，火电企业 64 家，风电企业 183 家，光伏企业 189 家。

电力用户中，年度交易用户 69 家（钢铝行业 8 家，非钢铝行业 61 家），特色挂牌交易用户 262 家，月度交易用户 933 家，煤炭交易用户 455 家（参与交易 343 家）。

12 月市场主体准入情况：本月无新增发电企业；本月新增 142 家电力用户，8 家煤炭交易用户，134 家月度交易用户；本月无新增售电公司。

（2）月度交易情况。2021 年 12 月电力多边交易成交情况：月交易电量 168.21 亿千瓦时，同比增长 10.16%，平均交易价格 398.77 元/兆瓦时，见表 5-3。

表 5-3　　　　　　　　　　　　　12 月交易品种成交情况表

电力多边交易		成交电量（亿千瓦时）	成交价格（元/兆瓦时）	平均交易降价（元/兆瓦时）	火电增收（亿元）	降低用户费用（亿元）
发电侧	发电侧：火电	152.17	434.94	−152.04	23.14	−23.14
	新能源	16.04	55.70	227.20	—	3.65
	其中：风电	13.86	55.70	227.20	—	3.15
	其中：光伏	2.19	55.70	227.20	—	0.50

续表

电力多边交易		成交电量 （亿千瓦时）	成交价格 （元/兆瓦时）	平均交易降价 （元/兆瓦时）	火电增收 （亿元）	降低用户费用 （亿元）
发电侧合计		168.21	398.77	−115.87	23.17	−19.49
用户侧	其他行业交易	70.56	322.07	−39.17	1.53	−2.76
	其中：火电协商	69.76	325.13	−42.23	2.95	−2.95
	其中：新能源	0.80	55.70	227.20	—	0.18
	其中：电网企业代购	31.70	325.30	−42.40	1.34	−1.34
	特色产业交易	12.46	142.18	140.72	0.11	1.75
	其中：挂牌火电	4.22	311.20	−28.30	0.12	−0.12
	其中：新能源	8.24	55.70	227.20	—	1.87
	六大行业交易	81.86	404.82	−121.92	12.05	−9.98
	其中：火电协商	74.74	437.56	−154.66	11.56	−11.56
	其中：火电挂牌	0.12	378.39	−95.49	0.01	−0.01
	其中：新能源	7.00	55.70	227.20	—	1.59
	非煤炭合计	164.87	349.56	−66.66	10.99	−10.99
	其中：火电	148.83	381.24	−98.34	14.64	−14.64
	其中：新能源	16.04	55.70	227.20	—	3.64
	煤炭协商交易	3.34	2829.30	−2546.40	8.50	−8.50
12月交易合计		168.21	398.78	−115.88	23.12	−19.49

（3）各品种交易价格及成交同期对比情况。根据自治区工信厅《关于阶段性放开蒙西地区部分行业电力市场价格上限的通知》（内工经信运字〔2021〕343号）文件要求，放开钢铁、电解铝、铁合金、电石、聚氯乙烯、焦炭等六大行业取消交易价格上浮不超过10%限制，相关年度交易用户停止执行年度交易合同，按月重新签订交易合同，六大行业平均价格上调至404.82元/兆瓦时。

本月起，新增电网代理未进入市场的工商业用户参与市场交易，与火电交易电量31.70亿千瓦时，交易价格325.30元/兆瓦时。

特色产业交易，特色产业用户火电价格提高至311.2元/兆瓦时，新能源交易电量增加。平均交易价格维持不变。

其他行业交易价格上限扩大至20%，交易价格持续上涨幅度超过10%。

12 月煤炭价格指数环比降低，交易指导价格也有所下降。

（4）各地区用户成交情况。12 月成交用户企业 821 家，较 11 月用户数量增加 34 家，交易成交电量 168.21 亿千瓦时。

（5）各发电集团成交情况。12 月发电侧成交火电企业 54 家；风电企业 173 家；光伏企业 167 家。共成交电量 168.21 亿千瓦时。其中，火电成交电量 152.17 亿千瓦时，风电成交电量 13.86 亿千瓦时，光伏成交电量 2.19 亿千瓦时。

其中，北方集团成交电量 48.75 亿千瓦时；华电集团成交电量 16.83 亿千瓦时；蒙能集团成交电量 14.97 亿千瓦时；京能集团成交电量 19.31 亿千瓦时；国能集团成交电量 23.34 亿千瓦时；其他集团成交电量 16.73 亿千瓦时。

（6）月度结算情况。2021 年 12 月，完成交易电量 172.68 亿千瓦时，同比上涨 14.43%，占公司售电量的 82.83%，占公司区内售电量的 93.97%。平均交易电价 433.76 元/兆瓦时。

5.1.3.3　浙江电力市场交易情况

浙江省为华东枢纽，电力交互频繁且复杂，同时电网运行易受到台风、雨雪等恶劣天气的影响。浙江省资源匮乏，属于典型的资源小省，陆域燃料矿产贫乏：石油储量微乎其微，煤炭储量仅占全国的万分之一。省内电力生产与供应以煤电为主，电源集中度较高，用电增长快，对外来电依存度较高。

浙江省于 2019 年 6 月正式启动电力现货市场的模拟运行，2020 年 7 月现货市场第三次结算试运行完成，第一次实现整月结算试运行。当前浙江省电力市场由现货市场和合约市场组成，电力现货市场由日前市场和实时市场构成，现货市场采取双结算体系，日前市场以 15 分钟为时间段出清，30 分钟进行结算，每 30 分钟出清电价时段内与每 15 分钟节点电价的加权平均值。实时市场每 5 分钟进行出清，每 30 分钟进行结算，全天共形成 288 个预调度结果、48 个实时交易结果，出清节点电价为每 5 分钟结点电价的加权平均值。浙江省电力现货市场的建设应充分适应浙江电力供需总体偏紧的形势，最大限度地防止风险发生，并且加强外来电中长期合约管理，避免大量电力暴露在现货市场中，保障省内电力供应安全稳定。

浙江电力市场初期拟采用全电力库模式，电力批发市场主要由现货市场和合约市场构成，开展电能量和辅助服务交易。浙江电力现货市场按照全电量竞价、边际电价出清原则开展，包括日前市场和实时平衡市场。日前市场中，发电侧报价从零输出功率开始申报至额定容量，最多可提交十段报价，通过预出清和滚动更新，初步确定运行日机组组合、预发电计划和辅助服务安排，预出清结果不进行实际结算。实时市场采用全电量集中优化，基于日前封存的发电机组申报信息，以成本最小化为目标，进行电能量和辅助服务联合优化边际出清，形成物理执行的发电计划、辅助服务安排和市场出清价格。

2021 年浙江省电力直接交易情况：

（1）市场交易规模。2021 年，全省安排电力直接交易电量 2100 亿千瓦时，较 2020 年同比增长 5%。其中：普通直接交易电量 1500 亿千瓦时，售电市场交易电量约 600 亿千瓦时。普通直接交易采用发电企业平台集中竞价的模式；售电市场交易采用双边协商交易、集中竞价、挂牌交易等模式。

（2）参与市场主体。

电力用户：

1）参与普通直接交易电力用户。制造业 10 千伏及以上电压等级企业、其他行业 2020 年度用电量在 50 万千瓦时以上或最大单月用电量超过 5 万千瓦时的企业参与普通直接交易（参与售电市场交易的用户除外）。其中：第一类用户为新经济领域、高新技术、战略性新兴产业企业、"亩均效益"综合评价 A 类企业、传统产业转型升级企业、小微企业园（部分试点）和 5G 基站（以下简称第一类），参与电量是其 2020 年实际用电量的 90%；第二类用户为其他一般性企业（以下简称第二类），参与电量根据本次直接交易情况测算确定。电气化铁路用户参与交易电量 30 亿千瓦时，具体由铁路上海局集团切分落实到我省境内各电铁牵引站。为引导充电基础设施发展，接入省级平台监管，运行规范、符合要求的充电基础设施运维企业可参与普通直接交易。电气化铁路用户和 5G 基站用户、充电桩企业交易电量不计入各市总量。

2）参与售电市场交易电力用户。钢铁、煤炭、建材、有色、交通运输、仓储和邮政业、信息传输、软件和信息技术服务业等行业 10 千伏及以上电压等级用户和全行业（除居民、农业、重要公用事业和公益性服务等行业外）110 千伏及以上电压等级用户参与售电市场交易。

3）电力用户参与电力直接交易严格实行负面清单管理。2020 年因环境污染被司法机关追究刑事责任的企业；2020 年度能源"双控"目标任务考核不合格的企业；2020 年被执行差别电价或惩罚性电价的企业；"亩均效益"综合评价 D 类企业；列入公共信用黑名单的企业，不得参与。

（3）省内发电企业。

1）符合国家基本建设审批程序并取得电力业务许可证（发电类）的省统调公用燃煤、燃气发电企业。

2）中核集团秦山核电公司一期机组、三门核电公司 1 号、2 号机组。

3）拥有燃煤自备电厂的企业按照国家规定承担政府性基金及附加、政策性交叉补贴、普遍服务和社会责任，取得电力业务许可证达到能效环保要求的，其自发自用以外电量可参与交易。

4）参与直接交易省内燃煤发电企业必须投运相应的脱硫、脱硝、除尘等环保设施，在线监测系统正常运转，运行参数达标。

5）省内发电企业既可参加普通直接交易，也可参加售电市场交易。

（4）省外来电。三峡集团溪洛渡水电站、中核集团秦山核电公司（二期、三期、方家山）、皖电送浙机组（凤台电厂，平圩三期等）、宁东煤电基地送浙机组、四川水电、福建、新疆（电力援疆）和青海来电（电力援青）等省外来电主体，参与普通直接交易。

（5）售电公司。在浙江电力交易中心完成市场注册公示取得交易资格的售电公司可参与售电市场交易。

（6）增量配网企业。省内开展增量配电业务改革试点的增量配网企业，可代表其供电营业区内符合条件的用户参与普通直接交易；在浙江电力交易中心完成市场注册公示后，也可作为售电公司参与售电市场交易。

5.1.3.4　山西电力市场交易情况

山西省电网是西电东送、北电南送、水火互济、特高压交直流混联、含较大比例可再生能源的外送型电网。山西省内电源与负荷逆向分布，电源种类多样，电源结构具有燃煤机组比例高、供热机组比例高与清洁能源占比高三大特点，且发电侧市场竞争度高，山西省内存在同煤、格盟、晋能、大唐、华能、华润、焦煤等 20 余家发电集团，为充分竞争市场，有利于开展全电量现货交易集中竞争。

2016 年 9 月 14 日，山西电力交易中心有限公司揭牌成立。2016 年 11 月山西风电企业参与低谷风电送湖北挂牌交易，成交电量 0.62 亿千瓦时，此次交易是山西新能源发电企业首次参与外送电交易。

2017 年 4 月 25 日山西电力市场开启月度直接交易，成交电量 23.05 亿千瓦时。本次交易中，山西售电公司首次作为市场主体参与交易，成交电量占总成交量一半以上。

2018 年 8 月 31 日山西新能源企业首次参与清洁能源省间替代交易，无约束成交电量 40 万千瓦时，拓展了新能源市场化交易新模式。2018 年 10 月 22 日山西 2018 年市场化交易电量达到 1020 亿千瓦时，山西省年度市场化交易电量首次突破千亿千瓦时。2018 年 12 月 27 日山西电力现货市场试运行启动，标志着山西电力市场开启以中长期交易为主、现货交易为补充的电力市场交易模式。2018 年 12 月 31 日山西省外送电量 927.1 亿千瓦时，同比增长 19.6%，创历史新高。

2018 年 11 月 28 日，山西省提出"全电力优化、新能源优先"的电力市场现货市场模式，2018 年 12 月，进行现货市场模拟运行。山西省内，构建"中长期合约仅作为结算依据管理市场风险、现货交易采用全电量集中竞价"的电力市场模式，中长期市场稳定价格，现货市场保障电网安全，提高新能源消纳比例。在省间现货预出清的基础上，以省内平衡后的富余发电能力参与省间现货交易。新能源机组参与省内现货交易，初期采取"报量不报价"的方式，保证优先出清。逐步过渡至新能源机组按照"报量报价"的方式参与市场。新能源发电预测偏差对电力平衡造成的影响，需承担相应的经济责任。适时开展可再生能源配额约束下的现货交易。山西省现货市场由日前市场、日内市场与实时市场构成，按照交易次序依次为省内日前现货交易、省内调频交易、省内日前深度调峰交易、省间日前现货交易、华北跨省日前调峰交易、省间日内现货交易、华北跨省日内调峰交易、省内实时现货交易、省内实时深度调峰交易，即省间现货市场、跨省调峰市场，拓展新能源消纳空间。交易品种丰富，不同层级市场之间有效衔接。日前省内现货市场，采取全电量优化、全时空配置的组织方式，以次日全部省内用电需求预测和中长期外送交易结果作为竞价优化空间。电力调度机构以系统发电成本最小化为目标，考虑机组和电网运行约束条件等，实施市场出清计算，形成日前开机组合、机组发电计划曲线和分时边际电价，确定省内机组开机方式和发电预计划，以平衡后的富余发电能力为交易空间，参与日前省间现货交易。电力调度机构依据超短期负荷预测、新能源发电预测，日内省间现货交易结果、日内跨省调峰交易结果等，在日前发电终计划的基础上，通过实时现货市场调节省内发用电偏差。

日前省内和省间现货市场采取"分别报价、分别出清"的组织方式，省内预出清后的发电预计划曲线和富余发电能力作为省间现货市场的边界条件。实时现货市场在日前出清的基础上，考虑日内超短期负荷预测及新能源发电预测等边界变化，依据发电企业的日前报价信息，按照全电量优化原则，分时段由低到高/由高到低依次调用/调减在线机组发电计划以调节实时发用电偏差。

2019 年 4 月 28 日山西发电企业首次参与浙江电力市场，成交电量 4.67 亿千瓦时。2019 年 7 月 16—29 日山西电力交易中心首次对售电公司开展现场核查。2019 年 9 月 1 日山西电力现货市场首次开展结算试运行，成为国网区域内首个开展电力现货试运行、试结算的试点省份。2019 年 10 月 25 日首次组织开展"双挂双摘"省间外送交易，5 家发电企业无约束成交电量 0.85 亿千瓦时，标的电量全部中标。

2020 年 6 月 29 日发布信息：2020 年山西省内电力直接交易电量累计达到 1000.22 亿千瓦时，年度省内直接交易规模首次突破千亿千瓦时。2020 年 8 月山西电力现货市场首次整月结算试运行顺利完成。2020 年 8 月 10 日交易平台接口注册页面已正式开放，市场主体可正常发起申请接入交易平台，标志着山西在全国范围内率先实现电力交易平台与市场主体第三方辅助系统数据联通。2020 年 10 月 21 日山西省战略性新兴产业用电首场交易会在山西电力交易中心举行，共有 26 家售电公司、6 家批发用户与 21 家发电企业参与，成交总电量 53.33 亿千瓦时。2020 年山西全省外送电量 1053.62 亿千瓦时，同比增长 6.28%，首次突破千亿大关，晋电外送规模迈上新台阶。

2021 年 4 月 9 日第二届山西省电力市场管理委员会 2021 年第一次工作会议召开，会议审议通过了《山西省电力市场管理委员会议事规则》等三项规则以及《关于成立第二届山西省电力市场管理委员会专业工作组的议案》，市场管理委员会由试运行转入正式运行。2021 年 5 月 17 日山西电力交易中心承办国网公司系统电力现货市场建设现场会，为全国电力现货试点开展提供典型经验。2021 年 6 月 9 日山西电力市场新一代信息披露平台上线运营。交易中心作为信息披露工作的牵头部门，在 56 号文基础上新增 8 项日前、实时现货市场出清等信息，总计建立七大类 133 项公众、公开信息菜单，在国网系统内率先实现信息披露应披尽披。2021 年 6 月 17—18 日，山西电力交易中心组织开展中长期分时段交易，交易电量 0.11 亿千瓦时，成交均价 321.02 元/兆瓦时。6 月 23 日，山西中长期分时段交易正式启动，中长期交易实现从年度到月度、月度到旬、旬到日的连续开市。2021 年 6 月 17 日基于"国网云+微服务"架构的山西新一代电力交易平台实现单轨正式运行，交易系统技术支撑能力换挡提速。2021 年 11 月 26 日山西电力交易中心首次组织国网山西省电力公司代理购电交易，交易标的 12 月月度省电力公司代理购电，电量规模 7.31 亿千瓦时，成交均价 346.92 元/兆瓦时，建立了电网企业市场化购电方式。2021 年 11 月随着国家发改委 1439 号文印发，工商业用户全面进入电力市场，山西电力交易平台市场主体注册数量首次破万，达到了 10066 家，其中：发电企业 445 家、电力用户 9089 家、售电公司 532 家。

5.1.3.5 山东电力市场交易情况

山东电网以 1000 千伏和 500 千伏电网为主网架，30 万千瓦及以上火电机组作为主力发电机型，是发、输、配电网协调发展的现代大电网。山东省的新能源装机占比位于全国前列，省电网总装机容量 1.04 亿千瓦，其中直调火电机组装机容量 6179 万千瓦，核电 250 万千瓦，抽水蓄能装机容量 100 万千瓦，风电装机容量 1140 万千瓦，位列全国第五，光伏装机容量 1332 万千瓦，位居全国第一。山东电网网架阻塞较轻，但由于新能源渗透率较高，运行不确定性增大，因此采用集中式电力现货市场模式更适合山东省电力市场的建设。

2019 年 6 月，山东省发布电力现货规则及中长期规则试行版，同年 7 月 1 日启动现货交易模拟试运行。山东省电力现货市场由日前市场和实时市场这 2 个时序市场，同时配有日内机组衔接机制，日前市场包含需求侧响应交易、省间增量交易、省内电能量交易、调频辅助服务 4 项交易品种。日前市场中，发电侧报量报价，用电侧报量不报价，以安全约束机组组合 SCUC 出清，以购电经济性作为目标函数确定煤电机组的启停。依据燃煤机组的调度结果，开展辅助服务市场交易。实时市场依据超短期负荷预测、新能源发电功率预测结果，利用安全约束经济调度 SCED 日内机组组合作为日前市场与实时市场的衔接，以应对新能源输出功率预测偏差，降低风险。电力现货市场采用差价结算模式，90% 的电量交易于中长期市场中发生，以降低市场风险，现货市场中暴露的电力较少，保障电网安全运行。

山东电力现货市场包括日前市场、日内机组组合调整和实时市场，采用全电量申报、集中优化出清方式开展；辅助服务市场包括集中竞价的调频辅助服务市场。日前市场中，发电侧报量报价，用户侧报量不报价，电力调度机构采用 SCUC 和 SCED 集中优化出清得到运行日的机组组合、分时发电输出功率曲线和节点电价。日内机组组合调整根据电网实际运行情况开展，依据日前封存的发电企业报价信息，对运行日的发电调度计划进行调整，出清方式和日前市场一致，不出清价格。实时市场中，电力调度机构基于最新的电网运行状态和超短期负荷预测信息，在日前和日内机组组合调整确定的开机组合基础上，以 15 分钟为周期，采用 SCED 算法滚动修正未来 2 小时机组输出功率，形成物理执行的发电计划和实时节点电价。

2020 年，山东全省发电装机总容量 15896.3 万千瓦，其中水电 108.3 万千瓦，占比 0.7%；火电 11470.5 万千瓦，占比 72.2%；核电 250.0 万千瓦，占比 1.6%；风电 1795.0 万千瓦，占比 11.3%；太阳能发电 2272.5 万千瓦，占比 14.3%。2021 年，山东全省发电装机总容量 17334.0 万千瓦，其中水电 167.8 万千瓦，占比 1.0%；火电 11599.2 万千瓦，占比 66.9%；核电 250.0 万千瓦，占比 1.4%；风电 1942.4 万千瓦，占比 11.2%；太阳能发电 3343.3 万千瓦，占比 19.3%；储能 31.2 万千瓦，占比 0.2%。

2020 年山东电网全网最高用电负荷 9022.4 万千瓦；2021 年山东电网全网最高用电负荷 8862.0 万千瓦。

5.1.3.6　福建电力市场交易情况

截至 2020 年 6 月底，福建省总装机容量 5955.51 万千瓦，其中水电装机 1321.74 万千瓦，占比 22.19%，火电装机 3173.57 万千瓦，占比 53.28%，核电装机 871.20 万千瓦，占比 14.63%，风电装机 410.40 万千瓦，占比 6.89%，太阳能装机 178.61 万千瓦，占比 3.0%。福建省电源装机中清洁能源占比较高，现已经形成以火电、核电为主，水电、风电与热电等多源参与的结构，同时具有众多的市场参与主体，参与的电源种类为全国第一。福建省电力市场由中长期市场与现货市场构成，前者主要开展年、月和多日的电量交易以规避风险；后者主要开展日前、日内和实时电量交易，用于发用电实时平衡、发现价格信号、促进新能源消纳。当前现货市场由日前市场与实时市场构成，以 15 分钟为结算周期，采用电能量市场与辅助服务市场联合出清，保障市场出清最优化，每日产生 96 个电价。2019 年 6 月开启试运行，福建省电力现货市场与省内清洁能源占比高的实际情况紧密结合，机制设计着重解决当前核电消纳与电网调峰困境，以及今后可再生能源快速发展带来的系统平衡等问题，促进福建省清洁能源消纳。

福建省电力现货市场试点建设第一阶段为 2019—2021 年，该阶段电力现货市场由日前电力市场和实时平衡机制组成，配套开展调频、备用等辅助服务交易。初期，日前现货市场采用"发电侧单边竞价"模式，常规机组部分比例的基数电量参与现货市场竞价并按照差价合约结算，可再生能源机组在日前市场中按照预测值或计划值优先安排；实时平衡机制以 15 分钟为周期滚动开展交易以解决实时系统平衡问题，调度机构按照交易标的总调节成本最小原则按需依次调用实时平衡资源。

2020 年度福建电力市场总体情况：

（1）参与市场主体情况。2020 年，共计 7689 家市场主体参与交易，其中直购发电企业 123 家，批发用户 95 家，售电公司 45 家（代理零售用户 7426 家）。

（2）直接交易情况。2020 年全年，福建电力交易中心组织开展省内年度电力长期直接交易、月度集中竞价等中长期交易共计 32 批次，合计成交电量 804.14 亿千瓦时，同比增长 21.12%，平均交易价格 363.7 元/兆瓦时。

（3）跨省外送电交易情况。2020 年全年共完成外送电交易结算电量 152.90 亿千瓦时，同比减少 8.99%；其中，中长期交易外送结算电量 150.55 亿千瓦时，同比增加 4.66%；短期及实时外送电交易结算电量 2.35 亿千瓦时，同比减少 90.26%。

5.1.3.7 四川电力市场交易情况

四川省不同于其他电力现货市场试点地区多以火电为主，四川省的能源结构主要以水电为主，截至 2019 年年底，四川省全社会装机容量 9929 万千瓦，其中水电 7846 万千瓦，占比达到 79.02%，火电 1570 万千瓦，占比 15.81%，风电和光伏 513 万千瓦，占比 5.17%。水电作为中国第二大常规能源，在电网的地位极为重要。四川省电网运行中，水电装机占比高，丰枯水期发电差异大、网架约束多、参与市场主体间实力差距大等问题，制约着四川省电力现货市场的建设与发展，四川省结合省内水火电资源禀赋，提出了丰、枯时期差异化的市场主体竞价机制。四川省是国内首个采用丰枯分期的电力现货市场模式的试点，2019 年 6 月 20 日，启动第一轮现货市场模拟试运行，现货市场由日前现货市场与实时市场，以后将逐步放开日内市场与辅助市场。日前市场在以运行日负荷预测、省间中长期交易、非水清洁能源发电、火电发电、水电优先电量为边界条件，以全网购电成本最小化为目标，以 15 分钟为时间间隔，出清运行日 96 点的系统边际电价，同时发布分区边际电价。实时市场的出清优化目标与日前市场一致，采用"集中优化、统一出清"的方式，在日前机组组合的基础上对未来每一小时进行优化，每小时出清以每 15 分钟为时间间隔出清。省内实时市场出清之后，省内富余水电电量将再次参与省间日内市场出清。枯水期水电不参与现货交易，按照中长期交易模式进行结算。丰枯双期电力市场在时间与空间上结合四川省电网结构，与水电的季节性与空间性特性耦合，实现水电有效消纳。

四川电力市场区划为省间市场和省内市场，省间市场包括中长期和省间现货市场；省内市场包括中长期、省内现货和省内辅助服务市场，其市场结构如图 5-3 所示。

省间现货市场包括省间日前和省间日内现货交易，出清结果均物理执行。省内日前市场中，发电侧报量报价、用电侧报量不报价，调度机构以购电成本最小为目标，计算运行日的 96 点系统边际电价，预出清后的富余电量参与省间日前现货市场交易。省内实时现货市场以集中优化、统一出清方式在日前机组组合基础上对未来每一小时优化出清形成发电输出功率计划和实时统一出清电价，正式出清后，富余电量参与省间日内现货交易。

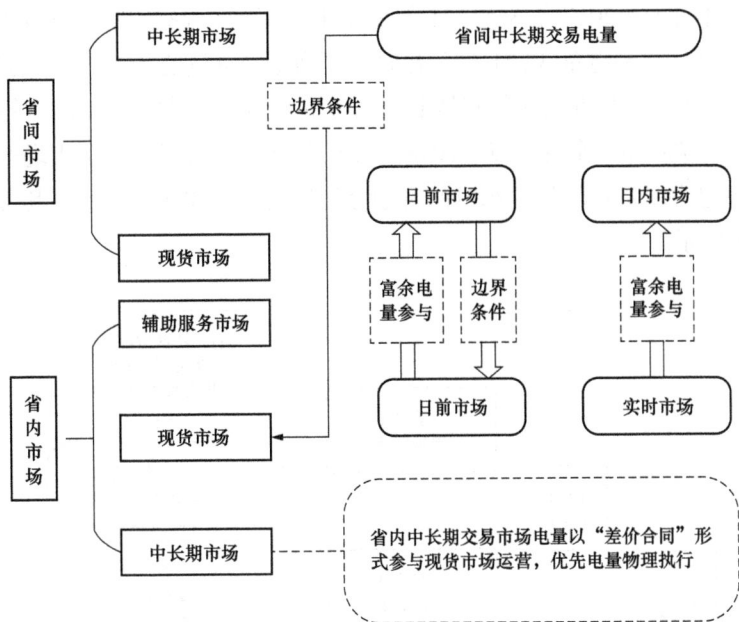

图 5-3　四川电力市场结构

5.1.3.8　甘肃电力市场交易情况

甘肃电网处于西北电网的中心，是西北电网潮流交换的核心枢纽，与陕西、宁夏、新疆分别通过 4 回 750 千伏线路联接，与青海通过 6 回 750 千伏线路联接。甘肃省电源与负荷分布不匹配，网络阻塞严重，河西断面新能源发电受阻原因复杂，同时受到疆电外送影响、直流近区风电输出功率与直流功率逆耦合等影响。甘肃省为新能源发电大省，新能源装机及发电占比逐年增加，已经成为省内第一大电源。2019 年甘肃电网风电输出功率首次突破 800 万千瓦，达826.74 万千瓦（2 月 1 日），光伏发电输出功率首次突破 600 万千瓦大关，最大发电输出功率达 600.74 万千瓦（1 月 22 日）。新能源发电最大输出功率已达1018 万千瓦（3 月 6 日），占当时总用电负荷的 81.56%；新能源最大日发电量1.64 万千瓦时（2 月 15 日），各项指标再次创历史新高。新能源供电比例超过50% 出现 16 天，超过去年全年 8 天；100% 及以上纯清洁能源供电出现 28 天，超过去年全年 21 天。甘肃新能源资源优势明显，新能源发展迅猛，在省内用电空间有限的情况下，甘肃努力开拓外送市场，目前已经形成了"规模性、外向型、送出型"电网。

甘肃省于 2014—2017 年开展大用户直购电共计 849.8 亿千瓦时，2018 年338 亿千瓦时；中长期跨省区外送 2015—2017 年共计 429 亿千瓦时，2018 年

324.38 亿千瓦时。2017 年 8 月，在全国首批开展跨区域省间富余可再生能源电力现货交易，交易电量 32.71 亿千瓦时，占到全国总量的 46%，弃风弃光率降低 8.8%。2018 年跨省区现货交易电量 32.9 亿千瓦时，占到全国总量的 47%，降低弃风弃光率 8.5 个百分点。2018 年 12 月 27 日，甘肃省现货市场开始试运存，甘肃电力现货市场按组织时间可划分为日前市场和实时市场，其市场结构如图 5-4 所示。

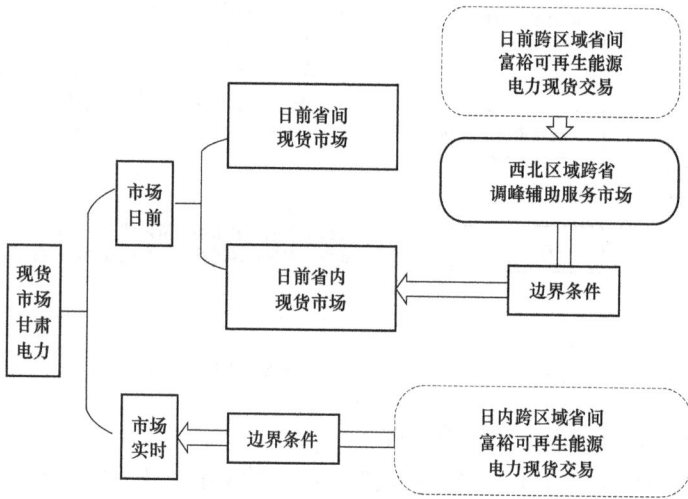

图 5-4　甘肃电力现货市场结构

日前现货市场采用发电侧分段报价、集中优化出清的方式开展。水电机组和新能源特许权及扶贫机组作为价格接受者参与现货市场，火电机组和其余新能源场站通过 SCUC 和 SCED 集中优化，获得日前出清的机组启停计划和输出功率计划曲线。

实时市场采用集中优化出清方式开展，火电企业采用日前封存报价出清，水电机组和新能源场站可在实时市场中申报超短期发电预测，允许新能源场站修改报价，以总购电成本最小为目标，通过 SCED 集中优化组织市场出清，获得实时市场的发电计划和分时、分区电价。

1. 甘肃省电力市场发展基础

甘肃省风能、太阳能、水能、煤炭、石油、天然气等能源种类齐全、资源丰富，是国家重要的综合能源基地和陆上能源输送大通道，在国家能源发展战略中占有重要地位。新能源可开发量整体位居全国前列，主要集中在河西地区，开发条件较好，根据中国气象局 2020 年资源评估成果，全国风能技术开发量99亿千瓦，其中甘肃省5.6亿千瓦，全国排名第4，随着低风速风机普及利用，风资源开发量还将进一步提升；全国光伏发电技术开发量1287亿千瓦，其中甘肃省95亿千瓦，全国排名第5，开发利用空间巨大。煤炭探明资源储量291.74亿吨，保有资源储量278.34亿吨；石油剩余探明技术可采储量3.83亿吨，全国排名第4；天然气剩余探明技术可采储量581.05亿立方米，全国排名第13。

"十三五"以来，甘肃省深入实施"四个革命、一个合作"能源安全新战略，能源资源配置不断优化，综合性能源通道能力不断加强，多元能源安全供应体系基本建成，能源消纳能力显著提升，能源体制改革稳步推进，能源发展质量和效益不断提高，为全省经济社会发展提供了有力支撑。

能源结构持续优化升级。甘肃省全省煤炭生产占一次能源生产总量比重逐年下降，非化石能源供给能力不断提升。截至2020年年底，甘肃省全省风电装机1373万千瓦，占全国装机的4.9%；光伏装机982万千瓦，占全国装机的3.9%。新能源装机占全省电力装机的42%，居全国前列。随着酒泉至湖南±800千伏特高压直流输电工程的建成，绿色新能源电力通过酒湖直流以及交流通道跨区外送电量显著增长，2020年全年外送电量520亿千瓦时，其中新能源外送电量达146亿千瓦时，占比28%。

新能源消纳能力显著提升。2016年国家批复甘肃省开展可再生能源就近消纳试点、建设新能源综合示范区后，甘肃省相继出台《甘肃省新能源消纳实施方案》《甘肃省解决弃风弃光问题专项行动方案》《甘肃省实施能源结构调整三年行动方案》等一系列政策措施，大力推进直购电交易、新能源替代自备电厂发电，加快建设敦煌100%可再生能源利用城市、清洁能源供暖和电能替代等示范工程，全力破解新能源消纳瓶颈，弃风、弃光率分别由最高时的43%、30%下降至2020年的6%、2%，基本完成了国家确定的新能源消纳目标要求。

清洁能源项目建设取得突破。"十三五"以来，国家能源局积极支持甘肃省利用资源禀赋和产业基础优势，开展一系列国家新能源示范项目建设，巩固提升国家新能源基地的地位。首航节能敦煌10万千瓦熔盐塔式光热发电示范项目、敦煌大成5万千瓦熔盐线性菲涅尔式光热发电示范项目、中核汇能甘肃矿区黑崖子5万千瓦平价风电示范项目、网域大规模720兆瓦时电池储能电站试验示范项目等多个新能源示范项目成为全国首例，新能源综合示范区建设成效逐步显现。

电网网架结构不断强化。"十三五"期间，建成首条以输送新能源为主的特高压直流输电通道，跨省区外送电量连年增长。甘肃省电网已通过 18 回 750 千伏线路与宁夏、青海、新疆和陕西电网联网运行，输电能力由 2016 年的 1400 万千瓦提高到目前的 2300 万千瓦，形成了东联陕西、北通宁夏、西接青海、西北延至新疆的电网结构，电力电量交换能力显著提升，进一步巩固了在西北电网中"坐中四连"的枢纽地位。省内主网架实现了从 330 千伏到 750 千伏的跨越升级，形成了以兰州、白银为核心，东西延伸、南北拓展的 750 千伏高电压等级网架结构，从酒泉自西向东的三回 750 千伏线路成为河西新能源"西电东送"的重要保障通道。

能源领域体制改革有序推进。深入推进首批电力现货市场试点，率先开展省间现货交易。规范完善电力市场建设与运行，有序推进电力直接交易、跨省区交易、合同电量转让交易等中长期交易市场建设。组建甘肃省电力交易中心和电力市场管理委员会，逐步有序放开发用电计划，试点推进售电侧改革。支持民营企业参与天然气管道建设。

2. 甘肃省电力市场发展背景

我国"碳达峰、碳中和"战略目标，为甘肃省壮大清洁能源产业带来新机遇。随着风电、光伏发电等可再生能源及储能使用成本降低，可再生能源在一次能源供应中的竞争力不断增强，为甘肃省利用资源禀赋加快发展新能源带来新的机遇。

国家重大区域发展战略的实施，为甘肃省能源产业发展提供重要政策支撑。国家出台《关于新时代推进西部大开发形成新格局的指导意见》《黄河流域生态保护和高质量发展规划纲要》，明确优先安排西部地区就地加工转化能源资源开发利用项目，推动煤炭清洁生产与智能高效开采，继续加大西电东送等跨省区重点输电通道建设，提升清洁电力输送能力；推动甘肃陇东等重要能源基地高质量发展，支持甘肃等风能、太阳能丰富地区构建风光水多能互补系统，加大甘肃等省区清洁能源消纳外送能力和保障机制建设力度等一系列政策举措，为我省能源发展提供了重要支撑。

新技术新业态新模式为甘肃省能源产业跨越发展注入新动能。信息技术对能源系统的全面改造将重塑能源供需格局和产业发展格局，云计算、大数据、物联网、移动终端、人工智能、区块链等新一代数字技术与能源行业日益融合的趋势越发明显，以高效化、清洁化、低碳化、智能化为主要特征的全新能源时代正在引发经济社会深刻变革，能源利用新技术新业态新模式将更好地促进清洁能源消纳，提高系统转换效率，为甘肃省现有传统能源产业转型赋能，加快推动能源数字产业化，打造智能制造、智能电网等重点应用场景，建设清洁能源交易大数据中心，开展上云用数赋智、"东数西算"提供支撑。

同时，发展不平衡不充分依然是甘肃省能源发展面临的主要矛盾。在能源消费增速由高速向中低速转变的过程中，受内外部市场消费水平降低等因素的影响，实现能源稳定发展的不确定因素增多；风电和光伏发电固有的间歇性和波动性给电力系统稳定运行带来挑战，调峰能力短板突出，电力系统灵活性亟待提升；大规模新能源开发与电网安全、输送消纳之间的关系还需要进一步协调，电网的输配电能力和智能化水平还有待提高；煤炭供需不平衡的问题依然存在，河西地区缺煤与陇东煤炭外运通道不畅问题并存，时段性煤炭供应紧张并未根本解决；油气资源勘探开发投入不足，冬季天然气保障能力不足。

3. 甘肃省发电装机规模及结构

甘肃省为我国重要能源基地，2021 年甘肃全省发电装机 6152 万千瓦；其中火电 2309 万千瓦（占比 37%），水电 967 千瓦（占比 17%），风电装机 1725 万千瓦（占比 28%），光伏装机 1146 万千瓦（占比 19%），电源类型分布比较平均。"十四五"规划目标 2025 年底省风电、光伏装机容量分别达到 3853 万千瓦和 4169 万千瓦。

在丰富的风光资源下，甘肃省风电、光伏利用小时数仅处于全国中游，主要由于省内消纳能力欠缺、外送通道不足。随着近年来电源侧调峰的发展以及外送特高压线路建设，甘肃省弃风弃光率得到改善，弃风率从 2017 年的 33% 降至 2021 年的 4.1%；弃光率从 2017 年的 20% 降至 2021 年的 1.5%。弃风弃光率的大幅改善下甘肃省风光利用小时数逐年提升，2021 年甘肃省风电利用小时数为 2022 小时、光伏 1525 小时。

4. 甘肃省电力市场交易情况

近三年来，甘肃电力交易中心服务市场主体数量翻番，主要包括各类发电企业、电力用户、售电公司等，截至 2022 年上半年，甘肃电力市场共注册市场主体 4975 家。

（1）甘肃省电力市场交易政策规则。

1）市场交易主体。发电企业、售电公司、电力用户。未参加市场化交易的电力用户由售电公司代理购电。

2）交易品种。主要开展电能量交易（按照年度、月度、月内多日的顺序开展交易），灵活开展发电权交易、合同转让交易，根据市场需要开展输电权交易、容量交易。

电能量交易主要分为中长期交易和现货交易。

①中长期交易：包括年度交易、月度交易、月内交易。省内电力中长期交易以年度交易（即以当年年度电量作为交易标的物）为主，月度交易［即以次月电量或者年度内剩余月份的月度电量（月度分时电量）作为交易标的物，着眼于电力电量平衡，按月定期开展］作为年度交易合同缺额的补充，探索月内交易［以月内剩余天数尚未执行的全部或部分合同电量或者特定天数的新增需求电量（分时电量）作为交易标的物］作为年度、月度交易的补充。市场主体"年度+月度"交易签约电量不应低于前3年平均值的90%，以锚定电量和电价，降低市场波动风险。

对于发电企业，应根据自身生产经营计划，确定交易年度最大发电能力作为年度交易量，并分解到各月参与交易；根据资源供应情况，修正自身发电能力计划，计算自身月度发电能力裕量后参与月度交易；发电企业发电能力预测需精确至日内各时段，形成负荷预测曲线，建议发电企业合理组合交易申报时段，以期实现交易时与用户时段曲线相匹配。

②现货交易。甘肃电力现货市场包括日前现货市场交易和实时现货市场交易，均采用集中竞价、统一出清的方式。发电企业以交易单元为单位申报量价信息，申报价格上下限暂定为0.04~0.65元/千瓦时。

3）电能量交易方式。电能量交易包括集中交易和双边协商交易（在规定的交易起止时间内，电力用户与发电企业自主协商确定交易意向，提交电力交易平台，经电力调度机构安全校核后形成交易结果）两种方式，其中集中交易包括集中竞价交易（设置交易报价提交截止时间，电力交易平台汇总市场主体提交的交易申报信息，按照市场规则进行统一的市场出清，发布市场出清结果）、滚动撮合交易（在规定的交易起止时间内，市场主体可以随时提交购电或者售电信息，电力交易平台按照时间优先、价格优先的原则进行滚动撮合成交）和挂牌交易（市场主体通过电力交易平台，将需求电量或者可供电量的数量和价格等信息对外发布要约，由符合资质要求的另一方提出接受该要约的申请）。

以双边协商和滚动撮合形式开展的电力中长期交易鼓励连续开市，以集中竞价交易形式开展的电力中长期交易实现定期开市；在集中竞价交易中，优先发电计划电量和清洁能源发电电量优先出清。

4）政策基本导向。深入贯彻国家"六签"要求和全国统一电力市场建设部署，推动甘肃电力中长期市场连续运营全面落地实施，实现在年度交易、月度交易的基础上，以"周交易"为常态的连续开市格局；推动健全合同灵活调整机制，完善偏差结算机制，保障中长期合同诚信履约，持续优化中长期市场连续运营机制，不断提升优质服务水平，探索 D+3 日滚动交易，力争实现省内直接交易、发电权置换交易、合同交易在 D+3 日滚动交易中的融合；持续提升市场活跃度和灵活度。

5）电量电费结算分析。

①电能量电费结算规则（R—电费；P—单价，Q—量）。电能量市场按照中长期交易、日前现货交易、实时现货市场的顺序进行结算，日清月结。

$$R_{发电} = R_{中长期} + R_{日前现货} + R_{实时现货} \tag{5-1}$$

采取双偏差结算模式，中长期合约全电量结算，日前现货市场出清曲线与中长期结算曲线的偏差电量按日前现货市场价格结算（场站参与省间电力现货交易，将省间交易结果叠加至中长期交易结算曲线，并以此作为现货市场偏差结算依据），分时上网电量与日前现货市场出清曲线的偏差电量按实时现货市场价格结算。

中长期交易结算：

中长期交易结算分为合同结算与偏差结算。当履约大于合同总电量时，按照合同总电量结算；当履约小于合同总电量时，按照实际履约量结算。如果履约比例小于 95%，则与用户结算偏差电量电费作为履约不足对用户的补偿（当用户履约不足时，也会对发电企业有一定补偿）。

现货交易结算：

每个交易时段 t 发电侧市场主体以其所在节点的节点边际电价 P，经限价约束后形成该交易时段现货市场结算价格。

$$R_{日前现货} = \sum P_{i,t} \times (Q_{日前出清,t} - Q_{中长期,t}) \tag{5-2}$$

$$R_{实时现货} = \sum P_{实时节点,t} \times (Q_{实际上网,t} - Q_{日前现货,t}) \tag{5-3}$$

实际上网大于实时现货电量的部分，以结算最低限价结算（申报价格上下限暂定为 0.04～0.65 元/千瓦时）。

②其他结算科目结算规则。执行偏差考核费用与返还：

按照《西北区域并网发电厂辅助服务管理实施细则》《西北区域发电厂并网运行管理实施细则》（即"两个细则"）执行偏差考核（打分制，每分=1000 元）；并网管理考核分、辅助服务补偿分作为考核和辅助服务补偿结算的依据。

偏差考核费用按月结算，并优先用于平衡辅助服务市场调频里程补偿费用，若有剩余，则按照发电侧当月现货偏差电量等比例返还。

$$R_{分摊} = R_{剩余} \times \frac{Q_{正偏差电量} + \left|Q_{负偏差电量}\right|}{\sum_{发电企业}(Q_{正偏差电量} + \left|Q_{负偏差电量}\right|)} \qquad (5\text{-}4)$$

结构不平衡费用及分摊（Q 均为月度偏差电量，例：$Q_{现货发电}$ 为发电侧月度现货偏差电量）。

※省内双轨制不平衡资金：未参与现货市场结算的用户，其实际用电量与月度中长期合约电量的偏差，在用户侧按固定价格结算，但是在发电侧按现货价格结算，两者产生的结算费用偏差。由参与现货市场的发电企业按照实际上网电量比例计算分摊。

$$R_{省内双轨} = (Q_{现货发电} - Q_{现货用电} - Q_{外送} - Q_{代理购电偏差}) \\ \times (P_{省内购电现货偏差均价} - P_{发电现货偏差均价}) \qquad (5\text{-}5)$$

$$R_{省内双轨分摊} = R_{省内双轨} \times \frac{Q_{上网电量}}{\sum_{发电企业} Q_{上网电量}} \qquad (5\text{-}6)$$

※省间双轨制不平衡资金：月内开展的各类省间短期外送交易，在省内按现货市场价格结算，但省外按省间交易价格结算，两者产生的费用偏差。由发电企业按照全月正偏差电量占比进行分摊。

$$R_{省间双轨} = \sum_{发电企业i} (Q_{省间外送偏差i} \times (P_{省间结算} - P_{月度正偏差均价,i})) \qquad (5\text{-}7)$$

$$R_{省间双轨分摊} = R_{省间双轨} \times \frac{Q_{外送偏差电量,i}}{\sum_{发电企业} Q_{外送偏差电量}} \qquad (5\text{-}8)$$

※分区价差不平衡资金：指发电侧以节点电价进行结算，用户侧以河东或河西分区节点加权平均电价进行结算，由此导致的用户费用和发电企业费用之间的偏差。在发电侧，按发电企业实际上网电量分摊发电侧应承担分区价差不平衡资金部分。

③辅助服务交易费用。有偿辅助服务包括调峰辅助服务和调频辅助服务；省内发电企业以及经市场准入的电储能和需求侧资源（电力辅助服务市场主体）应按规则申报电力辅助服务价格、电力等信息，并按调度指令提供辅助服务，依据规则承担电力辅助服务有偿分摊费用。

辅助服务费用按照收支平衡原则在全省范围内统一结算；风电场、光伏电站分摊金额上限=实际发电量×全省当月平均上网结算电价×0.25，且不超过当月结算电费。

④现货市场运营费用。现货市场运营费用由火电正常开机补偿、火电紧急调用开机补偿、调频能量补偿、用户侧偏差收益回收资金、用户中长期合同履

约不足回收资金、上月差错追补资金组成。各项费用按照《甘肃电力现货市场结算实施细则》第十章相关规定计算补偿与分摊金额。

（2）省内电力市场交易情况。2022 年甘肃省市场化电力用户用电总需求规模 680.69 亿千瓦时，截至 8 月省内直购电中长期交易成交量达 616.36 亿千瓦时，创历史新高，签约率上涨 22 个百分点，达 90.55%；其中年度交易总成交电量为 464.14 亿千瓦时，月度、月内多日交易成交电量 152.22 亿千瓦时。

甘肃省自 2021 年 12 月 1 日起不再执行大工业、一般工商业目录销售电价，所有工商业电力用户进入市场交易，形成市场交易上网电价。

甘肃省脱硫煤标杆电价为 0.3078 元/千瓦时，工商业目录销售电价取消后，2021 年 12 月至 2022 年 8 月平均市场交易上网电价为 0.3263 元/千瓦时，12 月至 22 年 4 月平均上网电价 0.3573 元/千瓦时，相比基准电价上浮 16%；5—8 月有明显下降，平均上网电价 0.2875 元/千瓦时，相比基准电价略下浮 6.6%，且有抬头趋势，预计 9—12 月将有所上升。

（3）省间电力市场交易情况。2020 年甘肃跨区跨省外送电量达 520.16 亿千瓦时；2021 年甘肃省间年度交易计划电量 404.56 亿千瓦时，实际达成 517.55 亿千瓦时，同比下降 0.5%。

省间市场化交易价格参考北京电力交易中心数据：北京电力交易中心 2020 年省间市场化交易电量完成 5194 亿千瓦时，省间市场化交易平均价格 0.2928 元/千瓦时；2021 年省间市场化交易电量完成 6429 亿千瓦时，省间市场化交易平均价格 0.3000 元/千瓦时，相较 2020 年上涨 2.5%。

5.2　新型电力市场下可调节负荷参加市场交易机制研究

5.2.1　新型电力市场体系下可调节负荷市场交易模式

为了落实中央相关文件的要求，实现"保证供应、提高效率降低排放、促进公平"的电力市场建设目标，必须构建发电有效容量交易市场、电能量交易市场、辅助服务交易市场、绿证交易市场有机统一的新型电力市场体系，做到全方位提升电力行业的投资效率、生产效率和分配效率，推动绿色能源的发展。

建立有效容量交易市场，可以在降低投资费用的前提下，鼓励发电企业积极建设有效发电容量，提高投资效率，保证电力供应；完善电能量交易市场，在满足电网用电需求的条件下，提升全电力行业的生产效率和配置效率，进一步降低用户的用能成本；建立辅助服务交易市场，可以有效降低辅助服务成本，鼓励发电企业和用户积极提供辅助服务，保证电力系统安全运行；建立清洁能源的绿证交易市场，在可再生能源基金补贴退坡的情况下，提高可再生能源的投资效率，促进可再生能源的发展，实现减排目标。

基于用户需求侧响应的可调节负荷机制遵循"契合电力用户的用能特点及电力价格需求弹性、适应电力供需形势及现货市场规则、科学反映不同用户利益分配关系、动态联动年度调节"原则进行设计，建立包含可调节负荷容量市场、电量市场的二级市场模式。容量市场初期按照政府行政指令确定市场容量和市场主体，电量市场则由市场主体采用序贯拍卖方式进行竞价。

5.2.1.1 容量市场的交易模式

1. 容量市场交易模式

容量市场解决电力供应能力的平衡问题、有效容量投资效益最优问题及发电机组的灵活性问题。调度机构按照区域内年度电力供需平衡预测情况，开展下一年度尖峰（顶峰）负荷水平预测，并与年度电网最大供电能力进行比较，预估年度最大电力供应缺口 ΔQ_0。

根据预测的年度最大电力供应缺口 ΔQ_0，调度机构与政府能源主管部门沟通协商，确定可调节负荷容量市场的规模 Q_d，应保证 $Q_d>\Delta Q_0$。

按照政府部门批复的可调节负荷容量市场规模，确定容量市场参与主体。在市场建设初期,建议沿用行政手段确定市场主体(可参考有序用电主体名单)，避免市场规则不完善、市场主体对规则不熟悉造成市场失灵。在市场运行成熟后，通过框架招标等市场化方式确定市场主体。

关于补偿标准。在市场建设初期，由政府部门采用行政手段确定容量补偿额度，在市场运行成熟后，通过招标方式确定容量补偿额度（边际报价，即临界中标主体的投标报价）。

关于补偿金额来源。容量市场参与主体为保证电力市场安全稳定运行做出了贡献，应由全体电力用户对其进行补偿。探索通过加收输配电价附加费等方式收取该项费用。该项费用设置独立账户，由政府主管部门管理、接受社会监督，专款专用，与电网公司无关。

2. 容量市场的交易方式

为了减少投资风险，鼓励投资者积极提供有效容量，有效容量交易市场应采用双边合同交易市场。容量市场的交易成员主要是容量的购买方和出售方。具体包括：用电用户、发电企业（含储能企业）、售电公司等。在容量市场中，大用户和售电公司根据月或年最大用电负荷需求，购买与其用电负荷相匹配的发电有效容量（含输配电损耗）。首先，它们通过长期合同或短期合同购买所需要的有效容量，在任意时刻，所购买的总容量应当不小于其用电负荷；在合同规定的时间内，发电企业确保用户在任意时刻都能使用合同规定的容量。其次，当大用户和售电公司的用电负荷下降时，它们可以出售已购买的发电容量。

3．容量价格机制

容量电价应保证投资者能够回收全部或大部分投资费用，引导投资者对发电（含储能）设施长期合理的投资。

一是存量机组交易价格。已建电站由于该投资已经发生，形成了资产搁浅成本。再者，这些电源的建设是由政府主导，而不是发电企业根据市场需求而投建。遵循公平原则，促进存量资产的合理利用，对于已建电站应采用"基准价+上下浮动"的市场化价格机制。在燃煤、燃气、水电、核电这几种机组中，发电短期边际成本从高到低的排列顺序为燃气—燃煤—核电—水电，而投资费用高低顺序恰好相反。在这几种机组中，燃煤机组的占比最大。因此，应根据单机 60 万千瓦超临界燃煤机组的投资费用及设计参数，按照经营期电价方法确定容量基准价。

二是增量机组交易价格。当售电公司或用电用户通过双边交易方式购买新增有效容量时，价格可以由双方协商确定，也可以通过招标方式或交易所提合同方式确定。

三是容量价格的调整机制。为了实现节能减排，充分利用可再生能源的绿色发展目标，发电企业提供的发电容量应当具备一定的灵活性，并根据灵活性对市场容量价格进行调整。当机组的灵活性高于规定的基准值时，实际结算的容量价格上浮；当机组的灵活性低于规定的基准值时，实际结算的容量价格下浮。抽水蓄能电站等储能设施以及用户的可停负荷的容量价格不随灵活性调整。

5.2.1.2　电能量市场的交易模式

电能量市场主要解决可再生能源消纳及化石燃料消耗最低的问题。电能量交易应通过合同市场和现货市场完成。电能量合同市场与现货市场的相互配合，能够给电能量市场的高效运行提供有效保障。

（1）电量市场模式。调度机构根据区域内电力供需平衡预测情况（市场建设初期按照日前发布开市通知，即在 $N-1$ 天确定是否需要在第 N 天开启需求侧可调节负荷市场），针对"硬缺电"时段，提前发布可调节负荷电量市场开市通知。

调度机构根据电网供需平衡预测情况确定的年度第 i 次启动可调节负荷电量市场的电力缺口为 ΔQ_i（$\Delta Q_i = \Delta Q_0$），交易中心负责组织需求侧响应市场各主体针对"硬缺电"时段开展"报量又报价"模式申报购电需求（可仿照电厂报价、采取三段式报价）。在可调节负荷电量市场中购电商 j 的购电需求报价如图 5-5 所示，图中纵坐标 Q_j，表示购电商 j 在市场中申报的用电量需求，$Q_{j\max}$ 表示其最大用电量，横坐标 P 表示购电商 j 针对不同用电需求的报价，随报价升高，用户用电意愿降低。

电力交易机构将日前汇总收集的所有购电商的购电需求报价封存，形成可调节负荷电量市场总报价曲线如图 5-6 所示，此时电力市场的供需状况如图 5-7 所示。可调节负荷电量市场的总份额为

$$Q = \sum_{j=1}^{n} Q_j \tag{5-9}$$

式中：Q 为可调节负荷市场的总可调节电量；n 为参与可调节负荷电量市场的用户数量。

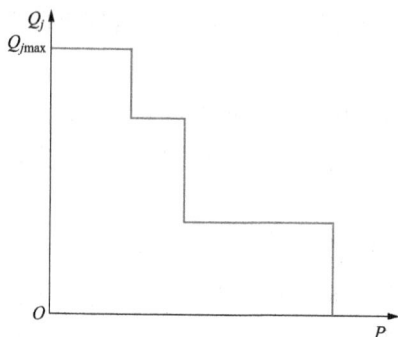

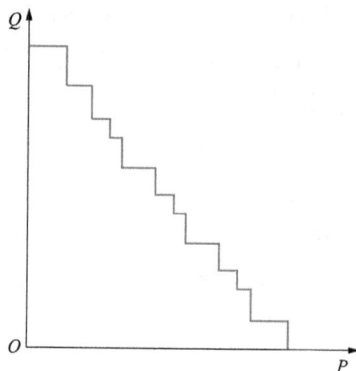

图 5-5　购电商 j 的购电需求报价曲线　　图 5-6　总供电需求报价曲线

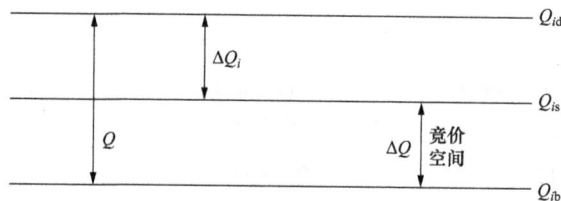

图 5-7　电力供需状况

从图 5-5 可以看到，预计第 i 个缺电时段内，电力市场的最大用电需求为 Q_{id}，最大电力供给为 Q_{is}，存在 ΔQ_i 的电力供应缺口。可调节负荷市场的总可调节用电需求为 Q，启动可调节负荷市场后，由所有可调节负荷市场参与主体竞价争夺可竞争电量份额 ΔQ，电力市场总用电需求扣除可调节市场的用电需

求后，其他电力用户的用电需求为 Q_{tb}（$Q_{tb}=Q_{id}-Q$，且 $Q_{tb}<Q_{is}$），不参加可调节负荷市场的电力用户电力交易仍沿用电力现货市场正常交易方式开展。可调节负荷市场电量竞价结果如图5-8所示。

从图5-8可以看到，在缺电时段内，可调节负荷市场主体竞价争夺图5-8中 ΔQ 部分的可竞争电量份额，图5-8中 P_0 为可调节负荷市场的边际成交价，即当用户的报价低于边际成交电价 P_0 时，竞价失败，无法用电；当报价高于边际成交电价 P_0，竞价成功，可以用电。

可调节负荷市场的竞价结果排序相当于购电权排序，即在电力供应不足时优先向高价用户售电，也可以理解为电力供应不足时优先将低价用户限电。

（2）电量市场交易方式及价格机制。

1）合同市场的交易方式及价格机制。合同电能量采用双边交易模式进行，其合同价格可以由双方协商、招标、交易所提合同等方式确定。

长期合同电能量应不低于常规机组对

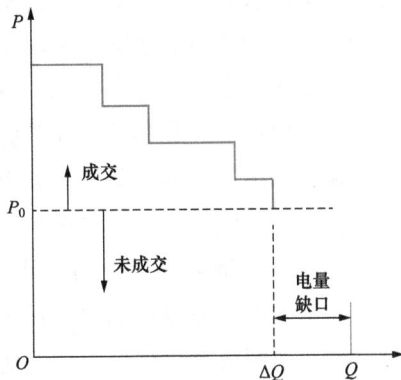

图 5-8　可调负荷市场竞价结果

应的必需输出功率发电量，电能量的长期合同期限应与容量长期合同期限保持一致。当用户转让长期容量合同时，长期电能量合同一并转让。

2）现货市场的交易方式及价格机制。由于我国的能源资源分布不均衡，能源需求与能源供给在地理位置上匹配度较差，部分省市不同类型机组的短期边际成本差别太大，因此，无论采用哪种现货交易模式，都应采用双出清价格模式，并采用节点边际电价法（LMP）出清方式。

第一出清价格为最后调用的市场内占比超过50%机组的报价；第二出清价格为最后调用机组的价格。也就是说，等于或低于第出清价格的发电电量按第一出清价格结算；大于第一出清价格的发电电量按第二出清价格结算。

如果采用单一出清价格，出清价格很可能与燃料成本最高机组的运行成本相同，如燃气机组。这将导致用户用电价格增高，且增幅较大。同时，低燃料成本机组将获得超额利润。

5.2.1.3　辅助市场的交易模式

根据辅助服务的特点，辅助服务分基本辅助服务和商业辅助服务。基本辅助服务不进行补偿；基本辅助服务之外的其他辅助服务称为商业辅助服务，商业辅助服务需要进行补偿，也称为有偿辅助服务，包括有功频率控制服务（也称为二次调频服务）及备用服务；有偿无功及电压支持服务；恢复及黑启动服务。

（1）调频和备用辅助服务交易方式及价格形成机制。调频和备用辅助服务的交易方式采取双边合同交易方式。由电力调度机构（或交易机构）根据电网的最大负荷及可再生能源的发电情况，确定电网调频和备用辅助的需求量。由电力调度机构（或交易机构）与调频和备用辅助提供者签订双边合同。调频和备用辅助服务容量采用长期和短期合同相结合的方式获得。采用长期合同方式有利于辅助服务供应和价格保持稳定；采用短期合同方式能完全反映辅助服务供应、需求和价格的实际状况，促使具备提供调频和备用辅助服务的机组均可以在辅助服务交易市场中参与竞争，避免辅助服务交易市场中出现仅有一台或几台机组提供调频和备用辅助服务的现象。

调频和备用辅助服务价格分为：可用价格与使用价格两部分。可用价格通过招标方式确定，使用价格按第二出清价格结算。

（2）无功辅助服务交易方式及价格机制。无功辅助服务通过两种途径获得，一是发电企业以竞标的形式参与市场竞争，以无功容量费与能量费进行交易；二是电网公司提供。由于无功就近平衡最为经济，由电网公司提供，并入输配电成本较为合理。

（3）黑启动服务交易方式及价格机制。黑启动服务需要的发电容量由调度机构（或交易机构）确定并负责购买。黑启动服务通过长期双边合同方式获得，黑启动服务价格包括：可用价格和使用价格，这两种价格均通过招标方式确定。

5.2.2 需求侧响应的可调节负荷交易机制

5.2.2.1 需求响应的交易流程

需求侧市场主体包括大用户和需求响应代理商。日前需求响应与日前现货市场协同出清，其交易流程如图 5-9 所示。

（1）发布阶段。在运行日前一日（D–1 日），当系统运营机构预测到电力供应缺口时，需要决定是否启动需求响应，并向需求侧市场主体发布需求响应信息，包含需求时段、需求地区预测等。

（2）申报阶段。需求侧市场主体在收到发布信息后，需要向系统运营商申报响应价格和响应容量。需求响应的代理商也会同时向代理用户发出邀约响应信号。代理商可根据用户反馈的响应能力进行市场投标方案的决策。需求侧市场主体采用分段报量报价的方式，最多可以分 2 段，报价曲线随响应量增加单调递增。

（3）出清阶段。系统运营商对现货市场与需求响应联合优化出清，并公布出清结果，包括各时段响应容量、响应时段和出清价格等，然后向各市场主体发送中标响应容量和响应时段等。

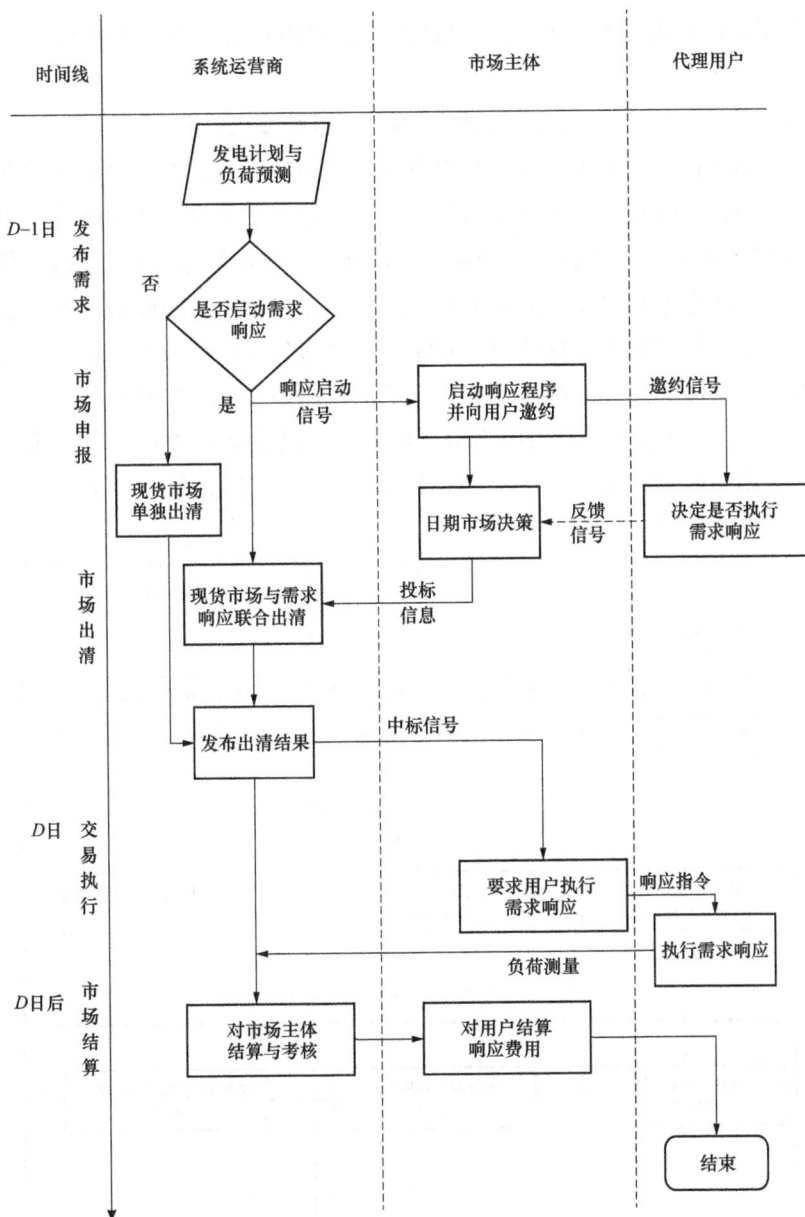

图 5-9　日前需求响应交易组织流程图

（4）执行阶段。运行日（D 日），需求侧市场主体按照中标结果在约定的时段执行需求响应，其中大用户直接执行，代理商向代理用户发送响应执行信号。

（5）结算阶段。响应结束后，系统运营商基于用户的响应执行情况，按照需求响应出清价格对市场主体结算。当响应存在偏差时，系统运营商会对市场主体进行偏差考核，而代理商是否对代理用户考核取决于响应合同的约定方式。

5.2.2.2 场景1：约定型"削峰填谷"需求响应交易机制

需求响应在该场景下的电力交易方式以约定响应方式参与"削峰填谷"为主。电力公司根据负荷预测和电力供需平衡形势，在 $D-1$ 日 09:00 发布 D 日 T 至 $T+N$ 时的需求响应意愿 L 及经济补偿价格 p。电力大用户 i 根据自身负荷情况，自主响应电力公司发布的需求响应需求，在 $D-1$ 日 12:00 前向电力公司申报自身需求响应意愿 L_i，$D-1$ 日 16:00 前，电力公司根据电力大用户参与意愿的申报时间顺序确定调用的需求响应资源，并在 $D-1$ 日 17:00 前与相关电力用户 i 签订需求响应合约。D 日电力用户在约定时段 T 至 $T+N$ 时执行需求响应合约，并根据实际响应量 L_i' 和合约价格 p 获得经济补偿 $N \cdot L_i' \cdot p$，其交易流程设计如图 5-10 所示。

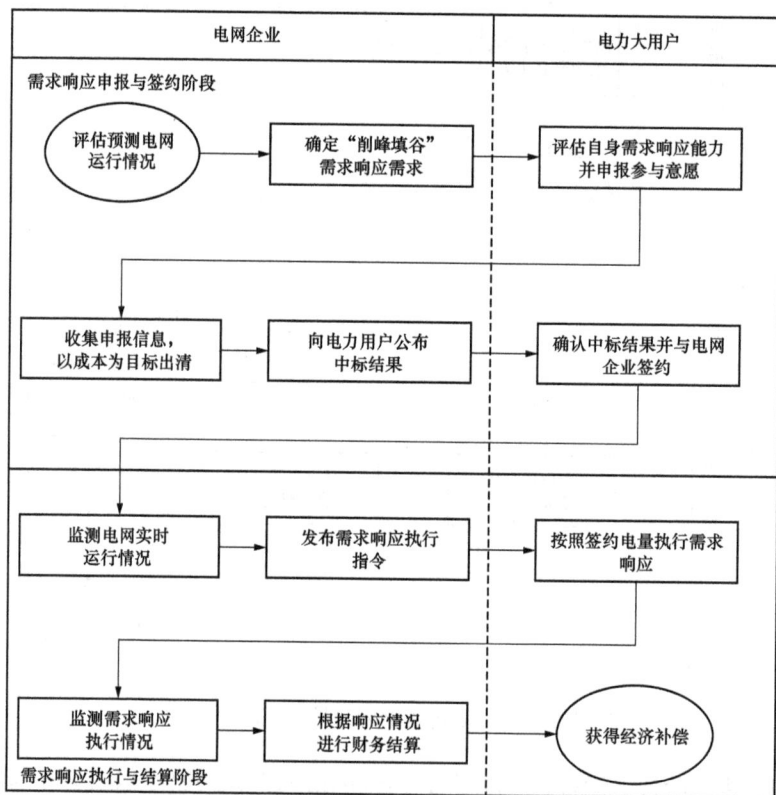

图 5-10 约定型"削峰填谷"需求响应交易机制设计

5.2.2.3 场景2：需求响应参与调峰辅助服务交易机制

需求响应以参与调峰辅助服务为主，电力公司根据新能源功率预测和电网

运行情况在 D–1 日 09:00 发布 D 日 T 至 $T+N$ 时的各时段调峰辅助服务需求 R_t。D–1 日 12:00 前电力大用户和售电公司等需求响应主体向市场运营机构自主申报竞价信息 L_i 和 p_i 市场运营机构以调峰辅助服务成本最低为目标进行按照式（5-10）进行集中优化出清

$$\begin{cases} \min_{P_t} \sum_{i \in I, t \in T} L_{i,t} \cdot p_t \\ \text{s.t.} L_{i,t} = L_i, \forall p_t \geqslant p_i \\ L_{i,t} = 0, \forall p_t < p_i \\ \sum_{i \in I} L_{i,t} \geqslant R_t, \forall t \in T \end{cases} \quad (5\text{-}10)$$

　　D–1 日 17:00 市场运营机构发布出清结果，确定市场主体 i 在 t 时刻的需求响应量 $L_{i,t}$，及对应时刻的补偿价格 p_t，D 日市场主体根据出清结果执行需求响应，市场运营机构监测实际需求响应量 $L'_{i,t}$ 并按照规则与市场主体进行结算，市场主体 i 获得经济收益为 $\sum_{t \in T} L'_{i,t} \cdot p_t$，其交易流程如图 5-11 所示。

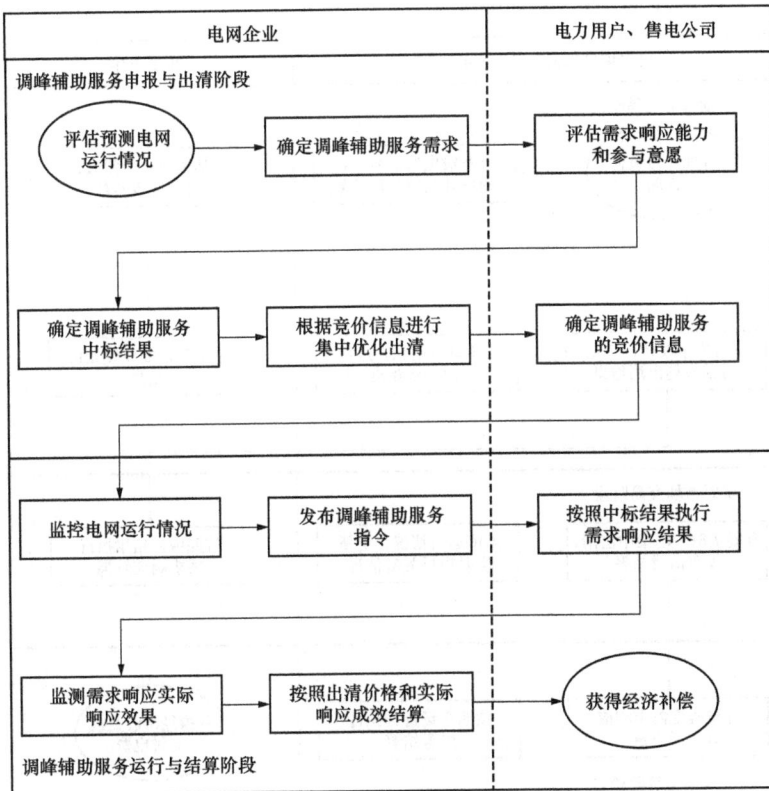

图 5-11　需求响应参与调峰辅助服务交易机制设计

5.2.2.4 场景 3：需求响应参与现货交易机制

需求响应资源参与该场景下的辅助服务市场和电力现货市场应分别以调峰辅助服务和电量交易为主，在调峰辅助服务方面，主要交易方式与场景 2 保持一致，此处不再赘述。在电力现货市场的电量交易方面，需求响应主体具有产销者的双重特性，一方面可作为"正电源"在竞价中标时段削减电力负荷，等效于一个发电厂增加中标时段的电力供给；另一方面可作为"负电源"在竞价中标时段增加电力负荷，等效于一个电力负荷增加中标时段的电力需求。需求响应参加电力现货市场的交易流程设计如图 5-12 所示，需求响应市场主体应遵循电力现货市场相关规则流程，在 $D-1$ 日 12:00 前向市场运营机构申报日前市场分段竞价曲线，市场运营机构以社会福利最大化为目标开展集中优化出清，形成分时段出清结果。在 D 日各个运行时段的前 15 分钟，市场运营机构根据电网运行实际开展实时市场出清，并形成正式的调度运行计划并下发各市场主体执行。

$D+5$ 日市场运营机构根据需求响应的实际运行情况和分时段出清结果开展偏差结算，确定需求响应经济收益。

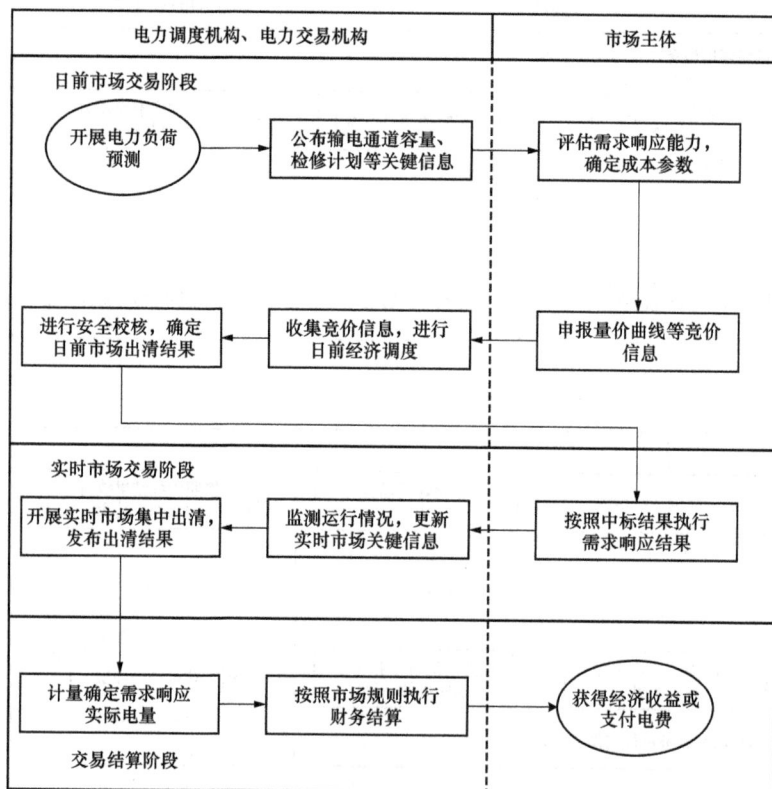

图 5-12 需求响应参与现货交易机制设计

5.2.2.5　场景 4：需求响应参与电力现货市场备用容量交易

市场交易机制设计：需求响应参与该场景下的辅助服务市场与场景 2 保持一致，参与电力现货市场电量交易的机制设计与场景 3 保持一致。同时，可逐步推动需求响应参与电力现货市场备用容量交易，根据现货市场中电能量与备用容量的联合优化出清机制，市场运营机构可根据需求响应的历史负荷及响应情况综合评估确定需求响应的有效容量，需求响应主体可在备用容量市场中申报有效容量内的响应意愿和价格，并按照市场运营机构的集中出清结果提供容量备用服务，如果备用容量被实际调用，需求响应主体还可额外获得基于市场实时价格的经济补偿。

5.2.3　型需求响应的交易竞价

激励型需求响应作为批发市场的一种可调度资源，类似于发电资源，在参与市场竞争前也要向交易中心提交自身的投标竞价信息，市场调度部门据此建立激励型需求响应资源的市场竞价模型，联合其他资源共同完成市场出清。

5.2.3.1　激励型需求响应竞价信息

激励型需求响应代理商需要向交易中心申报的竞价信息包括：

（1）代理用户编号：用于标识出代理商代理的所有终端用户，该信息在注册阶段即已确定。

（2）代理用户所在节点：用于确定负荷调度和市场结算，用户所在节点必须属于交易中心预先设定的市场电价节点集合。

（3）最小削减时间：受实际用电设备限制，用户削减负荷可能需要连续削减一定时长，如果代理商没报该信息，则默认最小削减时间为 0。

（4）停机成本：表示用户在削减负荷时造成的固定费用，如停机损耗成本，单位为元/次。

（5）分段削减负荷：表示用户的削减负荷能力，最多不超过机组的竞价段数。

（6）分段削减补偿：表示用户的削减负荷损失，因为一个用户如果参与了激励型需求响应项目，则该用户的负荷可能在市场出清电价较高时被削减，从而造成消费利润的损失（用户的消费利润等于用电收益减去购电成本），为了鼓励激励型需求响应参与现货能量市场，市场补偿参与用户的削减损失。在满足激励型需求响应的效益测试要求下，才能有效优化市场资源的配置。为了保证激励型需求响应的市场实施效益，要求用户侧的分段削减补偿报价必须大于等于市场的触发电价，否则就视为价格型需求响应不享有激励补偿。

（7）最小削减负荷：表示参与用户的最小削减负荷，要求大于等于能量市场的准入容量，如 0.1MW。

（8）参与市场类型：激励型需求响应既可以参与日前市场，也可以参与实时市场，但为了调度的可靠性，一旦激励型需求响应在日前市场出清成功，就不能再参与实时市场。

5.2.3.2 激励型需求响应竞价模型

根据代理商申报的竞价信息，市场调度部门建立激励型需求响应竞价模型参与市场出清，具体如下：

（1）代理商 d 的削减负荷量：

$$\begin{cases} P_{d,t}^{dr} = q_{d,t}^0 u_{d,t}^{dr} + \sum_{m=1}^{M} q_{d,m,t}^{dr} \\ 0 \leqslant q_{d,m,t}^{dr} \leqslant q_{d,m,t}^{\max} u_{d,t}^{dr} = \overline{Q}_{d,m,t}^{dr} \end{cases} \tag{5-11}$$

式中：$P_{d,t}^{dr}$ 为代理商 d 在时段 t 的削减负荷量；$q_{d,m,t}^{dr}$ 为代理商 d 在时段 t 的第 m 段削减负荷；$q_{d,t}^0$ 为最小削减负荷，表示设备的实际调停功率参数；$u_{d,t}^{dr}$ 为削减标记量，削减状态记为 1，否则为 0；M 为削减总段数；$q_{d,m,t}^{\max}$ 为每段的最大可削减负荷。

（2）代理商 d 的削减补偿成本：

$$C_{d,t}^{dr} = c_{d,0,t}^{dr} q_{d,t}^0 u_{d,t}^{dr} \Delta t + \sum_{m=1}^{M} c_{d,m,t}^{dr} q_{d,m,t}^{dr} \Delta t \tag{5-12}$$

式中：$c_{d,0,t}^{dr}$ 表示该用户起始削减成本；$C_{d,t}^{dr}$ 为代理商 d 在时段 t 的削减成本；$c_{d,m,t}^{dr}$ 为代理商 d 在时段 t 的第 m 段削减补偿。这里将最小削减负荷按首段报价进行补偿。

（3）代理商 d 的停机成本：

$$\begin{cases} C_{d,t}^{sd} \geqslant c_d^{sd} (u_{d,t}^{dr} - u_{d,t-1}^{dr}) \\ C_{d,t}^{sd} \geqslant 0 \end{cases} \tag{5-13}$$

式中：$C_{d,t}^{sd}$ 为代理商 d 在时段 t 开始削负荷造成的停机成本；c_d^{sd} 为代理商 d 单次削减负荷所造成的停机费用。

（4）最小削减时间约束：

$$\sum_{t'=t}^{t+T_{DR,d}^{\min}-1} u_{d,t'}^{dr} \geqslant T_{DR,d}^{\min}(u_{d,t}^{dr} - u_{d,t-1}^{dr})f \tag{5-14}$$

式中：$T_{DR,d}^{\min}$ 为代理商 d 代理的激励型需求响应最小削减时长。

这里建立了一个与国内电力市场发电资源竞价模型一一对应的用户侧需求响应负荷模型，该模型将源荷资源同等对待，一并出清，避免了对现有市场规则的扰乱，同时实现市场资源的有效配置。

5.2.4　联合优化模式下含激励型需求响应的市场出清模型

一些灵活可调度且响应速度快的负荷资源具备提供旋转备用辅助服务的能力，在给予适当经济补偿的激励下可转换为激励型需求响应资源。代理商负责代理激励型需求响应资源，包括能量产品和旋转备用产品，参与现货市场交易。值得注意的是，鉴于市场结算时需要对每个需求响应用户的削减负荷进行实施效果考核和激励资金补偿，因此单个需求响应用户在同一时段内所申报的削减负荷量与旋转备用容量之间存在着互斥关系，即：每个用户单个时段内至多仅能参与一种需求响应。这一约束可以在需求响应用户信息输入窗口的程序流程实现，通过限定每个用户单个时段只能选择申报一种需求响应信息，减少出清模型中间变量的引入。

在联合优化模式下，激励型需求响应参与现货市场后的市场出清模型将作一定调整，下文将作具体介绍。

5.2.4.1　日前市场出清模型

（1）目标函数。联合模式下，日前市场出清模型是一个安全约束机组组合模型，目标为在满足系统旋转备用需求前提下最大化系统的社会用电福利，可以表示为：

$$\max \sum_{t=1}^{T}\left\{\sum_{u=1}^{U}[B_{u,t}(D_{u,t})] - \sum_{i=1}^{G}[C_{i,t}(P_{i,t}) + S_{i,t}^{UD}] - \sum_{d=1}^{D}(C_{d,t}^{dr} + C_{d,t}^{sd}) - A_{S,t} - SL_t - SC_t\right\}$$

（5-15）

其中

$$p_{i,t} = I_{i,t}p_i^0 + \sum_{m=1}^{M} p_{i,t,m}$$ （5-16）

$$C_{i,t}(p_{i,t}) = C_i^0 I_{i,t} + \sum_{m=1}^{M} C_{i,m}p_{i,t,m}$$ （5-17）

$$SU_{i,t} \geqslant \min\{0,(I_{i,t} - I_{i,t-1})C_i^U\}$$ （5-18）

$$SD_{i,t} \geqslant \min\{0,(I_{i,t-1} - I_{i,t})C_i^D\}$$ （5-19）

$$SL_t = \sum_{l=1}^{N_L} M(SL_{l,t}^+ + SL_{l,t}^-) + \sum_{s=1}^{N_S} M(SL_{s,t}^+ + SL_{s,t}^-)$$ （5-20）

$$SC_t = K^D(\Delta P_t^d + \Delta P_t^s) + K^{SR}(\Delta SR_t^{Ud} + \Delta SR_t^{Dd})$$ （5-21）

式中：T 为时段总数；U 为售电公司和批发用户的数量；G 为机组的数量；D 为参与能量市场的激励型需求响应用户的数量；$D_{u,t}$ 为售电公司或批发用户

u 在时段 t 申报的负荷需求，$B_{u,t}(D_{u,t})$ 为对应的购电收益；$P_{i,t}$ 为机组 i 在时段 t 的输出功率，$C_{i,t}(P_{i,t})$、$S_{i,t}^{UD}$ 分别为对应的发电成本和启停费用；$C_{d,t}^{dr}$ 为代理商 d 在时段 t 的削减成本；$C_{d,t}^{sd}$ 为代理商 d 在时段 t 开始削负荷造成的停机成本；i 为机组编号；l 为线路编号；s 为断面编号；$C_{i,t}(p_{i,t})$、$SU_{i,t}$、$SD_{i,t}$ 分别为机组 i 在时段 t 的运行费用和启停费用；SL_t 为网络潮流约束惩罚项；SC_t 为系统约束惩罚项；$I_{i,t}$ 为机组 i 在时段 t 的开停机状态；$SL_{l,t}^+$、$SL_{l,t}^-$ 分别为线路 l 的正、反向潮流松弛变量；$SL_{s,t}^+$、$SL_{s,t}^-$ 分别为断面 s 的正、反向潮流松弛变量；M 为网络潮流约束松弛罚因子；K^D、K^{SR} 分别为功率、旋转备用约束松弛罚因子；ΔP_t^d、ΔP_t^s 分别为功率平衡的过剩、不足松弛变量；ΔSR_t^{Ud}、ΔSR_t^{Dd} 分别为上、下旋转备用的不足松弛变量；$A_{S,t}$ 为时段 t 系统旋转备用辅助服务的购买成本，具体的表达式如下：

$$A_{S,t} = \sum_{i'=1}^{G_i} C_{i',t}^r R_{g,i',t}^r \Delta t + \sum_{k'=1}^{K_r} C_{k',t}^r R_{d,k',t}^r \Delta t \tag{5-22}$$

式中：G_i 和 K_r 分别为提供旋转备用辅助服务的机组和激励型需求响应用户的数量；$R_{g,i',t}^r$ 和 $C_{i',t}^r$ 分别为机组 i' 在时段 t 申报的旋转备用容量和成本；$R_{d,k',t}^r$ 和 $C_{k',t}^r$ 分别为激励型需求响应用户 k' 在时段 t 申报的旋转备用容量和成本。

（2）约束条件。联合电能量和旋转备用资源的日前市场出清模型的约束条件整体分为 4 类，分别是系统约束、发电、侧机组约束、激励型需求响应负荷约束和潮流约束。其中，系统约束包括功率平衡约束、旋转备用容量约束、机组约束包括输出功率上下限约束、爬坡约束和最小连续开停时间约束、需求响应负荷约束包括最小削减时间约束、潮流约束包括线路传输容量约束和断面传输容量约束。其中，需要做修改的约束条件详述于后。

（1）发电机组约束。发电机组的有功输出功率满足上、下限约束限制和单段最大输出功率上限约束，可表示为：

$$I_{i,t}P_i^{\min} \leqslant p_{i,t} \leqslant I_{i,t}P_i^{\max} \tag{5-23}$$

$$0 \leqslant p_{i,t,m} \leqslant I_{i,t}P_{i,m}^{\max} \tag{5-24}$$

式中：$P_i^{\min}$、$P_i^{\max}$ 为机组 i 的最大/小技术输出功率功率值；$P_{i,m}^{\max}$ 为每段输出功率的最大值。

机组的增减出力满足一定速率限制，爬坡约束可表示为：

$$\begin{cases} p_{i,t} - p_{i,t-1} \leqslant \Delta P_i^U I_{i,t-1} + P_i^{\min}(I_{i,t} - I_{i,t-1}) + P_i^{\max}(1 - I_{i,t}) \\ p_{i,t-1} - p_{i,t} \leqslant \Delta P_i^D I_{i,t} - P_i^{\min}(I_{i,t} - I_{i,t-1}) + P_i^{\max}(1 - I_{i,t-1}) \end{cases} \tag{5-25}$$

式中：ΔP_i^U 和 ΔP_i^D 为机组 i 的上滑、下滑速率。

发电机组受响应速度影响要求满足一定开、停机时间限制。其中，最小开机时间约束可表示为：

$$
\begin{cases}
I_{i,t}=1, t\in[1,U_i] \\
\sum_{n=t}^{t+T_{oni}-1} I_{i,n} \geqslant T_{oni}(I_{i,t}-I_{i,t-1}), t\in[U_i+1,T-T_{oni}] \\
\sum_{n=t}^{T}[I_{i,n}-(I_{i,t}-I_{i,t-1})] \geqslant 0, t\in[T-T_{oni}+1,T]
\end{cases}
\tag{5-26}
$$

最小停机时间约束可表示为：

$$
\begin{cases}
I_{i,t}=0, t\in[1,D_i] \\
\sum_{n=t}^{t+T_{offi}-1} (1-I_{i,n}) \geqslant T_{offi}(I_{i,t-1}-I_{i,t}), t\in[D_i+1,T-T_{offi}] \\
\sum_{n=t}^{T}[1-I_{i,n}-(I_{i,t-1}-I_{i,t})] \geqslant 0, t\in[T-T_{offi}+1,T]
\end{cases}
\tag{5-27}
$$

式中：U_i/D_i 表示机组 i 在调度周期开始时必须开/停机的时段数，是由上个调度周期结束时机组的状态决定的；T_{oni}/T_{offi} 为机组 i 的最小开机时间/最小停机时间对应的时段数。

一些慢速启动机组不能频繁启动，满足最大启停次数约束可表示为：

$$
\begin{cases}
\varsigma_{i,t} \geqslant \max\{0, I_{i,t}-I_{i,t-1}\} \\
\sum_{t\in T}\varsigma_{i,t} \leqslant MN_i
\end{cases}
\tag{5-28}
$$

式中：MN_i 表示发电机组 i 的最大启动次数；$\varsigma_{i,t}$ 为辅助变量，用于记录调度周期内的启动次数。

（2）激励型需求响应负荷约束。激励型需求响应竞价模型约束见式（5-11）～式（5-14）。

（3）系统功率平衡约束。激励型需求响应参与能量市场后，系统的负荷需求将发生变化，含有激励型需求响应的负荷节点，等同于接入一台虚拟发电机，此时的系统功率平衡约束表达式为：

$$
\sum_{i=1}^{G} P_{i,t} + \sum_{j=1}^{N_T} P_{j,t} + \sum_{d=1}^{D} P_{d,t}^{dr} = \sum_{u=1}^{U} D_{u,t} + \sum_{k=1}^{K} \tilde{D}_{k,t}^{0}
\tag{5-29}
$$

式中：$P_{j,t}$ 为联络线 j 在时段 t 的注入功率；$\tilde{D}_{k,t}^{0}$ 为节点 k 在时段 t 的非市场用户的预测负荷；N_t 为联络线数量；K 为节点数量。

对每个调度时段 t，电力系统都必须满足功率的实时平衡，功率平衡约束可表示为：

$$\begin{cases} \sum_{i=1}^{N_G} p_{i,t} + \sum_{j=1}^{N_T} p_{j,t} + \Delta P_t^d \geqslant (1+\gamma_0)\sum_{k=1}^{K} D_{k,t} \\ \sum_{i=1}^{N_G} p_{i,t} + \sum_{j=1}^{N_T} p_{j,t} - \Delta P_t^s \leqslant (1+\gamma_0)\sum_{k=1}^{K} D_{k,t} \end{cases} \tag{5-30}$$

式中：$D_{k,t}$ 表示节点 k 在时段 t 的负荷需求，等于系统预测负荷需求 $\tilde{D}_{k,t}^0$ 减去激励型需求响应负荷；γ_0 为系统传输功率的网损系数，可根据历史数据评估获得。

（4）旋转备用容量约束。激励型需求响应提供旋转备用服务后，系统的旋转备用资源将包含发电机组和需求响应负荷，此时的旋转备用容量约束表达式为：

$$\sum_{i'=1}^{G_i} R_{g,i',t}^r + \sum_{k'=1}^{K_r} R_{d,k',t}^r \geqslant S_t^P \tag{5-31}$$

式中：S_t^P 为系统在时段 t 需要满足的最小旋转备用容量。其中，机组 i' 提供的旋转备用还要满足实际可调用约束，表达式为：

$$\begin{cases} 0 \leqslant R_{g,i',t}^r \leqslant 10 R_i^U \\ 0 \leqslant R_{g,i',t}^r \leqslant \alpha_{i',t} P_{i'}^{\max} - P_{i',t} \end{cases} \tag{5-32}$$

式中：$\alpha_{i',t}$ 为机组 i' 的运行状态标记量，运行时等于 1，停机时等于 0；R_i^U 为机组 i' 的爬坡速率；$P_{i'}^{\max}$ 为机组 i' 的有功输出功率上限；$P_{i',t}$ 为机组 i' 时段 t 的输出功率。

激励型需求响应提供的旋转备用还要满足实际削减容量约束，表达式为：

$$u_{k',t}^r R_{L,k',t}^{\min} \leqslant R_{d,k',t}^r \leqslant u_{k',t}^r R_{L,k',t}^{\max} \tag{5-33}$$

式中：$u_{k',t}^r$ 为激励型需求响应 k' 在时段 t 的市场出清 n 标记量；$R_{L,k',t}^{\max}$ 和 $R_{L,k',t}^{\min}$ 为激励型需求响应 k' 申报的旋转备用容量上、下限。

为了均衡发电侧和需求侧提供旋转备用的容量，限制需求侧资源提供的旋转备用服务在系统总旋转备用需求的占比，如 PJM 电力市场要求需求侧资源提供的旋转备用容量不得超过总需求的 33%。在此增加负荷提供旋转备用约束，表达式为：

$$\sum_{k'=1}^{K_r} R_{d,k',t}^r \leqslant \gamma S_t^P \tag{5-34}$$

式中：γ 为市场设定的激励型需求响应提供旋转备用容量的最大提供系数。

（5）旋转备用机组爬坡约束。当机组提供旋转备用服务时，它在能量市场的交易电量将受到爬坡速率的限制，如图 5-13 所示，在此对旋转备用机组增加爬坡速率约束，表达式为：

$$\frac{2}{3}(P_{i',t} - P_{i',t-1}) + R_{d,i',t}^{r} \leqslant 10R_{i}^{U}\alpha_{i',t-1} \qquad (5\text{-}35)$$

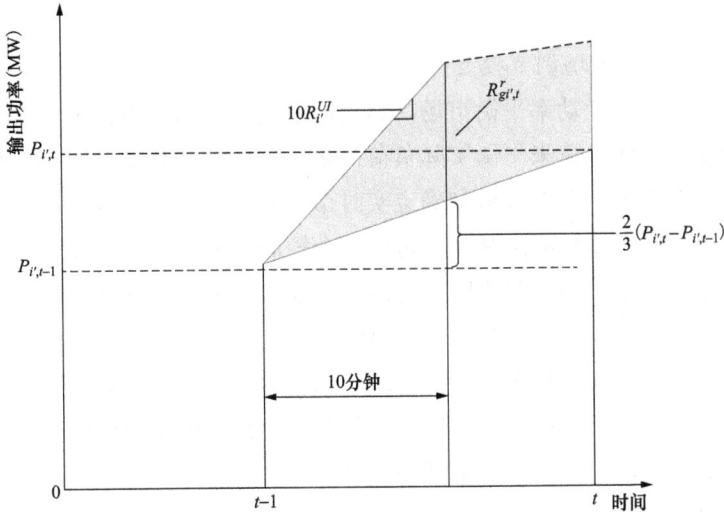

图 5-13　旋转备用机组爬坡速率约束

（6）出清时间粒度约束。在联合出清模型中，能量市场和旋转备用辅助服务的出清时间尺度可能不一致，比如能量市场采用 15 分钟，而旋转备用为 60 分钟，在此增加时间尺度约束，表达式为：

$$\begin{cases} R_{g,i',t}^{r} = R_{g,i',t+v\Delta t}^{r} \\ R_{g,k',t}^{r} = R_{g,k',t+v\Delta t}^{r}, v = 1,2,\cdots,\kappa \end{cases} \qquad (5\text{-}36)$$

式中：κ 为旋转备用与能量市场出清时间尺度之比。

（7）线路潮流约束。激励型需求响应一旦出清成功，系统的节点负荷需求将扣除已削减的负荷量，此时线路有功潮流约束表达式如下：

$$-P_{l}^{\max} \leqslant \sum_{i=1}^{G} G_{l-i}P_{i,t} + \sum_{j=1}^{N_{T}} G_{l-j}T_{j,t} - \sum_{k=1}^{K} G_{l-k}(\tilde{D}_{k,t}^{0} + \sum_{u \in U_{k}} D_{u,t} - \sum_{d \in D_{k}} P_{d,t}^{dr}) \leqslant P_{l}^{\max} \qquad (5\text{-}37)$$

式中：$P_{l}^{\max}$ 为输电线路 1 的最大传输容量；G_{l-k} 为节点 n（$n=i$，j，k）对线路 1 的功率转移分布因子；U_{k} 为从节点 k 接入电力系统的所有售电公司和批发用户的集合；D_{k} 为需求响应代理商 d 所代理的，从节点 k 获得电能的需求响应用户集合；$T_{j,t}$ 为非现货市场的有功输入。断面潮流约束也做类似的修改。

综上，计及需求侧响应的日前市场出清模型本质上还是一个混合整数线性规划问题。其中，0–1 变量包括：发电机组的启停状态和需求响应代理商的削减标记量；连续变量包括：售电公司或批发用户负荷需求量、发电机组的有功输出功率、需求响应用户代理商的削减负荷量、发电机组和需求响应用户提供的旋转备用容量等。且在实际算例中，各连续变量由相应分段变量累加得到。

5.2.4.2 实时市场调节模型

实时市场是一个功率平衡市场，通过调节实时市场机组输出功率和调度实时激励型需求响应负荷来平衡实际负荷需求。售电公司和批发用户不参与实时市场竞价，而是采用双结算机制确定实时市场的偏差负荷。实时市场的机组启停状态和激励型需求响应削减状态将由一个短时（预先 2～4 小时）的安全约束机组组合模型确定，但此时实际系统的负荷需求将根据调度部门的超短期预测负荷确定。实时市场调节模型不考虑机组的启停成本，也不包含最小连续开停时间约束。这些与 0–1 相关的变量均通过求解短时的安全约束机组组合模型得到。短时的安全约束机组组合模型和日前的安全约束机组组合模型是一样的实时市场调节模型，属于安全约束经济调度模型。

1. 目标函数

联合模式下，实时市场调节的目标为在满足系统旋转备用需求前提下最小化系统的运行成本，可以表示为：

$$\min \sum_{t=t_0}^{H} \left[\sum_{i=1}^{G} C_{i,t}^{da}(P_{i,t}^{da} + \Delta P_{i,t}^{rt}) + \sum_{i_{rt}=1}^{G_{rt}} C_{i_{rt},t}^{rt}(P_{i_{rt},t}^{rt}) + \sum_{d_{rt}=1}^{D_{rt}} C_{d_{rt},t}^{dr}(P_{d_{rt},t}^{dr}) + A_{S,t} \right] \quad (5\text{-}38)$$

式中：H 为实时市场调度周期，以 15 分钟作为一个调度时段时，$H=4$；$P_{i,t}^{da}$ 为日前出清机组 i 在时段 t 的计划输出功率；$\Delta P_{i,t}^{rt}$ 为机组 i 的实时调整出力；$C_{i,t}^{da}$ 为日前市场成功出清的快速可调节机组的有功输出功率成本函数；G_{rt} 为日前市场未出清而在实时市场出清的机组数量；$P_{i_{rt},t}^{rt}$ 为实时市场机组 i_{rt} 在时段 t 的调度输出功率；$C_{i_{rt},t}^{rt}$ 为机组 i_{rt} 的调度成本函数；D_{rt} 为日前市场未出清而实时市场出清的激励型需求响应用户负荷数量；$P_{d_{rt},t}^{dr}$ 为实时市场需求响应 d_{rt} 在时段 t 的削减负荷；$C_{d_{rt},t}^{dr}$ 为需求响应用户 d_{rt} 的削减成本函数。

2. 约束条件

联合电能量和旋转备用资源的实时市场调节模型的约束条件与日前市场出清模型基本相同（除最小连续开停时间约束外），此时实际系统的负荷需求将根据调度部门的超短期负荷预测进行确定。

综上，计及需求侧响应的实时市场调节模型本质上还是一个线性规划问题。其中，连续变量包括：日前市场出清的机组在实时市场的调整输出功率、日前市场未出清的机组在实时市场的调度输出功率、参与实时市场需求响应的负荷削减量、发电机组和需求响应用户提供的旋转备用容量等。

5.2.4.3　2 次出清模式

2 次出清模式中，首先需要求解包含需求侧竞价的安全约束机组组合（Security-Constrained Unit Commitment，SCUC）问题。SCUC 问题目标函数为

$$\min \sum_{t=1}^{T}\left\{\sum_{i=1}^{N_g}[C_{i,t}^{g}(P_{i,t}^{g})+C_{i,t}^{U}]+\sum_{j=1}^{N_r}C_{j,t}^{r}(P_{j,t}^{r})\right\} \tag{5-39}$$

式中：T 为总时段数；N_g 为发电机组总台数；N_r 为需求侧参与主体数；$P_{i,t}^{g}$ 和 $P_{j,t}^{r}$ 分别为发电机组与需求侧响应输出功率；$C_{i,t}^{g}(P_{i,t}^{g})$ 和 $C_{i,t}^{U}$ 分别为发电机组的运行费用和启动费用；$C_{j,t}^{r}(P_{j,t}^{r})$ 为需求响应费用，其中机组运行费用 $C_{i,t}^{g}(P_{i,t}^{g})$ 和需求响应费用 $C_{i,t}^{U}$ 都是机组或需求侧申报的各段输出功率区间内电价的分段线性函数，具体表达式为

$$C_{i,t}^{g}(P_{i,t}^{g})=\sum_{m=1}^{M_g}c_{i,t,m}^{g}P_{i,t,m}^{g} \tag{5-40}$$

$$C_{j,t}^{r}(P_{j,t}^{r})=\sum_{m=1}^{M_r}c_{i,t,m}^{r}P_{i,t,m}^{r} \tag{5-41}$$

式中：$c_{i,t,m}^{g}$ 和 $P_{i,t,m}^{g}$、$c_{i,t,m}^{r}$ 和 $P_{i,t,m}^{r}$ 分别为发电机组和需求侧主体 i 在 t 时刻第 m 段的报价和输出功率；M_g 和 M_r 分别为发电机组和需求侧主体的最大报价段数。

系统负荷平衡约束为

$$\sum_{i=1}^{N_g}P_{i,t}^{g}+\sum_{j=1}^{N_r}P_{j,t}^{r}=D_t(\lambda_t^{P}) \tag{5-42}$$

式中：D_t 为时段 t 系统负荷减去其他外省联络线的净流入功率；λ_t^{P} 为拉格朗日乘子，其物理意义为现货市场的电能量价格（不含阻塞情况下）。

现货市场出清中涉及的其他变量以及约束条件未全部列出。

在第一次出清后，重新基于需求侧中标结果修正相应母线节点的负荷预测曲线并对发电侧进行第二次出清，得到仅包含发电机组组合的 SCUC 模型目标函数为

$$\min \sum_{t=1}^{T}\sum_{i=1}^{N_g}[C_{i,t}^{g}(P_{i,t}^{g})+C_{i,t}^{U}] \tag{5-43}$$

系统负荷平衡约束为

$$\sum_{i=1}^{N_g} P_{i,t}^g = D_t - \sum_{j=1}^{N_r} \tilde{P}_{j,t}^r(\lambda_t^s) \tag{5-44}$$

式中：$\tilde{P}_{j,t}^r$ 为需求侧中标容量，等式右侧代表修正后的系统负荷边界；λ_t^s 为第二次出清的电能量价格。

完成出清流程后，对于发电机组，以第二次出清价格 λ_t^s 作为结算依据，而需求侧结算价格 λ_t 为

$$\lambda_t = \max\{\lambda_t^P, K \cdot \lambda_t^s\} \tag{5-45}$$

式中：K 为收益因子，现阶段 K 取 3。

5.3 电力市场化交易与其他交易的耦合关系

电力市场是一个复杂的体系，其设计包括产品体系、交易体系、交易规则和市场监管等不同的方面。市场设计一方面要考虑改革的目标，另一方面必须结合所在地区的市场环境特点。

5.3.1 中国电力市场与电力行业碳市场耦合机制

碳市场和电力市场存在相互制约的关系。对碳市场而言，碳排放总量增加，碳交易中碳价上升会反作用于电力市场的火电机组，提高火电机组发电成本，抑制火电机组的市场竞争力，促使新能源发电比重上升；未来随着电力市场化的推进和碳市场的启动，新的环境下碳价等因素会影响不同发电技术的成本，进而影响其经济性，是未来评价不同发电技术经济性时关注的重点。碳市场将碳排放外部成本内部化，其在提高化石能源成本的同时，也为非化石能源发电提供额外的经济激励和强大的价格信号，能够将资金从化石燃料引至更清洁、更高效的能源使用方式上。随着电力改革的推进和电力市场的建立，碳市场与电力市场的结合可以在助力电源结构调整，减少碳排放领域做出更大的贡献。通过分析碳市场和电力市场的特点及耦合机制，为我国碳市场和电力市场建设提供了相关建议：

（1）继续完善碳市场建设。碳市场建设是一项重大的制度创新，也是一项复杂的系统工程，需要有效的管理机制、完善的法规制度、可靠的交易系统、真实的排放数据、扎实的能力建设。政府相关部门应持续优化碳市场制度设计，继续完善配额分配政策，即适时引入有偿分配，并逐步提高比例；应出台有关碳排放权交易市场的管理条例、指导意见等相关制度，包括总量控制、碳价调

控等具体措施；应以碳排放总量控制为基础，建立新阶段温室气体减排制度，完善相应的测量报告核查体系，促进产业、能源、交通、用地结构的绿色转型；应充分调动部门、地方、企业和社会积极性，共同推进和完善碳市场建设，逐步向碳排放的绝对量减排过渡，寻找新思路和替代方案，为实现 2030 年甚至更长远的减碳目标打好基础。

（2）考虑机组边际成本，逐步引入竞价机制，促进可再生能源的消纳。目前，我国尚未建立起电力市场竞价机制，仅是引入售电侧改革，逐步过渡到电力市场还需做出诸多努力。电力市场中，可再生能源发电具有边际成本低的优势，在按边际成本递增原则对发电机组进行经济调度时，可以被优先调度和消纳，将有利于解决我国现阶段尚比较严重的"弃风弃光"问题，提高可再生能源发电的利用水平，改善可再生能源发电的经济性。为建立完善的电力市场，通过有序放开发用电计划，赋予供需两端自主选择权，实现多方直接交易，使市场出清电价合理化，在为用户提供更加经济、优质的电力保障的同时，也将提高发电侧资源利用效率。

（3）理清碳市场与电力市场的关系，推动两者协调发展。电源结构重组下，电力市场一方面能够缓解碳市场的减排压力，另一方面可能会抑制碳市场的活跃度；碳市场的配额拍卖机制和能效管理投资增强了清洁能源在电力市场中竞争力，但碳市场可能会迫使高排放燃煤电厂外迁，增大电力进口比例，存在碳泄漏危险；我国电力市场建设中计划与市场将在较长时间内并存，碳市场形成的碳成本除部分能在电力市场中传导外，还需同步考虑基于计划发用电量的碳价联动机制。全国碳市场建设可与电力能源市场协同推进，以此为基础，"十四五"时期可设立碳排放总量控制制度，取代现有的能源消费总量控制指标。以电力市场和碳市场两市场机制为主要手段，共同促进电力行业向更加清洁高效和低碳的方向发展。

5.3.2　在 RPS（可再生能源配额制）下中国电力市场与 TGC（绿色证书交易市场）耦合机制

建立可再生能源保障性收购长效机制，是保障投资商的收益、控制投资风险的有效方式，可以保证可再生能源的优先开发，减少可再生能源生产过程中的弃光、弃风、弃电现象。而可再生能源配额制（RPS）和 TGC 市场的建立，不仅有利于降低政府管理成本，更好地营造公平竞争的市场机制；也将更好地体现可再生能源电力的外部价值，为各类可再生能源发电提供了销售渠道，降低了可再生能源发电的成本；并扩大可再生能源电力规模，为电力用户提供更多的绿色电力产品。我国应结合国情，完善国内的可再生能源政策和管理理念，促进可再生能源长期可持续发展。对于进一步建立可再生能源配额制的建议及措施如下：

（1）不同地区实行可再生能源配额比例可以根据各地情况的不同分别制定。例如全国可再生能源平均比例可定为 15% 左右，有的地方可再生能源资源丰富且消纳能力强，可以高一些，有些则可以低一些。虽然区域间配额比例不同，但通过 TGC 市场交易可以实现资源的优化配置，促进东西部资源的互补。

（2）针对可再生能源配额制和绿证交易实施后，可再生能源发电厂商的盲目投资问题，地方政府层面，需要在充分调研规划的基础上对本地区光伏发电、风力发电的限电率做出承诺，并采用倒逼机制，使政府对本地电力规划、电网建设做出科学布局，实行合理的电改措施（例如售电侧改革），并制定一旦突破限电率应采取的措施。这样，可以保证投资者利益，便于投资者科学决策，改善本地的投资环境，促进可再生能源健康有序的发展。国家层面，可以根据可再生能源配额，结合电网的实际情况，对本地的光伏、风电开发做出科学规划，分步开发，就可以避免开发建设的无序竞争。

（3）可再生能源配额制和绿证交易实施初期，可以采用先试点、后推广的策略。先选择 10～20 个有代表性的典型省市进行 RPS 和 TGC 的试点，时间设定可以类似碳交易试点为 2～3 年；配额平均比例可定为 15% 左右，以后逐年扩大可再生能源电力的占比；明确可再生能源保障性收购的责任主体（例如电网公司），并建立监管及考核机制。试点年限之后，在总结经验的基础上，在全国范围内全面推广。

（4）配额制考核办法的出台，要求发电企业承担可再生能源发电义务，电网公司承担购电义务，电力消费者承担可再生能源消费义务。对于没有完成或超出可再生能源并网比例的地方政府和电网主体，制度设计上要制定相应的惩罚和激励措施。同时，要在法律和政策层面积极推进可再生能源配额制的实施，使可再生能源配额制度早日落地。

（5）在实施可再生能源配额制和绿证交易制度的过程中，需要与新电改相结合，平衡行政手段和市场分配手段等。随着电力市场改革的进一步深入，需要对可再生能源电力进行保证性收购，地方政府制定绿色电价保证制度，促进售电端等竞争性环节的电价，有序放开输配以外的竞争性环节电价，在进一步完善政企分开、厂网分开、主辅分开的基础上，按照"管住中间、放开两头"的体制构架，有序向社会资本放开配售电业务，有序放开公益性和调节性以外的发用电计划，为配额制的建立和实施创造条件。

5.4 本 章 小 结

本章详细介绍了我国电力市场化交易现状，2022 年 4 月 10 日，《中共中央国务院关于加快建设全国统一大市场的意见》明确要加快建设国家电力市场；到 2025 年，全国统一电力市场体系初步建成；到 2030 年，全国统一电力市场体系基本建成。第一节从三个方面，全国统一电力市场体系方面、区域电力市场交易情况和地区电力市场交易情况，详细介绍我国电力市场化交易的具体情况。其中，区域电力市场交易情况，详细介绍了北京电力交易中心、广州电力交易中心的发展历程与目前的规则制定、近期的交易情况等；地区电力市场交易情况以南方（以广东起步）、蒙西、浙江、山西、山东、福建、四川、甘肃等 8 个地区作为第一批现货交易试点开展模拟运行为例，分别介绍了八个地区基本交易规则、交易情况等。第二节主要介绍了新型电力市场下可调负荷参加市场交易机制的研究，可调负荷参与容量市场的交易模式分析，可调负荷参与电能量市场的交易模式分析以及可调负荷参与辅助市场的交易模式分析；在四种场景下，分析了基于需求侧响应的可调负荷交易机制；接着介绍了激励型需求响应的交易竞价相关信息和模型，进一步在联合优化模式下介绍了含激励型需求响应的市场出清模型，包含日前市场出清模型、实时市场调节模型和 2 次出清模式的简要阐述。第三节主要介绍了电力市场化交易与其他交易的耦合关系，主要以中国电力市场与电力行业碳市场耦合机制、在可再生能源配额制下中国电力市场与绿色证书交易市场耦合机制两种类型的耦合机制进行研究。

第6章　现存问题与解决方法及未来发展趋势

6.1　电力市场化交易现存问题与解决方法

6.1.1　顶层设计

6.1.1.1　存在问题

（1）电力市场多目标之间的协调。电力市场改革通常有多个方面的目标，如经济、安全、环保、公平等。这些目标之间有时候一致，但更多的时候是互相矛盾的。如何对多个方面的目标综合考虑是我国电力市场设计首先需要解决的问题。

（2）路径类目标与改革初心的不一致。在改革的过程中，经常会有一些中间性的目标，如提高可再生能源消纳、加快放开发用电计划等，这些实际是一定的经济、技术条件下实现经济、环保等目标的一种方式，称之为路径类目标。路径类目标在相关的政治、经济、技术环境发生变化时，可能会与最初的目标不一致，从而对市场产生反面的影响，但目前缺乏这方面的系统的分析。

（3）市场设计缺乏整体性的考虑。电力市场是一个有机的、复杂的体系，一方面，不同环节的设计必须统筹考虑，如输电管制方式与能量市场机制、电能量交易机制与辅助服务交易机制等；另一方面，市场机制需要综合考虑长期效率与短期效率的协调、生产者福利与消费者福利的协调、不同地区福利的协调等。我国本轮电力市场改革中，对电力市场设计的一些具体的问题上已经展开了一些研究和讨论，如能量市场出清机制（统一出清、撮合出清、价格返还机制的选择）、跨省跨区交易机制、集中和分散机制的比较、输配电定价机制、增量配网改革、分布式电力市场等，但对市场的整体设计、顶层设计缺乏系统性的研究。

6.1.1.2　解决方法

（1）市场目标。总的来说，电力市场设计的目标包括效率和公平两大方面，效率可以分为短期与长期，还可以包括安全、环保等约束类目标。还可以将目标分为终极目标和路径类目标，电力市场设计中对路径类目标需要特别关注，及时根据相关环境的变化进行调整。当前我国需要特别注意的一些路径类目标包括：可再生能源比例、降低电价、发用电计划放开等。各地要根据具体情况确定这些目标的具体实施办法和条件，尽量避免或减小对长期、终极目标的不利影响。特别的，是要考虑相关短期目标对电力系统长期的容量充裕度的影响。

（2）市场环境。市场环境是影响市场竞争情况、价格的非常重要的因素。从市场设计的角度，市场环境是系统固有的参数，可以看为一种约束。但是，通过一些监管方式可以间接减小市场环境的不利影响。我国电力市场中要特别关注的一些市场环境问题包括：当前供大于求的供需形势、发电的集中度、改革前电价结构情况、相关法律法规的不健全、整体经济意识的不足等。

（3）市场体系设计。产品的设计包括两个大的方面：一个是产品的粒度，包括空间的粒度和时间的粒度，主要是需要进行成本效益的分析和比较；另外一个方面是多个具有耦合关系的产品之间关系的设计，如多市场还是多产品，联合出清还是序列出清等，主要需要考虑不同产品的供给/需求之间的耦合程度及联合出清的复杂度。这方面的设计主要影响市场的效率，在我国电力市场改革初期，可以采取一些简单的方案。交易组织方式的选择一方面考虑尽量降低市场成员的交易成本，另一方面考虑尽量增加市场的流动性。市场在准入、交易顺序等方面的一些规定可以改变社会福利的分配，一般会降低社会的总福利，我国电力市场改革中要特别关注这方面规定的影响。定价/结算机制的选择一方面需要考虑价格信号的有效性，另一方面考虑实现相关价格信号的成本。另外，价格信号的效果需要考虑系统的动态性。电力市场设计中的一些特殊问题包括机组组合、输电定价和阻塞管理等，这些问题的一个关键是相关权利和义务的定义。在我国电力市场设计中需要特别注意的一个问题是历史权利和义务，搁浅成本的处理。

（4）监管体系。需要尽快建立、完善电力市场监管体系。我国监管中需要特别注意的问题包括：信息披露制度的完善；价格上下限的设置及市场力监测中对长期投资成本的考虑；规划、成本监审体制的改革。

6.1.2　清洁转型

6.1.2.1　存在问题

虽然我国目前已经进入经济高速发展的时代，但是从过去来看，我国经济的飞速发展十分依赖传统化石能源而不是可再生能源，这种不具有可持续性发展观念的发展方式直接导致我国的能源消费总值多次超出预期计划。更严重的是，过多化石能源的使用对环境与气候造成了不可逆转的巨大损害。对于这种情况，我国在新时代碳减排政策的要求下，基于碳达峰、碳中和的背景，提出了要将我国能源，特别是化石能源的消费总量进行合理控制，主要依靠逐步用可再生能源来替代传统化石能源，令前者成为供给社会经济持续蓬勃发展的动力源泉。

虽然中国开始研究可再生能源的起步较迟，但是从自发展以来的这段时间里，在包括开发总量、新增投资、消费占比等各项指标上，我国都取得了卓越的成绩，并达到世界先进水准。仅仅在 2017 年的一年内，在全球可再生能源消费增长 36% 的情况下，中国就提高了 31%。除此之外，技术领域的不断发展促使可再生能源的发电成本相比之前更加具有可竞争性。但不可避免的是，无序开发、盲目开发等问题也曾出现在可再生能源发电的发展过程中，进而导致可再生能源浪费严重、定价机制不合理、制度建设不科学等问题十分突出，对可再生能源的发展造成了不小的阻碍。

在当前我国可再生能源正大力发展的背景下，大多数可再生能源本身存在的波动性、不稳定性成为限制可再生能源高速高质量发展的主要因素之一，同时可再生能源发电与传统火电相比，目前仍缺乏足够的市场竞争力，这就对可再生能源发电规划方案提出了更加严峻的挑战。随着可再生能源装机占比不断提升，电源功率波动、弃风、弃光、能源利用率低等问题日益严峻。

为促进可再生能源的发展，实现节能减排、绿色环保的目标，我国制定了"可再生能源全额消纳"的政策，并对可再生能源的弃电进行考核。可再生能源消纳这个政策实际上是为了"提高可再生能源发电比例"这个路径目标以及"环保"这个终极目标。在可再生能源比例较低的时候，这两个目标可能是一致的，因为系统有大量、充足的、低成本的调节能力保证间歇性、波动性可再生能源的消纳。但随着可再生能源比例的增加，如果调节能力没有大的改善，导致调节能力不足，调节成本大大增加，则从系统整体看，在一定情况下，增加可再生能源的比例可能反而会增加整体的排放。这时候，就需要对可再生能源消纳的政策进行调整。欧洲关于可再生能源优先发展的一些政策已经被证明在很多情况下增加而不是降低了电力系统整体的碳排放，表明了一些路径类目标和终极目标的不一致。

在"十三五"期间，风电、水电、光伏发电等可再生能源项目在我国持续稳步发展，但这并不意味着能源转型之路畅通无阻。近年来，由于可再生能源发电并网等问题，相当一部分地区出现了不同数量的弃光弃风等现象，这表明仅仅调整能源结构是不够的，还需要与电力市场的转型找到统一步调，以实现共同发展。弃风现象主要存在于我国黑龙江、吉林、内蒙古、甘肃、新疆五个北方地区，仅 2014—2016 三年间，全国弃风量就接近 800 亿千瓦时。除风电外，太阳能光伏发电也面临严峻挑战。相关统计数据显示，弃光现象多半出现在西北五省，在 2016 年弃光率就超过 20%，弃光电量超过 70 亿千瓦时。除此之外，弃水现象也不能幸免，西南地区的非正常弃水也在 2016 年创历史新高。

即便可再生能源发电技术已经十分完善，发电成本虽有显著降低，但是与传统化石能源的发电成本相比较仍然缺乏有效竞争力。加之可再生能源发电的不稳定性，更加增加了系统成本，故发电成本偏高仍是制约可再生能源全面推广的重要因素之一，随之而来的是可再生能源电价补贴资金需求量也越来越大。近年来，我国可再生能源电价补贴政策逐渐退坡，这将进一步增大我国可再生能源补贴缺口。可再生能源发电企业对国家政策补贴的高度依赖以及可再生能源现存的补贴缺口，给可再生能源相关电力企业在降低成本、提升效益以及推动相关产业发展方面带来了严峻挑战。

6.1.2.2　解决方法

建立适应可再生能源发电的管理体系为了促进可再生能源的发展，国家有关部门出具了《国家能源局关于建立可再生能源开发利用目标引导制度的指导意见》，通过分析我们能够了解到，当前国家非常重视可再生能源的发展和开发。作为发展可再生能源的地方政府部门，一定要根据国家的要求和指导方针开展工作，并结合当地的实际状况，建立适应可再生能源发电的管理体系，促进其有效发展。

一、加强分布式可再生能源发展规划和并网规划设计

综合考虑风光资源、自然环境和人居因素、并网条件、电力负荷等多重因素，优化统筹分布式可再生能源项目开发和布局。地方能源主管部门应联合环保、国土、城建等部门及电网公司等企业，对当地适宜或禁止分布式可再生能源发展的区域进行调查，结合城市和区域发展、园区开发、电网发展等相关规划，编制分布式可再生能源发展规划，确定发展原则和约束条件，明确正面/负面建设区域清单，优先采用市场化的方式和手段实现资源的合理配置。重点针对新建工业产业园区，因地制宜规划分散式风力发电和分布式光伏发电布局。电网企业应对配网分布式可再生能源的接入能力进行估算，对接入点进行规划和优化，并且在未来配电网规划中统筹考虑高比例分布式可再生能源电源的接入。以规划方案为基础，开展日常的配电网消纳能力评估，引导区域分布式电源的优化布局。

二、创新开发模式和交易机制，推动成本下降和补贴退坡

应尽快完善分布式发电市场化交易机制，依据电力传输特性和分布式电源系统运行成本，合理测算"过网费"，落实分布式平价项目过网费减免交叉补贴的政策，鼓励分布式发电项目匹配电力负荷发展，以市场化的方式推动可再生能源的就近消纳和能源效率的提升。建立分布式发电市场交易平台，完善分布式发电市场交易机制，与相应电力市场规则相衔接的同时简化相关流程。地方能源监管部门和地方政府应建立完善的市场监管体系，形成对市场参与主体的市场行为有效的监督，建立负面清单制度，保证市场良性运作。在电力负荷集中、用电成本较高的工业产业园区，鼓励民营和社会资本以入股和集体开发的形式开发分散式风力发电项目。在农村地区结合精准扶贫、特色小镇建设，以集体（社区）投资的方式开发分散式风力发电项目，充分发挥其占地面积较小、发电收益稳定等优势。

三、改善管理机制，创造优先可再生能源发展环境

按照中央全面深化改革的决策部署，拓展市场作用空间，加强市场秩序监管。对于分布式可再生能源项目，应落实相应政策，简化前期审批流程，推进以市场化的方式配置资源，建立相应管理机制，优化营商环境。通过前期规划，引导资源优化配置；通过负面清单、市场退出机制等方式，加强市场监管，对违反市场规则和触碰"红线"的企业进行处罚，保证良好市场秩序。建立约束性可再生能源消纳机制，引导市场优先消纳可再生能源，为可再生能源消纳创造空间，激励分布式可再生能源发电在我国中东南部的电力负荷集中地区的发展。可再生能源发电不仅是单个企业的努力就可以实现的，需要建立部门间的协调管理机制，通过建立公共的信息管理平台实现信息共享，实现可再生能源发电企业上下游之间的良好互动，确保各个部门之间能够做到及时的沟通和交流。

四、加强和完善技术和行业标准，规范技术和行业发展

制定、完善或更新分布式可再生能源发电设备和部件的统一的技术标准，储能储电设备、变流器（包括整流器、逆变器、交流变流器和直流变流器）等，把技术标准水平与科技进步成果相结合，加快市场导入，重点区域将率先成长，引领和加速全球氢能发展进程。

五、加大科研投入

可再生能源的发展离不开科研技术的投入，因此一定要加大投入力度，通过改善传统的研发模式，安排技术人员成立专业平台，对可再生能源发电技术展开研发和创新工作。

六、完善相关的金融保险体系

可再生能源发电项目要想发展，离不开完善的金融保险体系。因此要加快投融资机制的完善，通过创新投资、融资的政策机制，对可再生能源项目的融资成本降低到合理范围避免成本过高影响发展。

许多发达国家和部分发展中国家开始积极解决可再生能源发电并网问题。解决办法主要有：①提高供给侧灵活性。例如提高化石能源发电的灵活性，发展储能技术，对风力发电和太阳能发电有用功功率进行控制等。②建设新的输电网络。③开展微电网建设。④加强区间电网协作。⑤提高资源预报的准确性。⑥与供暖制冷领域结合。

6.1.3 市场红利

6.1.3.1 存在问题

市场的基本原则是技术中立，即在市场交易中不对不同的生产技术类型进行区别对待，而仅由产品的成本、价格、服务质量等决定交易结果。但实际市场中会经常有一些基于市场主体的技术类型、地理区域、商业类型等的优先或限制政策，进而对市场会产生一定的影响。

主要原因可以分为两类：①为了考虑外部性而设的优惠或限制政策。②为了保证某部分市场主体的利益而设立的交易顺序或限制。比如，在各国广泛存在的对可再生能源的优先上网政策，就是一种基于市场主体类型的规则。这种规则可以保证可再生能源全额消纳、提高可再生能源比例等目标，但是在一些情况下，可能并不利于节能、减排的环保类终极目标。我国电力市场中，一些省份有省内用户优先交易的规则，其实是电力送出省份对省内用户的一种保护措施，可以降低市场范围扩大对省内用户的不利影响，但同时也会降低省内发电企业的福利。另外一些省份的直接交易规则中，根据环保等特性设定了不同的发电、用电企业的交易顺序，同样会造成不同市场主体类型之间福利分配的变化。这些对市场主体的优先或限制政策保护了特定主体的公平，但是在一定程度上限制了交易的效率。

6.1.3.2 解决方法

对考虑外部性而制定的相关政策、规则，需要结合当时的技术、经济条件评估合适的优先政策，尽量减小对价格的扭曲、对市场效率的影响，对考虑个体主体福利而制定的相关政策、规则，需要考虑相关政策的政治、经济条件，逐渐减小相关政策的影响范围。

1. 效率——社会福利最大化

可以认为所有经济制度的最根本的目标都是效率。同样，电力市场改革的最根本的目标就是提高电力系统资源的配置效率，更加具体地讲，就是在有限的资源条件和技术、经济等约束情况下，最大程度满足电力用户的需求。下面对与效率相关的几个概念进行进一步的分析。

（1）社会总福利。经济学中也用社会福利等来表达效率的概念。效率最大化也就是社会福利最大化。

社会福利是市场中所有市场主体的福利之和，包括生产者福利和消费者福利。电力市场中，生产者包括发电企业、输电企业、配电企业、售电企业等，消费者是各种类型的电力用户，社会福利最大化就是让所有这些主体的福利之和最大。

（2）社会福利的计算。对每个市场主体来说，福利等于其在市场中的收益减去成本，也就是"剩余"。因此，评估效率或社会总福利的方法是：分析市场引起的所有的效益及所有的成本，其差值就是社会总福利。

电力市场中，由于大多数用户是没有价格弹性的，需求必须满足，因此社会福利最大化可简化为生产者福利最大化，或者是生产成本最小。

电力市场的成本，除了发电、输电等成本，还包括市场研究、技术支持、系统研发等成本。

（3）长期效率和短期效率。经济学中的长期和短期的区别主要在于是否所有资源可以调整。长期要求所有资源可调，只要有一种资源不可调就是短期。市场追求的应该是长期效率，即考虑所有资源可变情况下的社会福利最大，即对所有资源的配置都进行了优化。但在实际的市场中，常常有一些社会、经济等原因，在一些阶段，仅考虑部分资源的优化，即短期的最优。

电力市场中，长期主要指电源、电网规模可变的时期，长期效率的目标是包括投资成本和运行成本的总成本最小；短期优化一般指在电源、电网结构确定的情况下的运行成本的最小。

2. 公平——社会福利的分配

市场追求的不是绝对公平，而是在满足一定公平性原则下的效率最大化。我国十九大报告指出，我国社会主要矛盾已经转化为人民日益增长的美好生活需要和不平衡不充分的发展之间的矛盾，因此公平也是电力市场设计需要考虑的一个重要目标。

公平的本质是平衡，主要体现在社会总福利在不同市场参与者之间的分配上，包括不同进入时间（新进入和已有）、不同区域、不同环节（发、输、配、售）、不同类型（如火电与水电）的市场参与者之间的分配。改革前后不同市场参与者福利变化过大，常常是制约改革的重要因素。

电力市场设计中，可以通过以下方式影响社会福利的分配：产权的分配（如优先发电电量、管制的中长期合同），价格的管制（如固定的上网电价和目录电价）等影响社会福利的分配。

电力既是基本的生产资料，也是基本的生活资料，电力的相关价格、政策常常受到各类经济社会背景的影响，电力市场改革方案需要考虑改革前后福利分配的变化。

（1）不同地区电价的差异。电力市场设计首先需要考虑的一个社会问题是，不同位置的用户电价是否不同。欧洲之所以采用分区定价的方法，其最重要的一个原因是，欧洲的政治制度使得在一个国家或地区内采用不同的电价不被民众接受。

（2）改革前后福利的变化。改革前后电价体系有较大变化，容易不被社会接受，或者会引起一些社会问题。一般电力市场改革会设置过渡区，例如搁浅成本的处理。对我国电力市场改革来说，目前该方面面临的问题包括：如何解决改革后供大于求引起的电价大幅降低的情况，如何处理对改革后燃煤机组、燃气机组等发电量、利润等分配的变化，以及如何处理省间交易造成的不同省份之间利益的变化。

（3）整体市场环境及理念。电力市场相关机制的设计，必须考虑相关国家、地区整体市场的环境和相关的理念。电力市场整体上是一种分散决策机制，但在一些具体的环节还是有很多可选择的方案。比如，机组组合是采用集中优化还是分散优化；电网的监管采用成本加成方法还是最高上限法；调度和交易是否由一个机构负责等。整体上来说，欧洲电力市场更强调分散、自由决策，而美国电力市场中集中优化的成分更大。

（4）在不考虑市场主体策略的动态变化时，不同的结算方式会直接影响社会福利的分配。比如，在发电按报价结算、用户按平均价结算的方法下，相对发电和用户全部按照统一出清价结算的方式，发电的收入会减少。但市场是一个动态变化的过程，市场主体的策略会根据规则变化。从长期看，考虑市场主体策略的动态变化，但不考虑市场力的影响，不同结算机制下的市场均衡结果一致。实际很难达到完全的均衡，但是良好的结算方式能够提供有效、直观的市场信息，从而减少电力市场在达到均衡前的交易成本、加快市场的均衡速度。

6.1.4　有效竞争

6.1.4.1　存在问题

电力市场体系不完整、功能不完善、交易规则不统一，以及跨省跨区交易存在市场壁垒等问题；电力市场建设如何适应供需形势新变化、如何促进新能源消纳和高水平发展，以及如何保障电力价格稳定。

从 20 世纪 90 年代开始，多数发达国家和部分发展中国家采取放松监管、产权私有化的改革措施，取消长期合约、提倡现货市场交易达到快速引入竞争的目的。经历十多年的成功与失败，多数国家认为，尽管电力工业不可能重返过去的完全纵向一体化垄断模式，但私有化和放松监管也不一定是电力引入竞争的唯一途径，电力市场化改革的关键在于充分考虑电力工业的技术经济特点，确立一个明确的电力市场目标模式，并围绕该模式建立有序的竞争性批发和零售电力市场，通过建立完善的监管机制，监管输配电网络，来获得一个良好的市场运营平台。总之，借鉴国内外电力市场建设经验，建立电力市场模式时需要考虑如下问题：

1. 竞争性批发市场设计问题

乔斯科认为，最有效的电力批发市场的设计取决于利益群体和非利益群体（系统运营者）的分离，电力市场是基于电力库、还是基于双边合约来建设，是否选择节点定价和运行备用容量市场，如何分配稀缺的输电容量，设置物理输电权还是金融输电权等，都是电力市场设计的技术问题。目标模式应致力于研究这些问题，特别是输电费应该反映每个地区的阻塞和损失的边际成本，正确引导发电和输电容量的投资。多数专家强调：应该将分配稀缺输电容量的有效方法与电力批发市场设计综合考虑。哈佛电力政策研究所的专家认为：批发市场设计的关键是竞争机制应具备激励系统运营者提高运营绩效、电网公司投资新输电设备的功能。还有专家指出：批发市场的设计要考虑到消除发电商行使市场力的可能，输电权及阻塞租金分配机制是一种好的方法。另外一些专家指出：批发市场设计不能忽视需求的功能，只有实现供需价格的联动才能够真正发挥市场的价格信号作用。

2. 竞争开放问题

在国外电力改革过程中，大用户已经取得了良好的竞争效果。但是，家庭和小商业用户零售竞争效果一般，改变供电商的频度很小。因此，针对家庭和小商业用户，建立能够有效竞争的电力零售市场模式，是电力市场化改革所面临的一个挑战。乔斯科等专家提出地区专营供电公司从批发市场竞争购得电力，然后再供给家庭和用电量较小的工商业用户，是过渡时期的可行方式。

3. 输配电网激励监管问题

电力改革面临的另一个挑战是如何激励提高输配电网的运营绩效，以减少输电阻塞并抑制和消除纵向市场力，最终促进更广泛的竞争。多数专家认为，输电与配电实行分类定价、分类监管有利于提高效率，并能避免隐性成本转移。而且实行电力市场改革的国家基本都是这样做的。问题的焦点在于如何选择输电资产运营者和系统运营者、交易组织者之间的组织结构。保证系统安全可靠的同时，确保交易的公平、公正、公开。目前多数国家的做法是成立了区域性或者全国性的独立系统运营者，通过建立运营规则和许可证制度等措施来保证系统运营者、交易组织者及输电资产运营者之间功能的独立与协调，同时建立基于绩效的监管机制（PBR），激励监管他们提高每年的运营绩效。

4. 市场力及其监督问题

市场力对竞争的危害性既是大家普遍关注的问题，也是急需解决的难题。一般认为市场力与如下因素有关：电网互联节点的特点；发电商的数目太少；批发市场设计存在缺陷；输电与发电一体化导致输电的特权行为；过度依靠现货市场而不涉及期货合约市场；实时价格信息、交易的商业信息、输电控制技术信息不畅通等。制定消除市场力的策略成为批发市场设计的主要问题。可从两方面来考虑：一方面，避免市场设计缺陷，提高市场设计水平。电力市场中应该存在一定数目的发电商和供电商，同时具备流通性好的双边合约。通过剥离可能具备市场力发电公司的财产或者调节期货与现货比例，以确保一个良好的市场结构。另一方面，提倡通过事前模拟和事后判断的综合方法识辨市场力，进而采取必要的处罚措施。市场监管者或竞争性委员会一般采取价格限制和事后处罚的方法消除扭曲市场机制的定价行为。

5. 电源有序性投资问题

建立恰当的电源投资激励机制是许多国家面临的重大问题。在过去 20 年里，受亚洲危机和拉丁美洲宏观经济波动的影响，新电源的投融资环境出现了很大变化。投资者要求市场规则的稳定性及顾及投资的长期利益。例如，调峰电厂的投资首先就遇到了问题。调峰电厂主要依靠在有限调时间内获取"租金"来回收成本，而竞争机制可能剥夺了这种权利，从而带来了较大的成本回收风险，因此投资者可能放弃投资调峰电厂的决策。采取容量市场、容量电价或承诺一定的期货合约来降低成本回收的风险是确保容量充足性的有效途径。

6. 电力改革对农村电气化水平影响

为了提高电力工业的融资能力与运营效率，从 20 世纪 80 年代末，发展中国家就掀起了电力市场改革热潮。与发达国家相比，发展中国家负荷需求高速发展，需要大量的投资，而且电价水平普遍较低、交叉补贴严重、输电报失较大，仍然有部分人口未接入电力，这些使发展中国家的电力市场改革出现更多的挑战。

6.1.4.2　解决方法

由于我国现阶段电力市场中垄断程度远远大于竞争，需要通过市场结构的设计，再结合合适的交易规则和监督机制来引导发电企业进行充分竞争。这里从构建有效竞争的发电市场结构入手，认为需要在保证电力市场安全稳定的前提下满足以下"原则"来尽可能地提高市场的竞争活力，以寻求规模经济和竞争活力两者的协调。

（1）发电企业保持适度规模原则（过大或过小都不合适）。采用该原则的目的是保证发电企业的规模经济性。有效竞争应该是满足最小经济规模条件下的竞争，这样才能获得较高的经济效益。

（2）限制发电市场的市场集中度原则。市场集中度反映了发电商的垄断情况，过高说明存在个别发电企业的市场份额较大，更容易利用市场力操纵电价，不利于发电商公平、有效地竞争。

（3）可用电量与负荷需求匹配原则。由于电能不能有效地直接存储，要求瞬时功率的平衡，并且电力输送要依赖于电网的输送能力，因此要实现有效竞争，即既要实现资源的有效利用，又要能够满足激励相容的条件，则要求可用发电容量与电力负荷的合理匹配。一般来说，可用容量大于负荷需求越大，发电商之间的竞争就会越充分，越有利于资源的有效配置；但是由于电能不能够大规模储存，因此，富裕容量一定意义上说也是一种资源的浪费。本原则就是针对这一实际，强调可用电量与负荷的合理匹配。

（4）自由进退市场的原则。在充分竞争的市场中，企业能够自由进退市场，市场壁垒较低。但是由于电力行业的特殊性，发电企业在进入和退出市场时都面临着非常高的沉没成本与严格的政府管制，并且电源投资的滞后时间长，因此无法尽快满足市场需求和市场竞争的需求。但考虑电网互联的作用，可以将网外电能的输入与输出等效为新发电企业的进入与退出，这就体现了快速进退发电市场的"潜在竞争者"的存在；电网输电能力越强，发电企业的短期进退壁垒就越低，在位发电企业面临的潜在威胁越大，区域内的竞争活力就越强。

（5）我国电力市场改革引入竞争应该提高所有人群电力服务水平、实现稀缺电力资源的优化配置。电力改革法案要考虑贫困人口的电力服务问题，将农村和贫困人口的电气化水平作为评价电力工业改革成果的主要指标之一。政府要制定相关的法律法规，将提高农村电气化水平和电力服务质量问题作为国有电力企业必须履行的责任。

1）从法律制度上将电力改革与农电发展统筹考虑，警惕改革对农电造成负面影响；建立现代企业制度将运营成本和补贴成本独立核算，逐步取消电价补贴。

2）规范农村电力基金管理程序，提高融资和账目的透明度，必要时成立全国农村电气化基金组织，统一管理、统一分配，实现资金的优化配置，同时也便于向电力工业内外融资，解决农电资金问题，针对我国农村电气化历史沿革、现状以及下一步的发展，建立全面的农村电气化信息管理系统，分类统计全国农村、城市以及贫困和特困地区的电气化水平，定期跟踪了解电气化进展和相关政策的实施情况，吸取经验教训，制定出更好的政策。

3）政府应将发展大型集中的农村电源及其农网建设作为电气化主攻方向的同时，鼓励成立专门经营新能源的发电公司，发展太阳能、风能等多样化电源系统，依靠电力公司先进的技术和人力资源推动边远和贫困地区电力的发展。

6.2　电力交易行业未来发展趋势

除电力现货试点地区继续以电力现货为核心为中国的电力市场体系摸索可行的道路外，其他地区还有进一步深化、优化市场化交易机制建设的空间。

结合国家有关要求和试点情况，逐步向全国范围推广，全面建成"统一市场、两级运作"的全国统一电力市场。2025 年以后，逐步推进省间和省内交易的融合，研究探索一级运作的全国统一电力市场，适时开展容量交易、输电权交易和金融衍生品交易。

考虑当前省间市场和省内市场将长期共存的情况，省间交易与省内交易衔接模式如图 6-1 所示。在交易时序上，中长期交易中省间交易早于省内交易开展。现货交易中，首先在省内形成省内开机方式和发电计划的预安排，在此基础上，组织省间日前现货交易。在市场空间上，省间交易形成的量、价等结果

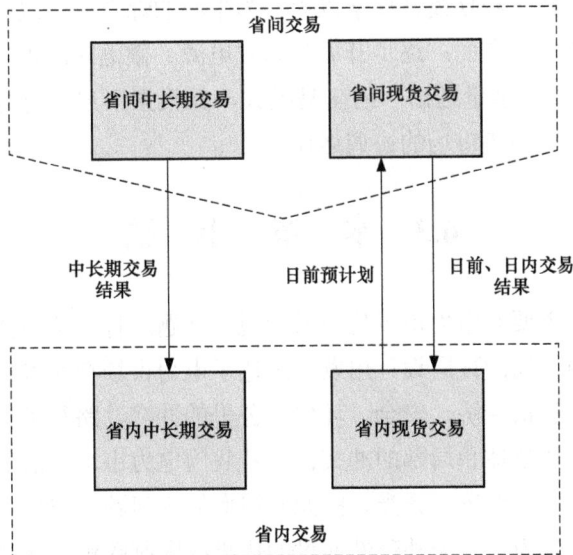

图 6-1　省间交易与省内交易衔接模式

作为省内交易的边界，省内交易在此基础上开展。在安全校核及阻塞管理上，按照统一调度、分级管理的原则，国调（及分调）、省调按调管范围负责输电线路的安全校核和阻塞管理。而在偏差处理上省间交易优先安排并结算，交易执行与结算电量原则上不随送受端省内电力供需变化、送端省内电源发电能力变化进行调整，发电侧和用户侧的偏差分别在各自省内承担，参与省内偏差考核。

而从市场空间、市场范围、市场体系、市场主体等多个角度来看，未来中国电力市场发展趋势主要包括以下几个方面：

（1）市场空间方面：加速计划体制向市场机制的转变，持续扩大市场化交易电量比例。

（2）市场范围方面：逐步打破省间壁垒，不断提升跨区跨省电力交易比例，省间与省内市场逐步融合形成一级运作的全国统一电力市场。

（3）市场体系方面：加速建设完善现货市场，逐步建立中长期与短期相结合的完整市场体系，根据市场发展需要逐步开设辅助服务市场、容量市场、输电权交易、金融衍生品交易等。

（4）发电侧市场主体方面：逐步提高发电侧清洁能源参与市场比例，结合中国能源资源与负荷的分布情况，实现清洁能源的大范围消纳。

（5）用电侧市场主体方面：允许分布式能源、微电网、虚拟电厂（VPP）、电动汽车、储能、交互式用能等多元化新型小微市场主体广泛接入，逐步扩大参与市场交易的数量和规模，探索以用户为中心的综合能源服务模式。

（6）分布式发展方面：逐步开展分布式电源、微电网的市场化交易，形成局部地区"自平衡+余量送出"的交易模式，并根据用户侧电力平衡方式的改变探索批发市场与零售市场的协调运作。

6.3　本　章　小　结

在本章中，主要对电力市场化交易的现存问题进行了总结并提出相应的解决方法。从电力市场的顶层设计出发，阐述了电力市场存在多方面目标之间难以协调的问题，包括经济、安全、环保、公平的冲突、路径类目标与最终目标的冲突、市场设计整体和局部的冲突；接着我国电力市场在清洁能源转型的过程中电源功率波动、弃风、弃光、能源利用率低等问题日益严峻；同时，目前电力市场存在大量为了考虑外部性而设的优惠或限制政策，这些对市场主体的优先或限制政策保护了特定主体的公平，但是在一定程度上限制了交易的效率；

并且针对电力市场体系不完整、功能不完善、交易规则不统一，以及跨省跨区交易存在市场壁垒等问题，为电力市场建设能够更好地适应供需形势新变化提出相关建议；总结上述现存问题产生的原因，在本章的最后对电力交易行业未来发展趋势进行了展望。

参 考 文 献

[1] 江苏电力交易中心有限公司，江苏电力市场管理委员会．江苏电力市场交易培训教材（中级）[M]．北京：中国电力出版社，2021．

[2] 国家电力调度控制中心．电力现货市场101问[M]．北京：中国电力出版社，2021．

[3] 陈向群，罗朝春，等．电力交易工作问答[M]．北京：中国电力出版社，2021．

[4] 樊宇琦，丁涛，孙瑜歌，等．国内外促进可再生能源消纳的电力现货市场发展综述与思考[J]．中国电机工程学报，2021，41（5）：23．

[5] 陈皓勇，陈玮，朱刚毅，等．"电力市场设计学"的基本概念及方法论[J]．电力大数据，2018，21（6）：1-8．

[6] 陈细英．激活电力市场改革纵深发展——记我国首部电力现货市场交易规则问世[J]．中国电业，2018（10）：4．

[7] 陈启鑫，张维静，滕飞，等．欧洲跨国电力市场的输电机制与耦合方式[J]．全球能源互联网，2020，3（5）：423-429．

[8] 白玫．百年中国电力工业发展：回顾、经验与展望——写于纪念中国共产党成立100周年之际[J]．价格理论与实践，2021（5）：4-10．

[9] 王为民．风景这边独好——新中国70年中国电力工业改革发展述评[J]．国家电网，2019（10）：16．

[10] E. Battamir. 基于电力经济学原理的蒙古电力市场设计与购电决策研究[D]．北京交通大学，2020．

[11] 王浩．从设立电监会到重组能源局：电力体制改革背景下电力监管的路径选择研究[D]．海南大学，2019．

[12] 卜祺，高航，李云晖，等．我国电力市场合规管理路径探索[J]．法制与社会，2020（36）：139-141．

[13] 刘利莎．华东区域电力市场交易规则分析及应对措施[C]．中国电力企业管理创新实践（2019年），2020：287-289．

[14] 何胜，徐玉婷，陈宋宋，等．我国电力需求响应发展成效及"十四五"工作展望[J]．电力需求侧管理，2021，23（6）：1-6．

[15] 王珂珂．计及新能源的电力现货市场交易优化研究[D]．华北电力大学（北京），2021．